Homicide involontaire

Alice Duer Miller

Writat

Cette édition parue en 2023

ISBN : 9789359253954

Publié par
Writat
email : info@writat.com

Contenu

CHAPITRE I

Chaque fois qu'elle et Lydia avaient une scène, Miss Bennett pensait à la première scène dont elle avait été témoin dans la maison Thorne. Elle aperçut devant elle un tapis vermillon sur un escalier de marbre tacheté, entre de hauts murs de marbre poli. Il y avait des dorures sur la balustrade et de grands palmiers élancés se dressaient dans des pots en majolique. En haut de cet escalier, un homme en colère portait un enfant encore plus en colère. Miss Bennett pouvait voir ce large dos dans son épais pardessus bleu, et son cou, au-dessus duquel les cheveux étaient encore noirs, cramoisis de fureur et d'effort. D'un côté de lui, elle pouvait voir les bras maigres et les mains serrées de la petite fille, et de l'autre les jambes fines qui donnaient des coups de pied, exprimant une rébellion passionnée dans chaque mouvement spasmodique. Les mains agrippées attrapèrent au passage le bout d'un palmier, et le pot de porcelaine dévala les escaliers et s'écrasa en morceaux, effrayant les deux immenses chiots dogue allemand qui avaient été l'occasion de tout ce malheur.

Les deux personnages, se balançant et se débattant, continuèrent leur ascension ; car, même si l'homme était fort, un enfant de dix ans qui se tordait n'est pas un fardeau léger ; et les escaliers, malgré toute leur grandeur, étaient raides et le tapis si épais que le pied s'y enfonçait comme dans la neige fraîchement tombée. Juste au moment où ils disparaissaient, Miss Bennett vit les mains de l'enfant, maintenant les poings serrés, commencer à frapper les bras de l'homme, et elle entendit la jeune voix claire et provocatrice répéter : « Je les garderai ! Je le ferai ! Le « Vous ne le ferez pas » de l'homme n'a pas été prononcé, mais il n'en a pas moins été compris. Miss Bennett savait que lorsque le haut des escaliers serait atteint, les coups seraient rendus avec intérêt.

Habituellement, dans la longue lutte entre ces deux volontés indomptables, Miss Bennett avait été du côté de Joe Thorne, si grossier et violent qu'il fût, car elle était démodée et croyait que les enfants devaient obéir. Mais cette nuit-là, il avait aliéné sa sympathie en se montrant impoli avec elle – pour la première et la dernière fois. Il était rentré chez lui après une de ses longues absences dans la hideuse maison de la Cinquième Avenue dont il était si fier, et avait trouvé ces deux nouveaux animaux de compagnie de Lydia se précipitant dans le couloir comme de jeunes veaux. Il s'était retourné contre Miss Bennett.

"Pourquoi diable la laisses-tu faire de telles choses ?" avait-il demandé, et Miss Bennett avait répondu avec un esprit inhabituel.

"Parce qu'elle est si mal élevée, M. Thorne, que personne ne peut rien faire avec elle."

Lydia était restée là d'un air de défi, regardant tour à tour l'un après l'autre, une main dans le collier de chacun de ses chiens, le visage pâle, la mâchoire serrée, la tête à peine au-dessus des têtes lisses gris cuirassé des grands Danois, son petit corps tiré d'abord dans un sens puis dans l'autre par leurs gambades. Tout le temps, elle répétait sans cesse : "Je les garderai ! Je le ferai ! Je le ferai !"

Elle ne les avait pas gardés ; elle avait perdu cette escarmouche particulière au cours de la longue guerre. Ce n'est que quelques années plus tard qu'elle commença à gagner ; mais qu'elle ait perdu ou gagné, Miss Bennett était toujours consciente d'un élan de pitié pour la petite fille mince aux yeux noirs, poussant si courageusement sa volonté de fer contre celle de l'homme dont elle l'avait héritée.

Et pour la Lydia d'aujourd'hui, maintenant occupée à opposer sa volonté à celle du monde, Miss Bennett éprouvait la même pitié irraisonnée – une pitié qui la rendait faible dans sa propre défense lorsqu'un différend surgissait entre elles. Elle et Lydia avaient eu une scène maintenant ; seulement une petite scène, à peine plus qu'une discussion.

Morson l'a bien vu lorsqu'il est revenu après le déjeuner chercher les tasses de café, même si un silence complet et convenable a accueilli son entrée. Il le voyait à la manière dont sa jeune patronne se tenait debout, droite comme une Indienne, regardant sa compagne d'un air oblique. Miss Bennett était assise sur le canapé, les pieds croisés dans leurs pantoufles à talons hauts en satin, et elle glissait nerveusement les bagues de haut en bas de ses doigts fins et minces.

C'était une petite femme bien faite, à qui la joliesse était venue avec ses cheveux gris. La perfection de toutes ses fonctions, qui aurait pu autrefois être interprétée comme la vanité de la jeunesse, s'est avérée être une distinction établie qui lui a été très utile dans la vie moyenne et qui l'a différenciée à cinquante-cinq ans - une petite silhouette soignée et élégante parmi les autres. ses contemporains.

Le fait de savoir qu'il interrompait une discussion ne pressait pas Morson, pas plus que la moindre curiosité ne le retardait. Il balaya l'âtre, retourna une chaise déplacée, ramassa les tasses sur son plateau et quitta la pièce exactement au même rythme qu'il y était entré. Il avait connu de nombreuses scènes à son époque.

Dès que la porte s'est refermée derrière lui, Miss Bennett a déclaré : "Bien sûr, si vous vouliez dire que vous ne voulez pas que j'invite mes amis chez vous, vous êtes parfaitement dans votre droit, mais je ne pourrais pas rester avec vous, Lydia."

"Tu sais que je ne veux pas dire ça, Benny," dit la jeune fille sans colère ni excuses dans la voix. "Je suis ravi que vous ayez quelqu'un quand je ne suis pas là et quelqu'un d'amusant quand je le suis. Le fait est que ces vieilles femmes étaient ennuyeuses. Elles vous ennuyaient et vous saviez qu'elles allaient m'ennuyer. Vous m'a sacrifié pour leur faire des vacances romaines.

Miss Bennett ne pouvait pas laisser passer cela.

« Vous devriez considérer cela comme un honneur – une femme comme Mme Galton, dont le travail parmi les prisonnières de ce… »

"Des femmes nobles, des femmes nobles, je n'en doute pas, mais c'est ennuyeux, et ça me rend malade, littéralement malade, de m'ennuyer."

"Ne sois pas grossière, Lydia."

"Malade, ici", dit Lydia en enfonçant brusquement ses longs doigts sur son diaphragme. "Soyons clairs à ce sujet, Benny. Je ne supporte pas d'avoir mes propres amis ennuyeux, et je ne supporterai pas d'avoir les vôtres."

Lydia était rentrée à la maison après une matinée de shopping en ville. Des choses désagréables s'étaient produites, mais Benny ne le savait pas. Elle avait acheté un chapeau – un chapeau couleur tomate –, l'avait porté beaucoup et avait décidé que c'était une erreur, puis elle était revenue et avait voulu le changer, et la femme avait refusé de le reprendre. Il n'y avait eu aucune consolation à retirer définitivement sa coutume du magasin : elle avait été obligée de garder le chapeau. Puis, en rentrant à Long Island , un pneu était tombé en panne et elle était arrivée en retard pour le déjeuner et avait trouvé Benny divertissant aimablement les deux vieilles dames.

Le fait même qu'elles étaient, comme elle le disait, des femmes nobles, que leur esprit bougeait avec la lourde exactitude caractéristique de tant de bons cadres, rendait leur société d'autant plus pénible pour Lydia. Elle en avait assez d'eux, ennuyée, comme Mariana dans la Grange à douves. Elle avait si souvent demandé à Benny de ne pas lui faire ça et après tout, c'était sa maison.

« Vous êtes très dure, ma chère, » dit sa compagne, « très dure, très ignorante et très jeune. Si seulement vous pouviez trouver un intérêt pour un travail comme celui que fait Mme Galton… »

"Mon Dieu, était-ce un complot bienveillant de votre part pour m'intéresser ?"

Miss Bennett avait l'air digne et un peu têtue, comme si elle avait l'habitude d'être incomprise, comme si Lydia aurait dû savoir qu'elle avait une raison pour ce qu'elle faisait. En fait, elle n'avait aucun plan ; elle n'était pas une comploteuse. C'était l'une des difficultés entre elle et Lydia. Lydia organisait sa vie, contrôlait son temps et son environnement. Miss Bennett a dérivé amicalement, laissant les événements et ses amis prendre le contrôle. Elle n'a jamais pu comprendre pourquoi Lydia la tenait pour responsable de situations qui, à ses yeux, se produisaient simplement, et pourtant elle ne pouvait jamais s'empêcher de prétendre qu'elle les avait délibérément provoquées. Elle commençait à penser maintenant que c'était son idée, et non celle de Mme Galton, d'intéresser Lydia à la réforme pénitentiaire.

"Personne ne peut être heureux, Lydia, sans un intérêt désintéressé, quelque chose en dehors de lui-même."

Lydia sourit. Il y avait quelque chose de pathétique chez le pauvre petit Benny, inefficace, essayant d'arranger sa vie pour elle.

"J'arrive à être assez heureux, merci, Benny. Je dois vous quitter, car j'ai un rendez-vous chez Eleanor à quatre heures, et c'est dix minutes avant maintenant."

"Lydia, c'est à dix milles !"

"Dix milles, dix minutes."

"Vous serez tué si vous conduisez de manière aussi imprudente."

"Non Benny, parce que je conduis très bien."

"Vous serez alors arrêté."

"Encore moins."

"Comment peux-tu être si sûr?"

C'était quelque chose qu'il valait mieux ne pas dire, alors Lydia s'en alla en riant, laissant Miss Bennett se demander, comme elle le faisait toujours après une de ces interviews, comment il était possible de se sentir si supérieure à Lydia quand elles étaient séparées et si inefficaces. quand ils étaient ensemble. Elle arrivait toujours à la même conclusion : qu'elle était trahie par sa propre beauté ; qu'elle était plus consciente des nuances, des traditions que cette petite fille d'ouvrier. Lydia n'était pas petite. Elle mesurait un demi-pied de plus que les modestes cinq pieds deux pouces d'Adeline Bennett, mais l'adjectif exprimait un souhait latent. Miss Bennett l'introduisait souvent dans ses descriptions. Un gentil petit homme, une petite femme intelligente, une chère petite personne étaient quelques-uns de ses tags préférés. Ils l'ont agrandie selon sa propre vision.

La petite fille de l'ouvrier monta en courant chercher son chapeau. Elle trouva sa servante, Evans, occupée à polir ses bijoux. Le rite de polissage des bijoux de Miss Thorne avait lieu dans la salle de bains, qui était aussi un dressing, contenant de longs miroirs, une coiffeuse, des armoires avec des portes vitrées à travers lesquelles apparaissaient faiblement les chapeaux brillants et les sous-vêtements enrubannés de Miss Thorne. Elle était recouverte de moquette et de rideaux et était plus grande que de nombreuses chambres dans un couloir.

Ici, Evans, une Anglaise pâle et mélancolique, étalait les bijoux alors qu'elle achevait chaque pièce, les déposant sur une serviette blanche où les rayons du soleil de l'après-midi tombaient sur eux - le rubis cabochon comme un dôme de sang gelé, le rubis plat , un diamant clair aussi bleu que la glace, et la bande d'émeraudes et de diamants pour ses cheveux faisant clignoter des rayons de lumières vertes et oranges. Lydia aimait ses bijoux pour la meilleure de toutes les raisons : elle en avait acheté la plupart elle-même. Elle aimait particulièrement l'anneau d'émeraude, qui la faisait ressembler à une princesse orientale dans un ballet russe et, à son avis, correspondait parfaitement à son type. Mais sa beauté n'était pas aussi facile à classer qu'elle le pensait. La décrire avec des mots, c'était décrire un tableau de Cabanel de L'Étoile du harem - tableau tel que les galeries de la seconde moitié du XIXe siècle étaient sûres d'en contenir - le visage ovale, les splendides yeux noirs, les beaux yeux noirs. les sourcils, les cheveux corbeau ; mais la peau de Lydia n'était pas d'une blancheur transparente, et une légère saillie de ses pommettes et une poussée en avant de sa mâchoire suggéraient quelque chose de plus indien qu'oriental, quelque chose qui la faisait paraître plus à l'aise sur un sentier de montagne qu'au bord d'une piscine de marbre. .

En entrant, Evans effaçait les dernières traces de poudre d'un petit bracelet en diamant moins moderne que les autres pièces. Lydia le prit dans sa main.

"J'ai presque oublié que j'avais ça", a-t-elle déclaré.

Trois ou quatre ans auparavant, lorsqu'elle avait connu Bobby Dorset pour la première fois, alors qu'ils étaient très jeunes, il le lui avait offert. Il appartenait à sa mère et elle le portait constamment depuis environ un an. Un élan de tendresse la faisait maintenant le glisser sur son bras, et tandis qu'il s'y accrochait comme une pression vivante, sa lourde sensation ravivait faiblement tout un cycle d'émotions anciennes. Elle se dit qu'elle avait des affections humaines après tout.

"Il devrait être réinitialisé, mademoiselle", a déclaré Evans. "L'or gâte les diamants."

"Tu gardes magnifiquement mes affaires, Evans."

La jeune fille rougit devant les éloges, peu fréquents de la part de sa jeune maîtresse aux mouvements rapides, et les muscles de sa gorge se contractèrent.

"Un chapeau... n'importe quel chapeau, Evans."

Elle l'enfila d'un coup d'œil rapide et posé dans le verre, et repartit avec le bracelet, à moitié oublié, à son bras.

Pendant les quelques minutes où Lydia était à l'étage, un conflit avait éclaté dans l'esprit de Miss Bennett en bas. Doit-elle être offensée ou doit-elle être supérieure ? Était-il plus digne d'être en colère parce qu'elle ne pouvait vraiment pas se permettre d'être traitée de la sorte ? Ou devrait-elle pardonner parce qu'elle était visiblement beaucoup plus âgée et plus sage que Lydia ?

Elle se décida – comme toujours – en faveur du pardon, et lorsqu'elle entendit les pas rapides et légers de Lydia traverser le couloir, elle cria : « Ne conduis pas trop vite la petite voiture !

"Pas plus de soixante ans," répondit la voix de Lydia.

Alors qu'elle sautait dans le runabout gris qui attendait devant la porte avec ses roues avant tournées vers l'extérieur de manière invitante, appuyait sur le démarreur automatique avec son pied, enclenchait les vitesses sans un bruit, on aurait dit qu'elle voulait prendre sa réponse au pied de la lettre. Mais le compteur de vitesse n'en indiquait que trente sur son propre trajet – trente-cinq lorsqu'elle se redressait sur l'autoroute. Comme elle l'a dit, elle ne conduisait jamais vite sans raison valable.

Comme la plupart des gens de son type et de sa situation, Lydia était habituellement en retard. La raison qu'elle s'est donnée était qu'elle mettait un peu plus d'activité dans les vingt-quatre heures que ceux qui parvenaient à être à l'heure. Mais la véritable raison était qu'elle préférait être attendue plutôt que de courir le risque d'attendre elle-même. Cela lui semblait une véritable humiliation d'attendre la convenance de quelqu'un d'autre. Mais aujourd'hui, elle avait une raison d'être à l'heure, c'est-à-dire de ne pas avoir plus de vingt minutes de retard. Ils allaient jouer au bridge chez Eleanor et Bobby serait là ; et pour une raison quelconque, elle n'a jamais compris que cela dérangeait Bobby si elle était en retard et que tout le monde commençait à la maltraiter dans son dos ; et si Bobby était inquiet , il perdait de l'argent, et il ne pouvait pas se permettre de le perdre. Elle détestait que Bobby perde de l'argent – elle s'en souciait plus pour lui que pour lui-même.

L'un des faits qu'elle voyait le plus clairement dans sa propre vie était que l'homme qu'elle épousait devait être un homme important, non seulement parce que ses amis attendaient cela d'elle, mais parce qu'elle avait besoin d'un but, d'un intérêt accru, d'un grand homme dans sa vie. Pourtant, curieusement, les seuls hommes pour qui son cœur s'était jamais attendri étaient des hommes oisifs et sans valeur, dont Bobby n'était qu'un échantillon. Parmi les femmes, elle appréciait les qualités positives : le courage, l'éclat, la réussite ; mais parmi les hommes, elle semblait avoir choisi ceux qui avaient besoin d'un contrôle fort sur leur destin. Benny a dit que c'était le côté maternel en elle, mais des critiques moins amicaux ont dit que c'était le patron. Peut-être que les deux ne sont pas aussi dissociés qu'on le pense généralement. Lydia répudiait l'explication maternelle sans en trouver une autre. Elle seule savait que ce qui la faisait aimer des hommes comme Bobby l'empêchait d'en tomber amoureuse ; tandis que les hommes dont elle semblait possible de tomber amoureuse étaient des hommes avec lesquels elle se disputait toujours, de sorte qu'au lieu de l'amour il n'y avait même pas d'amitié.

Quelques années auparavant, elle avait été effectivement fiancée – bien que les fiançailles n'aient jamais été annoncées – avec un Anglais, un homme maigre au visage de faucon, le marquis d' Ilseboro . Elle n'était pas amoureuse de lui, même si c'était un homme dont les femmes tombaient amoureuses. Benny était fou de lui. Il était sociable d'une manière silencieuse, lui faisait l'amour avec une extrême assurance et en savait beaucoup sur la vie et les femmes.

Mais dès le début, leurs deux volontés s'étaient heurtées sur de petites questions : sur les invitations, les manières, la tenue de Lydia. Ilseboro avait cédé à maintes reprises , mais avec une délibération qui ne laissait aucune trace de défaite. Ces luttes qui se déroulent hors de vue et au-delà de la conscience dans la plupart des relations ne sont jamais décidées par l'événement réel mais par la force de la position dans laquelle se trouvent les combattants. Benny, par exemple, faisait parfois les choses les plus rebelles, mais il les faisait dans une sorte de frénésie de panique, suivie d'explications involontaires. Ilseboro était tout le contraire. Il céda parce qu'il avait le désir positif de s'ajuster, autant que possible, à ses souhaits. Lydia commença à ne plus avoir peur de lui, car, comme César, elle n'était pas sujette à la peur, mais se rendait vaguement compte que sa nature était plus forte que la sienne. Cela signifie soit l'amour, soit la haine. Il y avait eu quelques heures un soir où elle s'était sentie reconnaissante, admirative, désireuse d'abandonner ; alors que si elle l'avait aimé, elle aurait pu l'adorer. Mais elle ne l'aimait pas, et quand elle vit que ce qu'il espérait lui faire entrer dans une niche qu'il avait bâtie depuis des siècles pour les épouses des Ilseboro , elle le détesta vraiment.

Dès son enfance, la perspective de renoncer à sa propre volonté la poussait à la révolte. Elle se souvenait encore de s'être réveillée en sursaut de terreur à l'idée que dans son sommeil elle perdrait sa volonté pendant tant d'heures. Plus tard, son père avait souhaité l'envoyer dans un pensionnat à la mode ; mais elle avait fait des scènes si folles à l'idée d'être enfermée, de faire partie d'une communauté, que le projet avait été abandonné. Elle aurait épousé n'importe qui pour être libre, mais étant déjà exceptionnellement libre, elle se rebelle à l'idée d'abandonner son individualité par le mariage, en particulier par le mariage avec Ilseboro . Elle a rompu ses fiançailles. Ilseboro l'avait aimée et s'était rendu désagréable. Elle n'a jamais oublié la malédiction d'adieu qu'il lui avait lancée.

"Le problème avec le fait d'être un tyran comme vous, ma chère Lydia," dit-il, "c'est que vous aurez toujours des camarades de jeu de second ordre."

Elle a répondu que personne ne devrait savoir mieux que lui. Ses manières envers ses serviteurs la choquaient depuis longtemps en secret. Il leur parlait sans la moindre nuance d'humanité dans son ton, et pourtant, curieusement, ils l'aimaient tous sauf le chauffeur, qui était américain et ne pouvait pas le supporter, sentant l'essence même de la supériorité de classe dans ce ton.

Quelques mois plus tard, elle montra un anglais illustré à Miss Bennett.

"Une photo de la fille qu'Ilseboro va épouser."

Il y eut une pause pendant que Miss Bennett lisait ces mots romantiques : « Un mariage a été arrangé et aura bientôt lieu entre George Frederick Albert Reade, marquis d' Ilseboro , et… »

"Elle ressemble à une dame", a déclaré Miss Bennett.

"Elle ressemble à un lapin", dit Lydia. « Pensez juste aux ordres que Freddy va lui donner !

Ce n'était pas dans sa nature d'éprouver des remords pour ses actes mûrement réfléchis, et elle oublia vite qu'Ilseboro avait toujours existé, à l'exception de certaines choses qu'elle avait apprises de lui - une façon de se taire pendant que les gens vous expliquaient que vous ne pouviez pas le faire. faites quelque chose que vous aviez l'intention de faire, puis faites-le au lieu de vous disputer à ce sujet, comme c'était son ancienne habitude ; et une excellente manière avec les majordomes aussi.

Son pied appuya doucement sur l'accélérateur, lorsque la route devint droite, maintenant la voiture à quarante milles. De chaque côté de la route, des choux violets poussaient comme un tapis touffeté jusqu'au bord du macadam, sans clôtures ni haies pour les protéger. Il y avait suffisamment de brume dans l'air automnal pour agrandir les basses collines le long du Sound en une masse imposante et vague, et pour transformer le ciel sans nuages en un gris bleuâtre menaçant. Dans toutes les autres directions, les plaines sablonneuses et fertiles de Long Island s'étendaient sans interruption.

C'était vraiment un bel après-midi, trop beau pour passer à jouer au bridge dans une pièce étouffante. Il serait peut-être plus judicieux, pensa-t-elle, d'interrompre la fête, de kidnapper Bobby et de l'emmener s'asseoir au bord de l'eau et de regarder la lune se lever ; seulement elle craignait plutôt que la lune ne soit finie. Bien sûr, elle dînait chez les Leonard Piers ce soir-là, mais c'était une soirée éminemment ridicule , c'est-à-dire qu'elle allait leur plaire plutôt qu'elle-même. De toute façon, elle demanderait à Eleanor de déplacer la table de bridge sur la terrasse. Eleanor était tellement stupide de préférer jouer à l'intérieur.

Une silhouette minuscule, plus petite qu'une main d'homme, apparut dans le petit miroir à sa gauche. Était-ce… non… oui ? Un policier à vélo ! Eh bien, elle lui donnerait une petite course pour sa stupidité de ne pas la reconnaître. Elle adorait la vitesse, cela la rendait un peu ivre. L'aiguille passa à quarante-cinq, à cinquante, et resta là. Elle dépassa une charrette de gouvernante remplie d'enfants avec un son de "whist" alors que le vent se précipitait. Il y avait maintenant une route droite et dégagée.

La figure miniature grandissait et grandissait jusqu'à ce qu'elle semble remplir tout le cercle du miroir. Le bruit de la moto a noyé le bruit de sa propre voiture. Une voix a crié « Stop ! » presque dans son oreille. Tournant légèrement la tête vers la gauche, elle vit qu'une silhouette kaki se tenait à côté d'elle. Elle a ralenti la voiture et l'a arrêtée. Un jeune visage brûlé par le soleil et rouge de colère la regardait.

" Tiens, qu'est-ce que tu penses que c'est ? Une piste de course ? "

Lydia ne répondit pas, regardant droit devant elle. Elle pensait que c'était un gaspillage insensé de l'argent des contribuables que de continuer à changer de policiers. Au moment où vous parveniez à un accord satisfaisant avec l'un d'eux, vous vous retrouviez confronté à un autre. Elle n'était pas du tout alarmée, même s'il la grondait durement – la grondant, pour être franc, un peu comme son propre père l'avait fait. Elle ne s'opposait pas à ses paroles, mais elle détestait le pouvoir de la loi qui les sous-tendait – détestait l'idée qu'elle n'était pas elle-même le juge final de la vitesse à laquelle elle devait conduire.

Il préparait maintenant sa convocation. Jetant un coup d'œil distrait dans son miroir, elle vit au loin, comme dans un petit film, le chariot de la gouvernante apparaître. Elle avait l'intention de régler l'affaire avant que ces enfants gloussants et aux yeux écarquillés ne s'approchent. C'était une personne chez qui l'action découlait facilement et instantanément de la décision d'agir. La plupart des gens, après avoir pris une décision, hésitent comme un ruisseau au-dessus d'une cascade, puis plongent trop vite et finissent dans l'écume et les tourbillons. Mais la volonté de Lydia, en bien ou en mal, coulait avec un courant constant.

Elle baissa les yeux vers le siège à côté d'elle à la recherche de son sac en filet, l'ouvrit et découvrit qu'Evans, qui était une véritable oie, avait oublié d'y mettre son sac à main, même si elle savait que le bridge devait être joué. Lydia leva les yeux et vit que l'officier de justice avait suivi son geste des yeux. Elle enleva le bracelet de Bobby de son bras et, tenant sa main bien au-dessus du bord de la voiture, le laissa tomber sur la route. Elle l'entendit tinter sur la surface dure.

"Tu as laissé tomber quelque chose", dit-il.

"Non."

Il sortit une jambe à guêtre de la moto et ramassa le bracelet.

"N'est-ce pas le tien ?"

Elle sourit très légèrement et secoua la tête, une fois de plus en parfaite maîtrise de la situation.

« À qui est-ce alors ?

"Je pense que ça doit être le tien," répondit-elle avec une sorte de doux mépris, et le regardant toujours droit dans les yeux, elle se pencha et mit son équipement en premier. Il n'a rien dit et sa voiture a commencé à avancer. Bientôt, elle entendit le bruit d'une moto venant dans la direction opposée. Elle sourit intérieurement. Il y avait toujours un moyen.

Elle les trouva qui l'attendaient chez Eleanor, et elle sentit aussitôt que l'atmosphère était hostile ; mais quand Lydia aimait vraiment les gens, et qu'elle aimait vraiment tous les trois qui attendaient, elle possédait une sorte de gaieté coopérative merveilleusement amicale à laquelle il était difficile de résister.

Elle aimait Eleanor Bellington plus que n'importe quelle femme qu'elle connaissait. Ils étaient amis depuis leurs années d'école. Eleanor avait un cerveau et une langue sèche et amère, généralement silencieuse, et elle n'avait pas du tout peur de Lydia. Elle était blonde, simple, aristocratique, indépendante et de quelques années l'aînée de Lydia. Intrépide dans ses pensées, elle était conservatrice dans sa conduite. Toute son activité se situait dans le domaine intellectuel, ou bien par procuration, à travers l'activité des autres. Il y avait toujours deux ou trois hommes intéressants, des hommes qui venaient, des hommes dont on disait en parlant d'eux : « Vous savez, c'est l'homme... » qui semblait intimement mêlé au quotidien d'Eleanor. Un sujet de discussion sans fin entre les amis de Miss Bellington était l'état émotionnel exact de ces intimités de Nellie.

Lydia appréciait également Tim Andrews, un jeune homme aux amitiés universelles et sans émotions ; mais le plus nécessaire à son plaisir était Bobby Dorset, qui vint à sa rencontre, descendant les marches d'un pas nonchalant, les mains dans les poches. Il ressemblait exactement à ce qu'un jeune homme devrait ressembler : physiquement en forme, masculin. Il était jeune – plus jeune que ses vingt-six ans. Il n'y avait aucune ligne sur son visage rasé de près, et le moment était venu – était presque venu – où quelque chose aurait dû y être écrit. La page restait vierge trop longtemps. C'était la seule critique possible à l'égard de l'apparence de Bobby, et peut-être que seul un critique âgé aurait pensé à la faire. Lydia ne l'a certainement pas fait. Lorsqu'il lui souriait, montrant ses belles et régulières dents, elle pensait qu'il était la personne la plus belle qu'elle connaisse.

Comme elle s'y attendait, la table de bridge était installée à l'intérieur de la maison, et pendant qu'elle protestait et la faisait déplacer sur la terrasse , elle mentionna qu'elle était en retard parce qu'elle avait eu une dispute avec Miss Bennett.

"Cher petit Benny", dit Andrews. "Elle ressemble à un joli animal aux yeux bruns et à la fourrure grise, n'est-ce pas ?"

"Tim parle toujours comme s'il était amoureux de Benny."

"Elle est si douce, Lydia, et tu es si impitoyable avec elle", a déclaré Dorset.

"Je dois l'être, Bobby", répondit Lydia, et peut-être qu'elle ne se serait abaissée pour offrir une explication à personne d'autre. "Elle est douce, mais merveilleusement persistante. Elle parvient à ses fins par une infiltration lente. J'aimerais que vous me disiez tous quoi faire. Benny est une personne sur qui ce que vous dites de manière critique ne fait aucune impression jusqu'à ce que vous le disiez ainsi. comme pour la blesser, et puis cela ne fait aucune impression parce qu'elle est tellement occupée à ce que ses sentiments soient blessés. C'est mon problème avec elle.

"C'est le problème de tout le monde, avec tout le monde", répondit Eleanor.

"Elle aime inviter ses amis ennuyeux à la maison quand je suis là pour les divertir."

"Amusez-les avec un blackjack", a déclaré Bobby.

« Elle avait deux réformateurs de prison là-bas aujourd'hui – des vieilles femmes au visage en forme de poire, et j'ai passé une matinée parfaitement horrible en ville à essayer de me procurer des haillons pour me mettre sur le dos, et... Nell, peux-tu me dire pourquoi tu as recommandé Lurline pour moi ? Je n'ai jamais vu de vêtements aussi atroces."

"Je ne l'ai pas recommandée", répondit Nellie, insensible à l'attaque. "Je t'ai dit que cette choriste pâle et semblable à une perle était habillée là, et ton désir latent de t'habiller comme une choriste———"

"Oh, Lydia ne veut pas s'habiller comme une choriste !"

"Merci, Bobby."

"Elle veut s'habiller comme les sauvages d'Aïda."

"En *maillots mauves* et en chaînes ?"

"En peaux de tigre et en perles, et accroupi dans la jungle."

"J'étais tellement boudeur que je n'ai pas donné un centime à la réforme des prisons. Pensez-vous que les prisons devraient être trop confortables ? Je ne veux pas être cruel, mais..."

"Eh bien, c'est quelque chose, ma chérie, que tu ne veux pas être."

"Tu veux dire que je le suis ? C'est ce que dit Benny. Mais je ne le suis pas. Est-ce que ce sont dix cents par point ?"

Eleanor, qui, comme beaucoup d'intellectuels, trouvait son enthousiasme dans les domaines où le hasard était éliminé, protesta que dix cents le point était trop élevé, mais ses objections furent balayées par Lydia.

"Oh, non, Eleanor ; jouez pour des haricots si vous voulez ; mais si vous voulez jouer du tout——"

Tim Andrews l'interrompit.

"Ma chère Lydia," dit-il, "je pense qu'il est juste de vous dire que le Club Anti-Lydia était en train d'être organisé à votre arrivée. Ses membres sont tous ceux que vous avez intimidés, et son objet est de s'opposer à vous dans tous les domaines. petites choses."

« Que j'aie raison ou non, Tim ?

"Tout le monde est pire quand il a raison", murmura Eleanor.

"Nous avons décidé avant votre arrivée que nous souhaitions tous jouer cinq cents le point", a poursuivi Tim avec fermeté.

"Très bien," dit vivement Lydia. "Seulement tu sais que ça m'ennuie, et ça ennuie Bobby aussi, n'est-ce pas, Bobby ?"

"Pas particulièrement", répondit Dorset; "mais je sais que si ça t'ennuie, aucun de nous ne passera un moment agréable."

Lydia sourit.

"Est-ce une insulte ou un hommage ?"

Bobby lui sourit en retour.

"Je pense que c'est une insulte, mais tu aimes plutôt ça."

Une demi-heure plus tard, ils jouaient à dix centimes le point.

CHAPITRE II

Lydia avait proposé de déposer Bobby à la gare sur le chemin du retour, même si elle avait dû parcourir quelques kilomètres pour le faire. Il rentrait en ville. Il faisait sombre au moment où ils commencèrent. Elle aimait le sentiment de l'avoir à côté d'elle alors qu'elle contrôlait absolument son destin pendant la demi-heure suivante. Elle aimait même prendre des risques avec sa vie, plus précieuse pour elle du moins pour l'époque que toute autre, dans l'espoir qu'il protesterait, mais il ne le fit jamais. Il comprenait sa Lydia.

Après quelques minutes, elle observa : "Je suppose que tu sais qu'Eleanor a un nouveau jeune homme."

"Intensément intéressant, ou vraiment utile ?" Il a demandé.

"Les deux, selon elle. Elle l'amène chez les Piers ce soir. Elle me demandait juste d'être gentille avec lui."

"C'est comme demander au boa constrictor d'être gentil avec un agneau nouveau-né, n'est-ce pas ?"

"Si je suis gentil avec ses hommes, cela lui donne un sentiment de confiance en eux."

"Si tu es gentil avec eux, tu les lui enlèves."

"Non, Bobby. C'est drôle, mais ce n'est pas aussi facile que tu le penses d'éloigner les hommes d'Eleanor."

"Ah, tu as essayé ?"

"Elle a une drôle d'emprise sur eux. C'est son cerveau. Elle a un cerveau, et ils l'apprécient. Je n'ai pas souvent envie de ses hommes. Ils ont tendance à être si terribles. Vous souvenez-vous du biologiste à la perle " Des boutons sur ses bottes ? Celui-ci fait de la politique - ou quelque chose comme ça. Il a un drôle de nom : O'Bannon. "

"Oh, oui, Dan O'Bannon."

"Tu le connais?"

"Je l'ai connu à l'université. Seigneur, c'était un homme sauvage à cette époque !" Bobby ricana avec réminiscence. "Et maintenant, il est le procureur local."

« Que fait un procureur, Bobby ?

"Eh bien, c'est un homme élu par le comté pour poursuivre———"

« Écoute, Bobby, si les Emmons te demandent de passer ce dimanche prochain avec eux, vas-y, parce que j'y vais. Elle l'interrompit parce que c'était le genre d'explication qu'elle n'avait jamais pu écouter. En fait , elle avait si complètement cessé d'écouter qu'elle ignorait avoir interrompu la réponse à sa propre question, et Bobby ne se souciait pas de lui signaler l'affaire, de peur que son invitation chez les Emmons ne soit perdue dans la bagarre qui s'ensuivait. D'ailleurs, il estimait que c'était sa faute. La plupart des gens qui vous posent une question comme celle-là veulent vraiment dire : « Y aurait-il quelque chose d'intéressant pour moi dans la réponse à cette question ? Sinon, pour l'amour de Dieu, n'y répondez pas. » Il a donc volontiers renoncé à définir les devoirs du procureur et a répondu à sa déclaration plus importante.

" Bien sûr que j'y vais, mais ils ne me l'ont pas demandé."

"Ils le feront... ou bien je n'irai pas. Vous sortirez vendredi après-midi."

"Je ne peux pas, Lydia, avant samedi."

"Maintenant, Bobby, ne sois pas absurde. Ne laisse pas ce vieil homme te traiter comme un esclave."

L'attitude de Lydia à l'égard du travail de Bobby était quelque peu déroutante. Elle souhaitait qu'il atteigne une position dominante dans le monde financier, mais n'avait aucune patience avec son industrie lorsqu'elle interférait avec ses propres projets. Dans le cas de Bobby, l'obtention d'un poste semblait improbable. Il était employé dans la grande maison bancaire Gordon & Co., une entreprise qui, en cent vingt-cinq ans, s'était imposée dans l'existence financière même du pays. Dans presque toutes les régions du monde civilisé, dire que vous étiez avec Gordon & Co. était une fierté. Mais la fierté était tout ce qu'un homme du type de Bobby était susceptible d'en retirer. La promotion était lente. Lydia parlait d'un partenariat junior un jour , mais Bobby savait que les partenariats chez Gordon & Co. portaient sur des qualités plus précieuses que les siennes. Parfois, il songeait à les quitter, mais il ne supportait pas de renoncer au facile honneur de leur liaison.

Il valait mieux être portier chez Gordon & Co. qu'associé dans une entreprise éphémère.

Cela l'amusait de l'entendre parler de Peter Gordon le traitant comme un esclave. Le digne chef d'entreprise d'âge moyen, dont le métier était pour lui comme une religion ancestrale, connaissait à peine ses employés de vue.

"Ce n'est pas vraiment servile de travailler une demi-journée le samedi", dit-il doucement.

"Ils te respecteraient davantage si tu t'affirmais. Viens vendredi, Bobby. Je m'ennuierai tellement si tu n'es pas là."

Il pensa qu'après tout, il préférerait être licencié par Gordon & Co. plutôt que par la jeune femme à côté de lui.

"Chère Lydia, comme tu peux être gentille quand tu le veux, comme tous les tyrans."

Ils avaient atteint la petite cabane en bois déserte qui servait de gare ferroviaire, et Lydia arrêta la voiture.

"Je suppose que c'est idiot, mais j'aimerais que tu ne dises pas ça, que je suis un tyran", dit-elle d'un ton suppliant. "Je ne veux pas l'être, mais souvent je sais que je sais mieux ce qui devrait être fait. Cet après-midi, par exemple, n'était-il pas préférable pour nous tous de jouer dehors plutôt que dans cette petite pièce étouffante de la maison d'Eleanor. ? Était-ce un tyran ?

"Oui, Lydia, ça l'était ; mais j'aime ça. Tout ce que je demande, c'est un petit tyran chez moi."

Elle soupira si profondément qu'il se pencha et embrassa sa joue fraîche.

"Au revoir, ma chère," dit-il.

Le baiser ne s'est pas mal passé. Il l'avait fait comme si, bien qu'il ne soit pas sûr du succès, il ne s'aventurait pas sur un terrain absolument inédit.

"Je pense que tu ferais mieux de ne pas faire ça, Bobby."

"Est-ce que tu détestes ça?"

"Pas particulièrement, seulement je ne veux pas que tu en deviennes dépendant."

Il rit en fermant la portière de la voiture. La lumière du moteur était visible au-dessus des bois bas à leur gauche.

"Je vais tenter ma chance là-dessus", a-t-il déclaré.

En s'éloignant, elle a ressenti l'injustice du monde. Tout le monde vous a demandé votre avis ; ils voulaient que vous vous intéressiez, mais ils se plaignaient lorsque cet intérêt vous amenait à exercer la moindre pression sur eux pour qu'ils fassent ce que vous considériez comme étant le mieux. C'était tellement illogique. Vous ne pouviez pas donner à quelqu'un des conseils qui soient bons à moins d'entrer dans le jeu et de faire de son problème le vôtre, et bien sûr, si vous faisiez cela (seulement combien peu de personnes, à part elle, l'ont jamais fait pour leurs amis), alors vous étiez inquiet, personnellement concerné. qu'ils devraient suivre vos conseils. Ils étaient tous contents aussi, pensa-t-elle, lorsque sa tyrannie jouait pour leur bien. Bobby, par exemple, ne s'était pas plaint qu'elle ait forcé les Emmons à lui demander dimanche. Il pensait que c'était louable. Peut-être que ce n'était pas le cas des Emmons . Et pourtant, il vaut mieux être clair. Elle ne voulait aller passer le dimanche avec personne que si elle était sûre d'avoir quelqu'un pour l'amuser. Supposons qu'elle soit allée là-bas et ait découvert que, comme Benny, ils l'utilisaient pour divertir certains de leurs amis ennuyeux. Cela l'aurait mise en colère. Elle aurait pu être désagréable et rompre une amitié. De cette façon, c'était sûr.

Elle n'est rentrée qu'à sept heures et demie et elle dînait à huit heures, à quinze minutes de route.

Une agréable odeur de roses et de fumée de bois l'accueillit lorsqu'elle entra dans la maison. Elle adorait sa maison, avec les larges bardeaux et les pilastres classiques de la façade encore intacts. Il y a dix ans , son père l'avait acheté : une jolie vieille ferme avec une bande ornementale qui l'entourait sous l'avant-toit et un petit porche parfait devant la porte. Depuis , elle s'y attachait de plus en plus, à mesure qu'il devenait de plus en plus l'œuvre de sa propre création. Elle avait ajouté ce dont elle avait besoin sans trop se soucier de l'effet de l'ensemble : une grande pièce lambrissée, anglaise entre autres, un jardin intérieur évoquant un patio espagnol, un hall carrelé à l'italienne et une longue aile de domestique qui n'était rien du tout. .

Elle passa la tête dans la salle à manger, où Miss Bennett, vêtue d'une robe de thé majestueuse, commençait tout juste un dîner solitaire.

"Bonjour Benny ! Bon dîner. J'ai oublié de te dire que je vais chez les Emmons pour dimanche, alors si tu veux demander à quelqu'un de te tenir compagnie, fais-le. Je vais être en retard pour le dîner. "

Miss Bennett sourit et hocha la tête, reconnaissant qu'il s'agissait d'une manifestation pour la paix. Quatorze années lui avaient appris que Lydia n'était pas dénuée de générosité.

y a quatorze ans , l'hiver prochain, les Thorne étaient entrés dans la vie de Miss Bennett. Le vieux Joe Thorne était venu sur rendez-vous dans son petit appartement new-yorkais. Le rendez-vous avait été pris par un ami de Miss Bennett – les amis de Miss Bennett cherchaient toujours quelque chose de désirable pour elle à cette époque. Sa famille, identifiée à New York depuis cent cinquante ans, avait progressivement décliné en fortune jusqu'à ce que la panique de 1893 ait presque anéanti la petite fortune d'Adeline et de sa mère, la dernière de la famille. Adeline avait été élevée, non dans le luxe, mais dans une oisiveté féminine confortable et inaltérable. Elle avait toujours eu tous les vêtements dont elle avait besoin parmi les gens qu'elle connaissait, et c'étaient eux qui avaient tout. Les Bennett n'avaient jamais tenu de voiture, mais ils ne s'étaient jamais limités à monter dans des fiacres. La vérité était qu'ils ne s'étaient jamais gênés dans ce qu'ils voulaient vraiment. Et Adeline, lorsqu'elle se retrouva seule au monde à trente ans, avec quelques milliers de revenus seulement, continua la tradition familiale d'avoir ce qu'elle voulait.

Elle prit un petit appartement qu'elle s'arrangea pour rendre charmant, et elle vécut bien grâce à l'aide de sa vieille nourrice française, qui venait lui cuisiner, l'habiller et la mettre aussi parfaitement que jamais. Elle continuait à dîner au restaurant tous les soirs et, même si elle passait théoriquement ses étés à New York en tant qu'économie, elle était toujours sur le yacht de quelqu'un ou dans la maison de campagne de quelqu'un. Elle rendait de nombreuses visites et appréciait la vie plus que la plupart des gens.

Cependant, ses amis, car elle avait le pouvoir de créer de véritables attachements, n'étaient pas aussi satisfaits. Au début , ils étaient persuadés qu'Adeline se marierait – c'était évidemment la chose qu'Adeline devait faire – mais elle n'était ni intrigante ni romantique. Il lui manquait à la fois l'émotion imprudente qui peut conduire à un mauvais mariage et la détermination de sang-froid de bien se marier.

Elle avait à peine quarante ans le jour où Joe Thorne est arrivé. Elle le voyait encore lorsqu'il entra, vêtu de son pardessus bleu à col de velours. Un grand homme puissant avec des yeux proéminents comme ceux de Bismarck et une épaisse moustache brun foncé dépassant sa lèvre supérieure. Il ne s'attendait pas à consacrer beaucoup de temps à l'entretien. Il était venu voir si Miss Bennett ferait bien d'élever sa fille qui, à dix ans, lui causait des ennuis. Il voulait qu'elle soit préparée aux opportunités sociales qu'il souhaitait qu'elle ait. Il lui semblait étrange qu'une personne vivant aussi simplement que Miss Bennett puisse réellement contrôler ces opportunités sociales, mais des personnes en qui il avait confiance lui avaient dit que tel était le cas, et il l'accepta.

Il était le fils d'un agriculteur du Kansas, avait quitté la ferme lorsqu'il était enfant, s'était installé dans une petite ville et avait appris le métier de maçon. Grâce à un travail acharné, il a progressivement amassé quelques centaines de dollars et les a investis dans un banc de gravier juste à l'extérieur de la ville. C'était la seule banque de gravier du quartier et lui rapportait un rendement élevé sur son argent. Puis, au moment où le gravier était épuisé, la ville commença à s'étendre dans cette direction, et Thorne s'arrangeait pour niveler sa propriété et la vendre en lots à bâtir, lorsqu'un développement encore plus inattendu se produisit. Du pétrole a été trouvé dans le quartier et sous le gravier de Thorne se trouvait un puits.

Si le destin l'avait destiné à être pauvre , elle n'aurait jamais dû lui permettre de gagner ses premiers mille dollars, car à partir du moment où il avait un excédent, tout ce qu'il touchait fonctionnait bien. Lors d'un de ses voyages dans la région pétrolière de Louisiane, il rencontra et épousa une belle locale, une fille mince et pâle avec d'immenses yeux noirs cerclés et une peau de gardénia. Elle le suivit docilement à travers le pays, des puits de pétrole aux centres financiers jusqu'à la naissance de sa fille. Puis elle s'installe à Kansas

City et attend ses rares visites. La seule chose inconsidérée qu'elle lui ait jamais faite était de mourir et de le laisser avec une fille de huit ans.

Durant plusieurs années houleuses, il essaya diverses solutions : des gouvernantes étrangères qui tentèrent de l'épouser, des étudiantes américaines qui tentèrent de lui faire prendre sa part de responsabilité parentale, une vieille cousine qui avait été institutrice et osait critiquer son mode de vie. . Finalement , ses affaires grandissantes l'amenèrent à New York et il entendit parler de Miss Bennett. Il a entendu parler d'elle par l'intermédiaire de Wiley, son avocat. Wiley, un homme d'une quarantaine d'années, alors en vogue dans le bar de New York, était considéré par beaucoup comme le mari idéal pour Adeline. C'étaient de vieux amis. Il l'admirait, lui souhaitait bonne chance et pensa instantanément à elle lorsque son nouveau client lui demanda de l'aide.

Dès que Thorne a vu Miss Bennett, il a vu qu'elle s'en sortirait parfaitement. Il lui a proposé un bon salaire. Il ne pouvait pas croire qu'elle refuserait. Elle-même avait du mal à y croire, car elle n'était pas habituée à opposer sa volonté à qui que ce soit, encore moins à un homme comme Joe Thorne, qui avait réussi à se frayer un chemin contre la volonté du monde. Le concours a duré des semaines et des semaines. La pauvre Miss Bennett n'arrêtait pas de consulter ses amis, acceptant presque d'y aller lorsqu'elle voyait Thorne, puis lui téléphonant pour lui dire qu'elle avait changé d'avis et l'amenant à son appartement - ce qui était justement ce qu'elle ne voulait pas - pour la convaincre. encore une fois.

Certaines de ses amies s'opposaient à ce qu'elle aille chez un veuf dont la réputation à l'égard des femmes n'était pas sans tache. D'autres pensaient — sans le dire — que si elle y allait et réussissait à l'épouser, elle ferait mieux qu'elle n'était en droit de s'attendre. Peut-être que si Miss Bennett avait pu tomber amoureuse de Lydia, elle aurait cédé, mais même à dix ans, Lydia, une petite personne déterminée aux yeux noirs, inspirait la peur plus que l'amour.

La pauvre Adeline pâlit et maigrit à cause de la lutte. Finalement , elle décida, après avoir consulté ses amis, de mettre fin à cette affaire en étant un peu impolie, en disant à Thorne qu'elle n'aimait tout simplement pas cette perspective ; qu'elle préférait son propre petit endroit et sa propre petite vie.

« Comme ça – comme ce petit endroit exigu ? » dit-il en regardant autour de lui le soleil, le chintz et les marguerites en pot de sa maison chérie. "Mais je vous mettrais à l'aise, je vous donnerais ce que vous devriez avoir : l'Europe, vos amis, votre voiture, tout."

Il a continué en lui disant qu'elle avait tort, complètement tort d'aimer sa propre vie. Sa dernière carte n'a pas gagné. Elle finit par céder pour la seule raison que ses forces de résistance étaient épuisées.

Thorne vivait alors dans une maison au coin de la partie supérieure de la Cinquième Avenue, avec une salle de bal en brocart rose pâle qui traversait la façade et profitait de tout le soleil du matin, et un salon et une bibliothèque à l'arrière si sombres qu'on ne pouvait pas lire. on y était à midi, avec des escaliers de marbre et des cheminées immenses qui n'attiraient pas : une maison terrible. Quelques années plus tard, sous l'influence de Miss Bennett, il avait acheté dans les années 70 la maison plus modeste où Lydia passait désormais ses hivers. Mais c'est à la maison de la Cinquième Avenue que Miss Bennett est venue et s'est retrouvée plongée dans l'une des luttes les plus désespérées au monde. Thorne, dont l'intérêt continu était porté aux affaires, tenta de gouverner Lydia en cas de crise – par des scènes, des scènes d'une violence que Miss Bennett n'avait jamais vue égalée. Il s'est avéré que sa venue a affaibli le pouvoir de Thorne ; non pas qu'elle n'était pas habituellement de son côté – elle l'était – mais elle était un public, et Thorne éprouvait un certain sentiment de honte devant un public, alors que Lydia n'en avait aucun.

Elle l'avait vu maintes fois frapper les oreilles de Lydia et, aussi douce qu'elle fût, elle avait été heureuse de le voir le faire. Mais c'est sa violence qui l'a détruit. C'est alors que Lydia devint soudain digne et, sans se briser, parvint à le faire ressembler à une brute.

Il n'y a rien de plus incassable qu'un enfant qui ne tient compte ni de son bien-être physique ni de l'opinion publique. Une personne âgée, aussi violente soit-elle, a appris qu'elle doit réfléchir à de telles questions, et c'est une faiblesse dans une campagne de violence que de considérer autre chose que le but souhaité.

Et dans l'ensemble, Thorne a perdu. Il pouvait obliger Lydia à faire ou à s'abstenir de faire des actes spécifiques – du moins, il le pouvait lorsqu'il était à la maison. Il ne lui avait pas permis à dix ans de garder ses grands danois ni à treize ans de conduire un fiacre à haut pas dans une charrette à roues rouges qu'elle avait commandée pour elle-même sans consulter personne.

la fin de cette lutte, il avait demandé à Miss Bennett de l'épouser. Elle savait pourquoi il avait fait ça. Lydia, au cours de la dispute, l'avait qualifiée de partenaire rémunérée. Il considérait depuis longtemps cela comme un arrangement judicieux, notamment en cas de décès. Miss Bennett l'a refusé. Elle essaya de penser qu'elle avait été tentée par son offre, mais ce n'était pas le cas. Il lui paraissait un homme violent qui avait été maçon, et elle poussait toujours un soupir de soulagement lorsqu'il sortait de la maison. Elle était heureuse qu'il n'ait pas insisté sur ce point, mais plus tard, ce fut pour elle un véritable réconfort de se rappeler qu'elle aurait pu être la belle-mère de Lydia si elle l'avait choisi.

Mais c'est dans cette longue compétition que Thorne a échoué. Il ne pouvait pas obliger Lydia à garder des gouvernantes qu'elle n'aimait pas. Sa méthode était simple : elle leur rendait la vie si désagréable que rien ne pouvait les retenir. Il n'a jamais réussi à la faire entrer dans un internat, même si lui et Miss Bennett, après une longue conférence, ont décidé que c'était la chose à faire. Mais cet échec était en partie dû à sa santé défaillante.

Ce fut leur dernier grand combat. Il mourut en 1912. Dans son testament, il laissa à Miss Bennett dix mille dollars par an, en lui demandant de rester avec sa fille jusqu'à son mariage. Cela toucha Miss Bennett qu'il ait dû voir qu'elle n'aurait pas pu rester si elle avait dépendu de la volonté capricieuse de Lydia. C'était ce qui rendait sa position possible : le fait qu'ils savaient tous les deux qu'elle pouvait partir en un instant si elle le voulait ; non pas qu'elle ait jamais douté que Lydia lui soit sincèrement attachée.

CHAPITRE III

Quand Lydia monta s'habiller en courant, tout l'attendait : les lumières allumées, les feux crépitants, son bain tiré, ses sous-vêtements et ses bas pliés sur une chaise, sa robe vert et or étalée sur le lit, ses étroites pantoufles dorées. se tenant exactement parallèle sur le sol à côté, et au milieu Evans, comme une prêtresse attendant de servir l'autel d'une déesse, se tenait debout, les yeux rivés sur l'horloge.

LYDIA LITTLE RÉalise QUELLE TENTATION ELLE PLACE DEVANT EVANS.

Lydia ôta son chapeau, ébouriffa ses cheveux à deux mains tandis qu'Evans commençait à défaire son chemisier. Elle dégrafa le brassard, puis leva les yeux avec des yeux pâles et surpris.

"Votre bracelet, mademoiselle ?"

"Bracelet?" Pendant une seconde, Lydia l'avait vraiment oublié.

"Le petit bracelet en diamant. Tu le portais cet après-midi."

Quelque chose de paniqué et d'excité dans le ton de la jeune fille agaçait Lydia.

"J'ai dû le laisser tomber", dit-elle.

La servante poussa un petit cri comme si elle-même avait subi une perte.

"Oh, perdre un bracelet précieux comme ça !"

"Si cela ne me dérange pas , je ne vois pas pourquoi tu devrais le faire, Evans."

Evans commença à dégrafer sa jupe en silence.

Vingt minutes plus tard, elle était conduite rapidement vers la maison des Piers. Ces minutes furent parmi les plus contemplatives de sa vie, enfermée quelques secondes seule sans possibilité d'interruption. Maintenant, alors qu'elle se penchait en arrière , elle pensait à quel point sa vie était solitaire — toujours seule face aux critiques. Était-elle une brute, comme Ilseboro l'avait dit ? Peut-être qu'elle était dure. Mais alors, comment pourriez-vous faire avancer les choses si vous étiez doux ? Il y avait Benny. Benny, doté de nombreuses excellentes capacités, était doux et regardez où elle était : une compagne rémunérée à cinquante-cinq ans. Lydia soupçonnait que dix ans auparavant, son père avait voulu épouser Benny, et Benny avait refusé. Lydia pensait savoir pourquoi — parce que Benny considérait le vieux Joe Thorne comme un homme vulgaire qu'elle n'aimait pas. Très noble, bien sûr, et pourtant n'y avait-il pas une sorte de faiblesse à ne pas tenter sa chance et à vivre une chose pareille ? Benny ne serait-il pas plus une personne à tous points de vue si elle avait décidé d'épouser le vieil homme pour son argent ? Si elle l'avait fait, elle aurait été sa veuve désormais et Lydia une belle-fille à charge. Comme elle aurait détesté ça !

Les Piers avaient construit un parfait château français et avaient réussi à transformer les bois broussailleux en jardins, terrasses et bosquets. Lydia sortit de la voiture et s'arrêta sur les larges marches de marbre, l'enveloppant de son manteau avec les bras tendus, comme un Indien l'enveloppe dans sa couverture. Elle tourna légèrement la tête à la demande de son chauffeur quant à l'heure de son retour.

"Oh," dit-elle, "huit-dix-pont. Revenez à onze heures."

Les miroirs de la loge des Piers étaient flatteurs alors qu'elle laissa tomber sa cape d'un mouvement rapide dans les mains de la servante qui l'attendait et vit le reflet de sa mince silhouette dorée et verte avec la bande émeraude sur son front.

Elle vit d'un coup d'œil, en entrant dans le salon, que ce n'était pas une très bonne fête : huit seulement, et pas grand-chose dans la file des joueurs de bridge. Elle écouta avec modération l'explication de Fanny Piers selon laquelle quatre personnes avaient cédé depuis six heures. Elle hocha la tête, admettant l'excuse et réservant son opinion selon laquelle si les Piers organisaient de meilleures fêtes, les gens ne les rejetteraient pas si souvent.

Elle regarda autour d'elle. Il y avait encore Tim Andrews. Eh bien, elle pourrait toujours s'amuser assez bien avec Tim. May Swayne, une douce créature blonde que Lydia connaissait depuis de nombreuses années et ignorait. En effet, May était aussi peu consciente des méthodes de Lydia qu'une taupe d'un orage. Et puis il y avait Hamilton Gore, le démolisseur maigre d'une génération précédente, pas mal – un peu âgé, un peu trop épigrammatique au goût d'aujourd'hui ; mais quand même, un jour un démolisseur, toujours un démolisseur. Il était toujours stimulant. La dernière fois qu'elle lui avait parlé, il l'avait traitée de panthère noire élégante. Cela fait toujours plaisir, bien sûr. Depuis lors , Fanny Piers, une fauteuse de troubles notoire, avait répété quelque chose d'autre qu'il avait dit. Il l'avait traitée de futile barbare. Elle n'aimait pas le « futile ». Elle en parlerait avec lui ; cela l'amuserait si tout le reste échouait. Elle disait : « Bonjour, M. Gore ! Je suppose que vous ne vous attendiez pas à rencontrer un barbare au dîner, surtout un futile. Cela rendrait Fanny malheureuse, mais si Fanny répétait les choses, elle devrait s'attendre à avoir des ennuis.

Et puis, bien sûr, il y avait le nouveau meilleur pari d'Eleanor : le jeune homme extrêmement intéressant et absolument utile. Lydia regarda autour d'elle et il était là. Cher moi, pensa-t-elle, il était certainement intéressant et valait la peine , mais pas tout à fait du point de vue suggéré par Eleanor : le service public et le pouvoir politique. Il était très beau, grand et lourd d'épaules. Il était tourné aux trois quarts d'elle alors qu'elle posait son diagnostic. Elle ne voyait guère plus que sa simple taille, le brun foncé et sain d'une peau anglo-saxonne brûlée par le soleil, et la pointe profonde de sa nuque où poussaient des cheveux courts et épais en une pointe profonde. Eleanor, paraissant petite à côté de lui, regardait fixement devant elle, sans essayer de le montrer. Il n'y avait rien de bon marché chez Eleanor. Elle lui parlait maintenant, se préparant à le présenter à son amie. Lydia le vit se retourner et leurs regards se croisèrent – les yeux les plus étranges qu'elle ait jamais vus. Elle se retrouva à les regarder plus longtemps que les bonnes manières ne le permettaient ; non pas que Lydia se souciait beaucoup des bonnes manières, mais elle ne voulait pas donner à l'homme l'impression qu'elle était tombée amoureuse de lui au premier regard ; seulement, il se trouvait qu'elle n'avait jamais vu auparavant des yeux qui brillaient comme des torches, devenaient sombres et clairs, petits et grands comme ceux d'un chat, sauf qu'ils n'étaient pas de la couleur d'un chat, étant gris – un gris clair pur contrastant avec le sien. cheveux et peau foncés. Il y avait aussi un contraste dans l'expression. Ils étaient un peu fous, au moins fanatiques, alors que sa bouche était contrôlée et légale et pleine d'humour . Qu'est-ce que Bobby avait dit à son sujet à l'université : un homme sauvage ? Elle pourrait bien le croire. Pendant ces quelques secondes, Eleanor le présentait et elle cherchait quelque chose à lui dire. C'était le problème lorsqu'on rencontrait de nouvelles personnes : il était tellement plus facile de discuter avec de vieux amis. Benny a dit que c'était une question de compétence provinciale. Elle a fait un gros effort.

« Comment vas-tu ? » — c'est tout à fait à la manière d'Ilseboro . « Est-ce que vous restez près d'ici ?

Vous auriez pu compter un ou deux avant qu'il ne donne le moindre signe de l'avoir entendue. Puis il a dit : « Oui, j'habite à environ dix miles d'ici.

"Oh, bien sûr ! Vous êtes juge ou quelque chose comme ça, n'est-ce pas ?"

L'homme était-il un peu sourd ?

"Quelque chose comme ca."

Elle remarqua cette astuce consistant à s'arrêter une seconde ou deux avant de répondre. Ilseboro en avait eu aussi. C'était plutôt efficace d'une certaine manière. Cela a amené l'autre personne à se demander si ce qu'il avait dit était stupide. Il n'était pas du tout sourd, bien au contraire.

"Tu ne vas pas me dire ce que tu es ?" dit-elle.

Il secoua gravement la tête. Puis son regard tomba sur Gore qui se tenait à ses côtés et elle ne put résister à la tentation. Elle tourna le dos à la découverte d'Eleanor.

"Bonjour, M. Gore ! Vous attendiez-vous à rencontrer un barbare au dîner, surtout un futile ?"

Gore, sans vergogne, a envahi toute la pièce.

"Maintenant," dit-il de sa voix aiguë, "y a-t-il quelque chose de plus barbare que cette attaque ? Oh, oui, je l'ai dit ; et ce qui est pire, je le pense, ma chère demoiselle, je le pense !"

Elle se tourna vers O'Bannon.

"Penseriez-vous que j'étais un barbare ?"

"Certainement pas une question futile", répondit-il.

Ils entrèrent dîner. C'était un principe fixe dans la vie de Fanny Piers de placer ses amies à côté de leurs propres jeunes hommes, de sorte qu'Eleanor se retrouvait à côté d'O'Bannon au dîner. Il était à la droite de son hôtesse, Gore à sa gauche, puis Lydia et Tim et May et Piers, et encore Eleanor. Cet arrangement convenait très bien à Lydia. Elle a continué à attaquer Gore. Cela convenait encore mieux à Eleanor. Elle connaissait Noel Piers depuis trop longtemps pour perdre du temps à lui parler, et comme c'était l'arrangement qu'il préférait, ils étaient presque amis. Cela la laissait libre de parler à O'Bannon. Ses capacités natives, jointes à son intérêt personnel pour lui, lui ont permis de se familiariser avec tous les aspects de son travail. Il lui a parlé de magasin et a adoré. Il lui parlait d'un cas dans lequel des syndicats, dont il sympathisait lui-même en tant qu'individu, s'étaient soumis à la loi. C'était l'une des pénalités d'un poste comme le sien. Piers saisit quelques mots et se pencha.

« Eh bien, je suis plutôt libéral », a-t-il déclaré – cette formule bien connue du réactionnaire – « mais je ne suis pas en faveur du travail ».

"Même pas pour les autres, Noel", dit Eleanor, qui ne voulait pas être interrompue.

"Je veux dire les syndicats", répondit Piers, qui, non sans humour à sa place, avait trop de difficulté à exprimer une idée pour se détourner et en rire. "J'espère que vous serez ferme avec ces gars-là, O'Bannon. J'espère que vous n'êtes pas une socialiste comme Eleanor."

Piers avait utilisé le mot « socialiste » comme un mot haineux et s'attendait à entendre O'Bannon rejeter cette suggestion comme une insulte. Au lieu de cela, il a nié ce fait.

"Non", dit-il, "je ne suis pas socialiste. Je pense que vous trouverez les avocats conservateurs en général. Je crois en mon programme - l'administration égale des lois actuelles. C'est assez radical - pour le moment. "

Piers émit un léger reniflement. Tout le monde, dit-il, y croyait.

"Je ne pense pas que ce soit le cas - ce n'est pas mon expérience", a répondu O'Bannon. "Certains types ont dispersé une réunion socialiste l'autre soir à New York, et personne n'a été puni, même si non seulement des personnes ont été blessées, mais même des biens ont été endommagés." Eleanor était la seule personne à avoir compris le « pair ». "Vous savez bien que si les socialistes s'introduisaient dans une réunion de citoyens aisés, ils seraient envoyés vers le haut du fleuve."

Piers fixait son invité de ses yeux ronds injectés de sang. C'était un homme sincère et stupide. Il arrivait à ses conclusions par des processus qui n'avaient rien à voir avec la pensée, et quand quelqu'un parlait ainsi – attaquant sa conviction qu'il était mal de rompre ses réunions et bien de rompre celles de l'autre homme – il se sentait comme à la table d'un prestidigitateur. performance : que tout cela était très intelligent, mais qu'une personne sensée savait que c'était un truc, même s'il ne pouvait pas expliquer comment cela était fait.

"Je ne suis pas très bon en argumentation", a-t-il déclaré, "mais je sais ce qui est juste. Je sais ce dont le pays a besoin, et si vous faites preuve de favoritisme envers ces types déloyaux, je voterai contre vous la prochaine fois, je vous le dis franchement. ".

Lydia, entendant par le ton que la conversation autour de la table promettait plus de vitalité que son jeu déclinant avec Gore sur l'épithète barbare, laissa tomber sa propre phrase et répondit : "Personne ne croit vraiment à l'égalité qui est au sommet. Je crois aux privilèges spéciaux. "

O'Bannon, qui avait été méprisante contre Piers, fut amusé par la franchise de Lydia alors qu'elle baissait la tête pour le regarder sous les abat-jour des bougies et la lumière brillait dans ses yeux et brillait sur les émeraudes sur son front. Après tout, la beauté est le plus grand privilège de tous.

"C'est ce que j'ai dit", répondit-il. "Personne ne croit honnêtement en mon programme : l'administration égale des lois actuelles."

"Oui", a déclaré Piers. "Oui, tout le monde le fait."

O'Bannon lui jeta un coup d'œil et, décidant que cela ne valait pas la peine de le faire faire à nouveau le tour du cercle, laissa tomber la phrase.

"Y croyez-vous vous-même, M. O'Bannon ?" » demanda Lydia, et elle étendit un jeune bras mince et déplaça la bougie de manière à pouvoir le regarder directement ou lui la regarder. « Je veux dire, si vous surpreniez un ami en train de faire de la contrebande – moi, par exemple – seriez-vous aussi implacable que si vous attrapiez ma couturière ?

"Plus encore ; vous auriez moins d'excuses."

Elle rit et secoua la tête.

"Tu sais que dans ton cœur, ça ne marche jamais comme ça."

"Malheureusement", répondit-il, "mon bureau ne m'emmène pas aux douanes fédérales, sinon vous constaterez peut-être que j'avais raison."

"L'administration des douanes des États-Unis", commença Piers, mais sa femme l'interrompit.

"Ne l'explique pas, il y a un chéri", dit-elle, et curieusement, il ne le fit pas.

Lydia était ravie du ton provocateur d'O'Bannon.

"J'aurais aimé que vous le soyez," dit-elle, "parce que je sais que vous seriez comme tout le monde. Ou même si vous êtes un surhomme, M. O'Bannon, vous ne pouvez pas être sûr que tous vos subordonnés le sont également. noble."

"Ce que vous voulez dire, c'est que vous avez l'habitude de soudoyer les inspecteurs des douanes."

"Non", dit Lydia, surprise de sa propre modération, "non, je ne le fais pas, car cela ne me dérange pas beaucoup de payer mes devoirs; mais si cela me dérangeait, eh bien, je dois admettre que j'ai soudoyé d'autres officiers de justice. avec des résultats très satisfaisants."

O'Bannon, la regardant sous les stores, pensa – et peut-être lui fit part de sa pensée – qu'elle pourrait très facilement le soudoyer avec quelque chose de plus désirable que l'or. Ce fut Gore qui commença soigneusement à lui faire remarquer le risque encouru par celui qui avait accepté le pot-de-vin.

"Vous n'avez pas pensé à lui, ma chère demoiselle."

"Oui, je l'ai fait", répondit Lydia. "Il voulait de l'argent et je voulais la liberté. C'était bien pour nous deux." Elle jeta un coup d'œil à O'Bannon, qui parlait à Mme Piers comme si Lydia n'existait pas. Elle n'hésita pas à l'interrompre.

"Vous ne pourriez pas me mettre en prison pour ça, n'est-ce pas, M. O'Bannon ?"

"Non, j'ai bien peur que non", dit O'Bannon en se tournant vers Fanny Piers.

Après le dîner, elle raconta à Eleanor en toute confidentialité l'histoire du policier à vélo et lui fit promettre de ne rien raconter à O'Bannon.

"Je ne devrais pas rêver d'en parler à qui que ce soit ", a déclaré Eleanor avec son haussement de sourcils humoristique. "Je pense que c'est une histoire parfaitement dégoûtante et qui représente ton pire état."

Lorsqu'ils s'assirent pour établir un pont, Lydia attira O'Bannon, et l'antagonisme qui s'était manifesté entre eux au dîner disparut dans un partenariat parfaitement ajusté. Ils découvrirent qu'ils jouaient à peu près au même genre de jeu ; ils se comprenaient mutuellement, et connaissaient comme par magie les cartes que l'autre détenait. Il semblait qu'ils ne pouvaient pas se tromper. Ils étaient tous deux des joueurs courageux, prêts à tenter leur chance, sans surenchérir. Ils savaient quand se taire et, avec une mauvaise main occasionnelle, attendre. Mais les mauvaises mains étaient rares. Ils avaient la chance non seulement de détenir des cartes élevées, mais aussi de détenir des cartes qui se soutenaient invariablement. Leurs regards se croisèrent lorsqu'ils eurent triomphalement doublé les enchères de leurs adversaires ; ils se souriaient lorsqu'ils avaient gagné un grand chelem par une subtile finesse ou en forçant patiemment les écarts. Leurs gains étaient importants. Lydia semblait aussi stable qu'un roc – aucune trace d'excitation dans son regard.

O'Bannon pensa, après minuit, alors qu'il totalisait le score, "Je pourrais me ridiculiser à propos de cette fille."

Au moment de partir , il se retrouva debout sur les marches à côté d'elle. Le valet de pied avait couru dans l'allée pour voir pourquoi son chauffeur, après plus d'une heure d'attente, ne lui faisait pas venir sa voiture. O'Bannon, qui conduisait lui-même une voiture découverte, sortit, retroussant le col de son pardessus, et se retrouva seul avec elle dans la pâle lumière de la lune décroissante, qui donnait, comme le fait toujours la lune décroissante, le effet d'être un visiteur céleste étrange et inconnu.

O'Bannon, comme tant de fervents partisans du droit, était sujet aux invasions d'impulsions anarchiques. Il pensait maintenant combien il serait facile de s'enfuir avec une fille comme celle-ci et de lui apprendre que la civilisation n'était pas une protection aussi complète qu'elle le pensait. Quel tollé elle ferait, et pourtant peut-être qu'elle ne s'y opposerait pas vraiment ! Il avait une théorie selon laquelle les hommes et les femmes étaient plus sensibles aux émotions dans les premières minutes de leur réunion qu'à tout moment ultérieur – du moins lors de premières réunions comme celle-ci.

Elle était debout, enveloppant son manteau noir et argent autour d'elle avec cette pose indienne aux bras tendus.

"C'est une drôle de lumière, n'est-ce pas ?" dit-elle.

Il a accepté. Quelque chose était certainement étrange : la lumière argentée verdâtre sur les feuilles fanées ou la brume comme une inondation mousseuse sur la pelouse. Juste au moment où elle parlait, deux lumières plus brillantes brillaient à travers la brume : sa voiture remontant l'allée avec le valet de pied debout sur la marche.

"Est-ce à toi?" Il a demandé.

Elle hocha la tête, sachant qu'il la regardait.

"Pourquoi ne le renvoyez-vous pas," continua-t-il très doucement, "et laissez-moi vous reconduire chez vous ? Ce n'est pas une nuit pour une voiture fermée."

Il savait à peine s'il avait un plan ou non, mais son pouls battait plus vite alors qu'elle descendait les marches sans lui répondre. Il ne savait pas si elle allait monter dans sa voiture et partir ou donner l'ordre à l'homme de rentrer chez lui sans elle. Puis il vit que le valet de pied fermait la portière d'une voiture vide et que le chauffeur relâchait les freins. Quand elle monta les marches, il regardait la lune.

"Je ne m'habitue jamais à son déclin", dit-il, comme s'il ne pensait à rien d'autre.

Elle aimait ça – il ne faisait aucun commentaire sur le fait qu'elle avait accepté une invitation pas tout à fait conventionnelle de la part d'un étranger. Peut-être qu'il ne savait pas que ce n'était pas le cas. Oh, s'il pouvait seulement continuer ainsi, maintenir cette impersonnalité lointaine jusqu'à ce qu'elle veuille qu'il soit différent ! Mais s'il l'enveloppait de la robe de chambre avec un bras trop long, ou bien, volant à l'autre extrême, se mettait à être amical et bavard, prétendant qu'il n'y avait rien d'extraordinaire à ce que deux étrangers soient ainsi seuls dans un monde endormi et éclairé par la lune. — —

Il n'a fait ni l'un ni l'autre. Lorsqu'il a amené la voiture jusqu'aux marches, la robe de chambre a été repliée sur le siège afin qu'elle puisse l'enrouler autour de ses propres genoux. Elle le fit avec une exclamation. La brume s'accrochait en minuscules gouttes à sa surface rugueuse.

"C'est mouillé", dit-elle.

Il ne répondit pas, ne parla même pas, lorsqu'en quittant la maison des Piers il fallut choisir leur route. Il a choisi sans concertation.

"Mais sais-tu où j'habite ?" elle a demandé.

" Contentez-vous pour une fois d'être passager ", répondit-il.

La réponse a eu la chance de plaire. Elle se pencha en arrière, joignant les mains sur ses genoux, relâchant tous ses muscles.

Sur la grande route, elle était moins consciente de la lune, car les phares rendaient la brume visible comme un mur autour d'eux. Elle avait l'impression de traverser un nouvel élément et de ne rien détecter à l'extérieur de la voiture. Elle était détachée de toute expérience antérieure, contente d'être, comme il l'avait dit, pour une fois une passagère. C'était une nouvelle sensation. Elle se souvenait de ce qu'Ilseboro avait dit à propos d'elle comme étant une brute. Eh bien, elle essaierait autre chose ce soir. Elle espérait seulement que cela ne se terminerait pas par une sorte de scène. Elle jeta un coup d'œil au profil de son compagnon. Cela semblait assez calme , mais elle décida qu'elle ferait mieux de ne pas continuer plus longtemps sans le faire parler. Son oreille était bien sensible aux vibrations humaines, et s'il y avait un léger tremblement dans sa voix, eh bien, il vaudrait mieux rentrer directement à la maison.

"C'est plutôt extraordinaire, n'est-ce pas ?" dit-elle. Cela pourrait être interprété de plusieurs manières.

"Oui, ça l'est", dit-il, correspondant exactement à son ton.

Elle l'a réessayé.

"As-tu apprécié la soirée ?" Il semblait presque certain qu'il répondrait tendrement : "J'apprécie cette partie-là."

"C'était un bon bridge", a-t-il déclaré.

Cela semblait bien, pensa-t-elle. Sa voix était aussi froide que la sienne. Elle pouvait laisser les choses aller et s'abandonner à profiter de la nuit, de la lune, du mouvement et de l'air humide sur son visage et ses bras. Elle se sentait complètement en paix. Bientôt, il quitta la grand-route et s'engagea dans une ruelle si peu fréquentée que les branches basses vinrent en bruissant sur ses genoux ; ils débouchèrent sur un promontoire surplombant le Sound. Au-dessus de l'eau, la brume n'était qu'un épaississement de l'atmosphère qui faisait ressembler les lumières d'une ville au-dessus de l'eau à des globes de lumière jaune contrastant avec le rouge et le blanc clairs d'un phare au premier plan. Il se pencha en avant et éteignit le moteur et les lumières.

Lydia se rendit compte qu'elle tremblait un peu, ce qui semblait étrange, car elle se sentait impassible et immobile. Et puis, tout d'un coup, elle reconnut qu'elle attendait vraiment – qu'elle attendait de sentir sa joue contre son manteau rugueux à frises et ses lèvres contre les siennes. Ce n'était pas exactement qu'elle le voulait, mais c'était inévitable – simple – ce n'était pas son choix – quelque chose qui devait être. C'était une expérience qu'elle n'avait jamais vécue auparavant. Dans le silence, elle sentit leur compréhension mutuelle monter comme une marée. Elle ne s'était jamais sentie aussi en harmonie avec aucun être humain qu'avec cet étranger.

Soudain, il bougea, mais pas vers elle. Elle a vu avec étonnement qu'il tournait l'interrupteur, touchait le démarreur automatique et, l'instant suivant, faisait reculer la voiture. Le moment divin était parti. Elle ne lui pardonnerait jamais.

Ils revinrent en silence, à l'exception de ses indications occasionnelles sur la route. Sa mâchoire était serrée comme un petit étau. Plus jamais, se disait-elle, elle ne se permettrait d'être une passagère. Désormais, elle contrôlerait. Peu importe ce qui vous arrive, si vous êtes maître de vos propres émotions. Elle se souvint un jour que le mari d'une de ses amies l'avait prise dans ses bras dans l'antichambre d'une loge d'opéra, dans l'obscurité d'une représentation wagnérienne. Elle s'était sentie comme de l'acier gelé – si sûre d'elle qu'elle détestait à peine cet homme – elle se sentait plus encline à se moquer de lui. Mais cet homme qui ne l'avait pas touchée la laissait indignée, humiliée – parce qu'elle avait voulu qu'il l'embrasse, qu'il l'écrase contre lui…

Ils étaient à sa porte. Elle sortit sur les larges pierres plates, sous les treillis sur lesquels les vignes poussaient si épaisses que même le flot de la lune ne pouvait pénétrer l'épaisse masse de verdure. L'air était plein de l'odeur du raisin. Elle savait qu'il la suivait. Soudain, elle sentit sa main, ferme et confiante, sur son épaule, l'arrêter, la retourner. Elle ne lui résista pas – elle ne se sentait ni résistante ni acquiesçante – seulement que tout cela était inévitable. Il lui prit la tête dans ses deux mains, la regardant dans le noir et, à moitié l'attirant vers lui, à moitié penché, il pressa fortement ses lèvres contre les siennes. Elle se sentit serrée dans ses bras ; sa volonté se dissout, sa tête pencha contre lui.

Puis, à l'intérieur de la maison, les pas du fidèle Morson se firent entendre. Il devait attendre le bruit d'un moteur qui approchait. La porte s'ouvrit, laissant tomber une grande tache de lumière jaune sur le clair de lune brumeux. Morson regarda dehors ; pendant un instant, il crut qu'il devait s'être trompé ; il ne semblait y avoir personne. Alors sa jeune maîtresse, très droite, sortit de l'ombre. Un grand monsieur, étranger à Morson, dit d'une voix visiblement basse et vibrante :

"Demain à quatre heures."

Il y eut une pause. Morson, tenant la porte ouverte, pensa d'abord que Miss Thorne n'avait pas entendu, puis elle le choqua par sa réponse.

"Non, ne viens pas", dit-elle. "Je ne veux pas que tu viennes." Elle entra dans la maison et lui fit signe de fermer la porte. Alors qu'il le verrouillait , il pouvait entendre le moteur s'éloigner dans l'allée. En se détournant de la porte, il aperçut Miss Thorne immobile au milieu du couloir, comme si elle aussi écoutait le tambour du moteur qui diminuait. Il y eut une longue pause, puis Morson dit :

"Dois-je éteindre les lumières, mademoiselle ?"

Elle hocha la tête et monta lentement les escaliers, comme une personne en transe.

Elle semblait à peine consciente qu'Evans attendait pour la déshabiller, mais elle restait immobile dans sa chambre, comme elle l'avait été dans le couloir, regardant fixement devant elle. Evans prit sa cape de son épaule.

"C'est assez mouillé, mademoiselle", dit-elle, "comme s'il avait été plongé dans la mer et dans vos cheveux aussi."

Miss Thorne ne reprit vie que lorsqu'en dégrafant sa robe, Evans la toucha de ses doigts froids. Puis elle commença en s'écriant :

"Qu'est-ce que tu as, Evans," cria-t-elle. "Va mettre tes mains dans l'eau chaude avant de me toucher. Tes doigts sont comme de la glace."

La jeune fille murmura qu'elle était bouleversée depuis la perte du bracelet : elle se sentait responsable des bijoux de Miss Thorne.

Lydia jeta le rouleau de billets et de chèques qui représentaient les gains de sa soirée. "Je pourrais m'en acheter un autre avec ce que j'ai gagné ce soir. Ne t'inquiète pas pour ça." L'idée lui vint de s'acheter une sorte de memento mori, quelque chose pour lui rappeler de ne plus redevenir une créature faible et lâche, blottie contre les épaules d'hommes comme May Swayne.

Evans ne répondit pas, mais rassembla l'argent et les bijoux et les emporta dans la loge pour les enfermer dans le coffre-fort.

CHAPITRE IV

Lydia aurait été mécontente de savoir à quel point son refus catégorique affectait peu l'état émotionnel de l'homme qui s'éloignait de sa porte. C'était l'acte plutôt que la parole dont il se souvenait – le fait qu'il avait tenu dans ses bras une belle femme qui n'avait finalement pas résisté qui avait retenu son attention sur le chemin du retour.

Il trouva sa mère assise – pas pour lui. Cela faisait de nombreuses années que Mme O'Bannon ne s'était pas couchée avant deux heures. C'était une femme grande, massive plutôt que grosse. Elle était assise près du feu dans sa chambre, enveloppée dans une robe de chambre blanche et chaude, aussi blanche que ses cheveux et sa peau lisse et pâle. Ses yeux conservaient leur profonde obscurité. De toute évidence, les yeux gris de Dan provenaient de l'ascendance irlandaise de son père.

Ce n'est que l'autre jour – après avoir grandi – qu'O'Bannon avait cessé d'avoir peur de sa mère. C'était une femme passionnément religieuse, mentalement vigoureuse et singulièrement injuste, ou du moins incohérente. C'est cette qualité qui la rendait si déroutante et, pour ses subordonnés, alarmante. Elle serait allée au bûcher – avec un certain amusement amer devant la folie de ses destructeurs – pour sa croyance dans le droit ; mais ses affections pouvaient complètement balayer ces croyances et la laisser soutenir furieusement ceux qu'elle aimait contre tous les principes moraux. Son fils avait remarqué ce trait pour la première fois lorsqu'elle l'avait envoyé au pensionnat. Sa mère – son père était mort quand il avait sept ans – était une disciplinaire des plus acharnées tant qu'une question de devoir restait entre lui et elle ; mais qu'un étranger intervienne, elle était toujours de son côté. Elle le défendait fréquemment contre les autorités scolaires et même, lui semblait-il, l'encourageait à la rébellion. Dans sa vieillesse, la plupart de ses fortes passions s'étaient éteintes et ne laissaient plus que son Dieu et son fils. Peut-être était-ce une trace de cette religion de persécution en elle qui poussa Dan à accepter son poste actuel.

Elle leva les yeux comme une sibylle devant le grand volume qu'elle lisait.

"Tu es en retard, mon fils."

"J'ai joué, maman."

Il le dit avec beaucoup de désinvolture, mais c'était le dernier vestige de sa peur qui lui faisait particulièrement mentionner ceux de ses actes qu'il savait qu'elle désapprouverait. Autrefois, il était un joueur de poker remarquable, mais il l'avait abandonné lors de son élection au poste de procureur. Son front se contracta.

"Vous ne devriez pas faire de telles choses, dans votre position."

"Ma chère mère, n'as-tu pas encore compris qu'il y a un côté criminel chez tous les procureurs criminels ? C'est ce qui nous attire dans ce métier."

Elle n'écouterait pas une telle théorie.

"Avez-vous perdu beaucoup d'argent?" » demanda-t-elle sévèrement.

"Pas assez pour nous chasser de notre ancienne maison", sourit-il. "J'ai gagné moins de quatre cents dollars."

Son front s'éclaircit. Elle aimait que son fils réussisse, qu'il soit prédominant dans tout ce qu'il entreprenait, bien ou mal.

"Vous avez fait une erreur en vous mêlant à des gens comme ça", dit-elle. Elle savait où il avait dîné.

"On ne peut pas dire que je me suis mêlé à eux. Le seul que j'ai exprimé le souhait de revoir m'a claqué la porte au nez."

L'instant d'après, il regretta de ne pas avoir parlé. Il espérait que sa mère n'avait pas remarqué ce qu'il avait dit. Elle restait silencieuse, mais elle avait parfaitement compris, et il avait fait de Lydia un ennemi implacable. Une femme qui claquait la porte au nez de Dan méritait le feu de l'enfer, de l'avis de Mme O'Bannon. Elle n'a pas demandé de qui il s'agissait, car elle savait que dans la vie quotidienne, les secrets entre deux personnes sont impossibles et que le nom serait révélé.

Après une nuit presque blanche, il se réveillait le matin avec une joie de vivre extraordinairement renouvelée en lui. Chaque détail de sa vie le ravissait, depuis l'odeur du café qui flottait de la cuisine dans le froid encore matinal de novembre jusqu'à la vue depuis sa fenêtre des enfants du village en casquettes et pulls tricotés se précipitant vers l'école – grands et dégingandés. , des filles compétentes qui s'affairent avec leurs petits frères et des garçons inattentifs qui hissent leurs petites sœurs par les bras sur les marches de l'école. La vie était certainement très amusante, non pas parce qu'il y avait de jolies femmes à tenir dans vos bras, mais parce que lorsque vous êtes jeune et vigoureux, vous pouvez intimider la vie pour qu'elle soit ce que vous voulez qu'elle soit. Et pourtant, mon Dieu, quelle fille ! A quatre heures de l'après-midi, il la reverrait.

Il était au tribunal toute la matinée. Le palais de justice, qui s'il avait été plus petit aurait ressemblé à un mausolée dans un cimetière, et s'il avait été plus grand, aurait ressemblé à la Madeleine, était en retrait de la rue principale. L'affaire qu'il poursuivait – une affaire de négligence criminelle contre un jeune conducteur d'un chariot de livraison qui avait renversé et blessé un citoyen éminent – s'est bien déroulée ; c'est-à-dire qu'O'Bannon a obtenu une condamnation. C'était un de ces cas évidents pour le profane, car le jeune homme était notoirement négligent ; mais difficiles, comme le disent les avocats, les cas de négligence criminelle, du point de vue juridique.

O'Bannon est sorti du tribunal très satisfait de lui-même et du jury et s'est rendu directement à la maison Thorne. L'odeur des raisins faisait battre son pouls. Morson est venu à la porte. Non, Miss Thorne n'était pas chez elle.

"Est-ce qu'elle m'a laissé un message?" » dit O'Bannon.

"Rien, monsieur, sauf qu'elle n'est pas chez elle."

Il regarda Morson, sentant qu'il respecterait ses droits masculins s'il l'écartait du chemin et pénétrait dans la maison ; mais assez docilement, il se retourna et partit. Ses sentiments, cependant, n'étaient pas apprivoisés. Il était furieux contre elle. Comment avait-elle osé se comporter ainsi : conduire à travers le pays à minuit, jouer, se laisser embrasser, puis lui faire claquer la porte au nez comme s'il était un agent de livres ? La civilisation a accordé trop de protection à ces femmes. Peut-être que les hommes avec qui elle avait l'habitude de fréquenter supportaient ce genre de traitement, mais pas lui. Il la reverrait s'il le voulait — oui, s'il devait bloquer sa voiture sur la grande route.

Il pensa avec approbation à Eleanor, une femme qui ne vous jouait aucun tour mais vous laissait frais et préparé comme une douche froide par une chaude journée. Pourtant, il découvrit que cet après-midi-là, il ne voulait pas voir Eleanor. Il roulait encore et encore, s'imprégnant de l'amertume de son ressentiment.

Au dîner, sa mère remarqua son distraction et craignit qu'une affaire importante ne tourne mal. Ensuite, supposant qu'il voulait réfléchir à quelque enchevêtrement de loi, elle le laissa tranquille, sans méditer, mais bouillonnant.

Le lendemain matin, à huit heures et demie, il était dans son bureau. Le bureau du procureur se trouvait dans un vieux bloc de briques en face du palais de justice. Il occupait le deuxième étage de la quincaillerie de M. Wooley. En entrant, il aperçut Alma Wooley, la fragile fille blonde de son propriétaire, qui arrivait un peu en retard pour ses fonctions d'assistante dans le magasin. Elle était enveloppée dans une cape bleu clair de la couleur de ses yeux bleu turquoise transparents. Elle a fait à O'Bannon un joli petit sourire. Elle trouvait sa position excellente et son âge extrême : toute personne de plus de trente ans était ancienne à ses yeux. Elle lui était profondément reconnaissante, car il avait donné à son fiancé un poste dans la police et rendu au moins leur mariage possible.

« Comment ça va, Alma ? il a dit.

"Tout simplement merveilleux, grâce à vous, M. O'Bannon," répondit-elle.

Il monta à l'étage en pensant gentiment à toutes les douces femmes blondes. Dans le bureau, il trouva son assistant, Foster, le fils du professeur du lycée local, un garçon de vingt-deux ans, ambitieux et vif d'esprit.

"Oh," dit Foster, "le shérif vous a téléphoné. Il est chez les Thorne."

O'Bannon avait l'impression que ses oreilles l'avaient trompé.

"Où?" » demanda-t-il sévèrement.

« Chez les Thorne… vous savez, il y a une Miss Thorne qui habite là… la fille du vieux Joe S. Thorne. Puis, voyant le regard vide sur le visage de son chef, Foster expliqua plus en détail. "Il semblerait qu'il y ait eu un vol de bijoux la nuit dernière. D'une valeur d'un million de dollars, dit le shérif." Il sourit, car le shérif était un exagérateur bien connu, mais il ne rencontra aucun sourire en réponse. "Ils vous ont téléphoné pour que vous veniez."

"Qui a?" » dit O'Bannon.

Foster le trouva inhabituellement lent à comprendre ce matin et répondit patiemment : « Miss Thorne l'a fait. Il y a eu un vol là-bas.

Le procureur n'a pas tardé à agir.

"Je vais y aller", dit-il en quittant le bureau.

Il y avait certains avantages à exercer une fonction publique. Vous pourriez être convoqué en votre qualité officielle – et respectez-le, par le ciel !

Cette fois, il ne posa aucune question à la porte, mais entra.

Morson dit timidement : « À qui dois-je répondre, monsieur ?

"Dites le procureur."

Morson nous conduisit au salon et ouvrit la porte.

« Le procureur », annonça-t-il, faisant ressembler cela à un titre de noblesse, et O'Bannon et Lydia se retrouvèrent face à face – ou plutôt il se leva. Elle, se penchant en arrière sur sa chaise, salua de la tête un fonctionnaire dans l'exercice de ses fonctions. Ils n'étaient pas seuls : une dame mince aux cheveux gris, Miss Bennett, a été nommée.

"J'ai compris à mon bureau que vous m'aviez fait venir", dit-il.

"JE?" Il y avait quelque chose d'étrange dans son ton. "Oh, oui, le shérif, je crois, voulait que tu viennes. Tous mes bijoux ont été volés la nuit dernière. Il semblait penser que tu pourrais peut-être faire quelque chose à ce sujet." Son ton indiquait qu'elle ne partageait pas l'optimisme du shérif. Miss

Bennett, qui avait depuis longtemps l'habitude de contrecarrer les manières de Lydia, entra par effraction.

" C'est si gentil de votre part de venir vous-même, M. O'Bannon."

"C'est mon travail de venir."

"Oui, bien sûr. Je pense que je connais ta mère." Elle était très cordiale, en partie parce qu'elle sentait quelque chose d'hostile dans l'air, en partie parce qu'elle le trouvait un jeune homme séduisant. "Elle est si utile dans l' amélioration du village, sauf que nous avons tous juste un peu peur d'elle. N'as-tu pas juste un peu peur d'elle toi-même ?"

"Beaucoup", répondit-il gravement.

Miss Bennett aurait souhaité qu'il ne se contente pas de la regarder avec ses yeux étranges – un peu fous, pensa-t-elle. Elle aimait que les gens lui sourient quand ils parlaient. Elle reprit : "Non, mais ce qu'on fait, c'est d'autant mieux pour elle qu'on a un peu peur..."

Lydia l'interrompit.

"M. O'Bannon n'est pas venu nous rendre une visite sociale, Benny", dit-elle, et cette fois il y avait quelque chose d'indéniablement insolent dans son ton.

O'Bannon décida de régler toute cette question sur-le-champ. Il se tourna vers Miss Bennett et dit fermement : « J'aimerais parler seul à Miss Thorne.

"Bien sûr", dit Miss Bennett, déjà en route vers la porte que O'Bannon lui ouvrit.

"Non, Benny, Benny!" appela Lydia, mais O'Bannon avait fermé la porte et y avait appuyé ses épaules.

"Écoutez-moi!" il a dit. "Vous devez être courtois avec moi, c'est-à-dire si vous voulez que je reste ici et que j'essaie de récupérer vos bijoux."

Lydia ne voulait pas le regarder.

« Et quelle garantie ai-je que si vous restez, vous pourrez faire quelque chose ?

"Je pense que je peux les obtenir, et je peux vous assurer que le shérif ne le peut pas." Il y avait une longue pause. "Bien?" il a dit.

" Et bien quoi ? " dit Lydia, qui n'avait pas pu penser à ce qu'elle allait faire.

"Veux-tu être courtois ou dois-je y aller ?"

"Je pensais que tu venais de dire que c'était ton devoir de rester."

" Décidez-vous, s'il vous plaît, laquelle sera-t-elle ? "

Lydia avait envie de lui dire de partir, mais elle voulait récupérer ses bijoux, d'autant plus qu'elle partait pour les Emmons dans quelques minutes, et cela lui éviterait bien des ennuis si tout était arrangé avant son départ. Elle y réfléchit délibérément et leva les yeux pour voir qu'il était amusé par son hésitation de sang-froid. En le voyant sourire, elle fut surprise de lui rendre soudain son sourire. Ce n'était pas ce qu'elle avait prévu.

"Eh bien", pensa-t-elle, "laissez-le penser qu'il prend le dessus sur moi. En fait, je l'utilise."

Elle espérait qu'il se contenterait du sourire, mais non, il insistait sur la parole. Elle fut forcée de dire catégoriquement qu'elle se montrerait courtoise. Elle l'a réalisé, du moins dans son esprit, en le disant comme s'il s'agissait d'un jeu d'enfant auquel il jouait. Ayant reçu l'assurance, il quitta la porte et se plaça en face d'elle, appuyé sur le dossier d'une chaise.

"Maintenant, dis-moi ce qui s'est passé ?" il a dit.

Elle lui raconta comment elle avait été réveillée juste avant l'aube par le bruit de quelqu'un qui bougeait dans sa loge. Au début , elle avait cru que c'était une fenêtre ou un rideau qui gonflait, jusqu'à ce qu'elle aperçoive un fin filet de lumière sous la porte. Puis elle s'était levée — pour se retrouver enfermée. Elle avait sonné, frappé à la porte — avait enfin réussi à réveiller la maison. La loge était vide, mais son coffre-fort avait été ouvert – ses bijoux et environ cinq cents dollars avaient disparu – ses récents gains au bridge.

"Tu as eu de la chance ces derniers temps ?" Il a demandé.

"Bons partenaires", répondit-elle avec l'un de ses sourires lumineux.

Après ça, elle avait parcouru toute la maison. Seul? Non, Morson avait suivi. Morson avait peur des cambrioleurs, car il en avait eu l'expérience dans un ancien endroit. En plus, elle avait toujours un revolver. Oh oui, elle savait tirer ! Elle avait parcouru toute la maison : pas une serrure n'était déverrouillée.

Il l'interrogea sur les domestiques. Les soupçons semblaient se porter sur Evans, qui était responsable du coffre-fort et aurait si facilement pu ne pas le verrouiller le soir, lorsqu'elle avait couché sa maîtresse. Lydia hésita à l'idée de la culpabilité d'Evans. La jeune fille était avec elle depuis cinq ans.

"Je ne pense pas vraiment qu'elle ait le courage de voler", a-t-elle déclaré.

« Connaissez-vous les circonstances de sa vie ? Quelque chose qui lui fasse ressentir un besoin particulier d'argent en ce moment ? s'enquit-il.

Lydia secoua la tête.

"De toute façon, je ne vois jamais comment les domestiques dépensent leur salaire", a-t-elle déclaré. "Mais ce qui me rend sûr que ce n'est pas Evans, c'est que je suis sûr qu'elle me l'aurait avoué lorsque je l'aurais interrogée. Au lieu de cela, elle a emballé mes affaires pour moi comme d'habitude."

O'Bannon a interrompu l'entretien en annonçant qu'il verrait le shérif. Lydia s'était attendue – « redoutée » était son propre mot – à ce qu'il dise quelque chose sur les incidents de leur dernière rencontre. Mais il ne l'a pas fait. Il quitta la pièce en disant en partant : « Vous attendrez ici jusqu'à ce que j'aie parlé avec la fille.

Son ton comportait une inflexion montante de question, mais pour Lydia, cela ressemblait à un ordre. Elle avait eu l'intention d'attendre, mais maintenant elle commençait à envisager la possibilité de partir immédiatement. La voiture était devant la porte et ses sacs étaient sur la voiture. Comme cela l'ennuierait, pensa-t-elle, si, à son retour, au lieu de la trouver attendant patiemment d'être polie, il apprenait qu'elle était partie en voiture, au point de lui dire : « C'est votre devoir, en tant qu'officier de justice, de trouver mes bijoux, mais ce n'est pas mon devoir de vous en être reconnaissant.

Bientôt Miss Bennett et le shérif entrèrent ensemble, discutant – du moins le shérif parlait.

« On dirait que c'est bien elle, disait-il, et si c'est le cas , il obtiendra d'elle des aveux. C'est pourquoi je l'ai fait venir. C'est un excellent gars pour faire avouer les gens. Puis, avec une courtoisie naturelle, il se tourna vers Lydia. "Je disais justement à votre amie, Miss Thorne, qu'O'Bannon est doué pour obtenir des confessions."

"Vraiment?" dit Lydie. "Je me demande pourquoi."

"Eh bien," dit le shérif, ignorant la note de doute dans son étonnement, "la plupart des criminels veulent avouer. C'est une chose solitaire – avoir un secret et le monde entier contre vous. Il joue là-dessus. Et entre vous et moi , Miss Thorne, il y a un peu de cette soi-disant psychologie là-dedans. Vous voyez, je lui prépare le chemin en lui racontant comment il obtient toujours des aveux, et comment les aveux la dernière fois ont sauvé l'accusé de la chaise, et bien d'autres choses encore. des trucs comme ça, et puis il arrive, et je suppose qu'il y a aussi un peu d'hypnotisme là-dedans. Avez-vous déjà remarqué ses yeux ?

"J'ai remarqué qu'il les avait", répondit Lydia.

Miss Bennett a déclaré qu'elle les avait remarqués aussitôt qu'il était entré dans la pièce. C'était peut-être leur souvenir qui lui faisait ajouter : « Il ne sera pas trop dur avec la pauvre fille, n'est-ce pas ?

O'BANNON COMMENCE SON ENQUÊTE SUR LE VOL.

"Non, madame, il ne sera pas dur du tout", a déclaré le shérif. "Il lui parlera juste dix ou quinze minutes, et ensuite elle voudra lui dire la vérité. Je ne pourrais pas dire comment ça se fait."

Lydia tapa soudain du pied.

« Elle est idiote si elle le fait ! » dit-elle en mordant dans ses mots.

Alors ce jeune homme s'est fait passer pour un dompteur de femmes, n'est-ce pas ? La maîtresse d'en bas a ordonné d'être polie et la servante d'en haut a ordonné d'avouer. Si elle avait le temps, pensa-t-elle, cela l'amuserait de lui montrer que les choses ne se passent pas si bien que cela. Elle aurait presque souhaité qu'Evans n'avoue pas. Cela vaudrait la peine de perdre ses bijoux pour voir son visage lorsqu'il descendrait annoncer son échec.

Quelques pas au-dessus, la porte s'est ouverte, une voix a appelé : « Shérif, faites monter vos hommes ici, d'accord ?

Le visage du shérif s'éclaira.

"Je ne te l'ai pas dit ?" il a dit. "Il l'a fait !" Il sortit précipitamment de la pièce.

Lorsque, quelques minutes plus tard, le procureur descendit, il trouva Miss Bennett seule. Il regarda rapidement autour de lui.

"Où est Miss Thorne ?" il a dit.

Miss Bennett n'avait pas voulu que Lydia parte – elle l'avait exhortée à ne pas le faire. Quelle différence les Emmons faisaient-ils par rapport aux bijoux ? Mais maintenant, elle a pris sa défense.

"Elle a été obligée d'y aller. Elle avait un train à prendre, des fiançailles de longue date. Elle était vraiment désolée. Elle a laissé toutes sortes de messages." Ce n'était pas vrai à proprement parler.

O'Bannon sourit légèrement.

"Elle ne semble pas s'intéresser beaucoup à la récupération de ses bijoux", a-t-il déclaré.

"Elle a toute confiance en vous", a déclaré Miss Bennett d'un ton flatteur.

Miss Bennett elle-même l'avait fait. Jamais, pensa-t-elle, elle n'avait vu un homme qui lui inspirait un sens du leadership plus confortable. Elle vit qu'il n'était pas content du départ soudain de Lydia.

Il netait pas. Il était furieux contre elle. Ses sentiments à son égard allaient de haut en bas comme une flamme. La vision d'elle traversant sa maison seule, les cheveux dans le dos et un revolver à la main, seule - à l'exception de Morson qui le suivait - l'a ému avec une impression de son courage ; et pas seulement son courage mais aussi son manque de conscience de soi. Elle avait parlé comme si n'importe qui aurait fait la même chose. Sa dureté envers le criminel l'avait rebuté, et lorsqu'il monta à l'étage pour interroger Evans, une nouvelle sensation l'attendait.

Le vol n'avait pas libéré Evans de ses fonctions habituelles. Elle venait de finir de préparer les affaires de Lydia pour la visite chez les Emmons , et la chambre où elle avait été retenue avait l'aspect débraillé d'une chambre qui venait d'être emballée et habillée. Le lit n'était pas fait, bien que sa couverture en soie rose avait été lissé dessus pour permettre le pliage des robes dessus. Les pantoufles de Lydia – des mules roses avec une bordure en fourrure – furent enlevées à côté. De longues traînées de papier de soie jonchaient le sol. O'Bannon a tout vu avec un œil entraîné à l'observation. Il vit le livre de vers sur la table à côté de son lit, la photo du beau jeune homme sur sa coiffeuse. Il sentait dans l'air le parfum des violettes, un parfum dont ses sens se souvenaient comme s'étant attardé dans ses cheveux. Il comprit tout cela presque avant d'apercevoir le criminel pâle et vêtu de noir, debout, indifférent, au milieu du désordre.

"Asseyez-vous", dit-il.

Il ne parlait ni avec gentillesse ni avec autorité, mais comme si parler était la même chose qu'accomplir. Evans s'assit.

C'était une curieuse image de Lydia qui émergeait de l'histoire qu'elle lui racontait finalement : une figure gentille et généreuse, insouciante et cruelle, et, il lui semblait par-dessus tout, stupide, aveugle sur la vie, sur la vie de ceux qui l'entouraient.

Evans avait un amant, un jeune valet de pied anglais qui avait purgé une peine pour vol et qui s'en était récemment sorti avec un cas avancé de tuberculose. Evans, qui était resté insensible à la tentation lorsque tout allait bien pour lui, tomba à la vue de sa mauvaise santé. Elle avait tenté, seule et inefficace comme elle l'était, de réussir seule. C'était l'irritation de Lydia face aux regrets d'Evans face à la perte du bracelet qui avait apparemment décidé la jeune fille.

"Si elle était si heureuse d'être soulagée de ces choses , j'ai pensé que je l'aiderais un peu", dit-elle amèrement.

Ce qui semblait si incompréhensible à O'Bannon, c'était que Lydia n'aurait pas dû savoir que la jeune fille avait des ennuis. La vue de la pièce lui fit prendre pleinement conscience de l'intimité des détails quotidiens que toute servante a à l'égard de sa maîtresse : deux femmes et une traversant l'enfer.

Il dit à Miss Bennett après qu'ils soient redescendus : « Miss Thorne ne soupçonnait-elle pas que quelque chose n'allait pas avec la jeune fille ?

Miss Bennett aimait tellement le procureur qu'elle éprouvait une forte tentation, sous couvert de discuter de l'affaire, de lui confier tous ses ennuis — les inévitables ennuis de ceux dont la vie était liée à celle de Lydia. Mais ses normes de bonnes manières étaient trop rigoureuses pour lui permettre de céder.

"Non, j'ai bien peur que nous n'ayons pas deviné", répondit-elle. "Mais maintenant que nous le savons, pouvons-nous faire quelque chose pour cette pauvre créature ?"

"Pas maintenant," répondit-il. "Le dossier contre elle est clair. Mais quand il s'agira de la condamner, vous pourriez faire quelque chose. Tout ce que Miss Thorne dirait en sa faveur serait pris en considération par le juge."

"Dites-moi exactement ce que vous voulez qu'elle dise", répondit Miss Bennett, désireuse d'aider.

"Ce n'est pas ce que je veux", répondit O'Bannon avec une certaine irritation. "Mon devoir est de présenter le dossier contre elle au nom de l'État. Je dis ce que Miss Thorne peut faire si elle estime qu'il existe des circonstances atténuantes ; si, par exemple, elle pense qu'elle a elle-même été négligente à l'égard de ses objets de valeur."

"Elle le fera, j'en suis sûre", dit Miss Bennett avec plus de conviction qu'elle n'en ressentait, "parce que, entre vous et moi, M. O'Bannon, elle est négligente. Elle a perdu un beau petit bracelet l'autre, mais quand vous "Je suis aussi jeune, belle et riche qu'elle..."

Elle fut interrompue par les adieux plutôt brefs du procureur.

"Voulez-vous rentrer avec moi, shérif ?"

Le shérif l'a fait et, sautant à bord, il a murmuré pendant qu'ils roulaient sur la route : « Elle est tout ça. Elle est facile à regarder, d'accord. Elle est belle, et pourtant pas... pas ce que je devrais appeler une femme. Il y a un trou quand on arrive sur la route principale. »

"Oui, je suis au courant", a déclaré O'Bannon.

CHAPITRE V

Quand Lydia revint des Emmons lundi après-midi, elle emmena Bobby Dorset avec elle. Miss Bennett, qui disposait les vases de fleurs de Morson selon ses idées les plus fastidieuses, les entendit entrer, aussi bruyants et joyeux, pensa-t-elle, qu'un couple de chiots. Lydia était tellement occupée à donner l'ordre de préparer la chambre de Bobby et de téléphoner à Eleanor pour qu'elle vienne dîner au cas où ils voudraient jouer au bridge, et de lui envoyer la voiture, car Eleanor était si myope qu'elle ne pouvait pas conduire elle-même. , et laissait toujours son chauffeur rentrer chez lui, et il n'avait pas de téléphone – si incompétent de la part d'Eleanor – que Miss Bennett n'avait aucune chance d'échanger un mot avec elle. D'ailleurs, la pauvre dame était absorbée par l'horreur de la partie de bridge qui approchait. Elle aimait les caoutchoucs doux de temps en temps, mais pas avec Lydia, qui la grondait après chaque main, se souvenant de chaque jeu.

Lydia, qui était presque sans timidité physique ou morale, luttait toujours contre une horreur subconsciente, une répulsion plutôt qu'une peur, que la vie n'était qu'une futile, gigantesque confusion sans schéma , une histoire racontée par un idiot, ne signifiant rien, ce qui n'est pas vrai. l'horreur de tous les matérialistes. Lorsqu'elle entra dans sa chambre et trouva ses affaires disposées comme d'habitude, et une nouvelle femme de chambre - une Française, brune, d'âge moyen et compétente - qui l'attendait, tout comme Evans avait attendu, une de ses humeurs de profonde dépression l'envahit. elle, tout comme ceux qui craignent la mort sont parfois amenés à prendre conscience de son approche par un symbole quotidien. Lydia ne craignait pas la mort, mais parfois elle détestait la vie. Elle ne s'est jamais demandé si c'était son propre rapport à la vie qui n'était pas satisfaisant.

Lorsqu'elle descendit dans une robe de thé en mousseline orange et marron, personne à part Bobby ne remarqua que sa bonne humeur s'était entièrement évaporée.

A table, devant Morson et le valet de pied, personne n'évoqua le sujet du vol, mais lorsqu'ils furent de retour dans le salon, Miss Bennett l'introduisit en demandant : « La nouvelle femme vous a-t-elle bien mis en contact ? Le fera-t-elle, ma chère. ?"

Lydia haussa les épaules, sans penser que Miss Bennett avait passé une journée entière dans les bureaux des renseignements et une matinée au téléphone pour tenter de remplacer Evans.

La femme plus âgée fut réduite au silence par le haussement d'épaules – pas blessée, mais déçue – et dans le silence Bobby dit : « Oh, qu'est-il arrivé à Evans ? Ils l'ont emmenée ?

Lydia répondit en levant le menton avec mépris : « Elle a avoué – elle a toujours été une oie.

"Cela ne l'a pas prouvé", répondit Miss Bennett avec entrain. "C'était la chose la plus sage à faire. Le procureur, mes chères filles, si j'avais votre âge, et cet homme..."

"Attention!" dit Lydie. "C'est un grand ami d'Eleanor."

"D'Eléonore ?" s'exclama Miss Bennett. Elle n'était pas et n'a jamais été une femme vaniteuse , mais elle s'étonnait toujours de voir des hommes se soucier d'un type de féminité différent de la sienne. Elle aimait Eleanor, mais elle la trouvait sèche et peu attrayante, et elle ne voyait pas ce qu'une belle et brillante créature comme O'Bannon pouvait voir en elle. « Vraiment ?

"Oui, il l'est", dit froidement Eleanor. L'expérience lui avait appris d'excellentes manières dans cette situation.

"J'aurais aimé que vous attendiez, Lydia", a poursuivi Miss Bennett. "C'était très impressionnant la façon dont il gérait Evans, presque comme une influence hypnotique. Elle lui disait tout. Elle semblait se livrer entre ses mains. C'était presque comme un miracle. Un instant auparavant, elle avait été si hostile - un miracle qui se déroule juste là, dans la chambre de Lydia. »

Lydia, qui s'était penchée pour réorganiser le feu, se redressa brusquement, le tisonnier à la main et dit rapidement : « Où ? Ça se passe où ?

"Dans ta chambre, chérie. Evans était enfermé là-bas."

"Cet homme dans ma chambre !" dit Lydia, et tout son visage semblait flamboyer de colère.

« Il ne m'est jamais venu à l'esprit que vous vous y opposeriez, ma chère. Il a dit qu'il… »

" Cela aurait dû vous venir à l'esprit. Je déteste l'idée de cet avocat ivre dans ma chambre. Ce n'est pas décent ! "

"Lydie !" » dit Miss Bennett.

Eleanor parla d'une voix aussi froide que l'acier.

« Que voulez-vous dire en traitant M. O'Bannon d'avocat ivre ?

"Il boit… Bobby le dit."

"Je ne l'ai pas dit !"

"Eh bien, Bobby, tu l'as fait !"

"J'ai dit qu'il buvait quand il était à l'université."

"Oh, eh bien, un ivrogne réformé", dit Lydia en haussant les épaules. "Je ne peux pas imaginer que tu fasses une telle chose, Benny, sauf que tu fais toujours tout ce que quelqu'un te demande de faire."

Son ton était plus insultant que ses paroles, et Miss Bennett fit la chose la plus sensée à laquelle elle pouvait penser : elle se leva et quitta la pièce. Lydia se tenait debout sur le tapis du foyer, tapant du pied, respirant rapidement, la mâchoire serrée.

"Je pense que Bennett perd la tête", a-t-elle déclaré.

"Je pense que oui", dit Eleanor. "Quelle différence cela peut-il faire ?"

"Tu dis ça parce que tu es fou de cet homme. Peut-être que si j'étais amoureuse de lui , je perdrais aussi tout mon sens de la délicatesse ; mais en l'état..."

Eléonore s'est levée.

"Je pense que je vais rapporter mon manque de délicatesse à la maison", a-t-elle déclaré. "Dites à Morson d'envoyer chercher le moteur, d'accord, Bobby ? Bonne nuit Lydia. J'ai passé une soirée parfaitement horrible."

"Bonne nuit", dit Lydia avec un petit signe de tête féroce.

Bobby a accompagné Eleanor jusqu'à la voiture et s'est assis avec elle quelque temps dans le couloir pendant qu'on la ramenait.

« Personne ne pourrait te reprocher d'être furieux ; mais tu n'es pas en colère contre elle, n'est-ce pas, Eleanor ? il a dit.

" Bien sûr que je suis en colère ! " répondit Éléonore. "Elle est trop impossible, Bobby. Tu ne peux pas continuer avec des gens qui te laissent entrer pour ce genre de choses. J'aurais pu passer une soirée parfaitement agréable à la maison - et sortir pour une dispute comme celle-ci !"

"Elle ne le fait pas souvent."

"Souvent ! Non, il n'y aurait alors aucun doute."

"Elle a été parfaitement charmante chez les Emmons - gay et amicale, et tout le monde est fou d'elle. Et au fait, Eleanor, je n'ai pas dit qu'O'Bannon était un ivrogne."

" Bien sûr que non," dit Eleanor.

"Mais il avait l'habitude de se livrer aux folies les plus fracassantes à l'université, et je lui en ai parlé et je lui ai fait promettre de ne rien dire."

"Beaucoup de choses pourraient influencer Lydia."

La voiture était à la porte maintenant, et alors qu'il la faisait monter dedans , il demanda : « Oh, ne te sens-tu pas si désolé pour elle parfois que tu pourrais presque pleurer sur elle ?

"Je ne le fais certainement pas!" dit Éléonore.

Se détournant de la porte d'entrée, Bobby monta les escaliers en courant et frappa à la porte de Miss Bennett. Il la trouva enfoncée dans un énorme fauteuil, l'air très pathétique et ressemblant davantage à une enfant malheureuse qu'à une femme d'âge moyen.

"Ce n'est pas supportable", dit-elle. " La vie dans ces conditions est trop désagréable. Je ne me plains pas qu'elle ne remarque jamais tous les petits sacrifices qu'on fait, toutes les peines qu'on se donne pour elle. Mais quand elle est absolument grossière, juste vulgairement, grossièrement grossièrement comme elle l'était ce soir. ———"

"Miss Bennett", dit Bobby sérieusement, "quand les choses vont mal avec les femmes, elles pleurent, et quand les choses vont mal avec les hommes, ils jurent. Lydia prend un peu des deux sexes. Ces explosions sont son équivalent aux larmes féminines ou aux grossièretés masculines."

Miss Bennett le regarda avec ses yeux étoilés brillant d'émotion.

"Mais quelqu'un doit lui apprendre qu'elle ne peut pas se comporter comme ça. Je ne peux pas le faire. Je ne peux enseigner qu'en étant gentil – infiniment gentil – et elle ne peut pas en tirer des leçons. Donc la meilleure chose pour nous deux c'est à moi de la quitter et de laisser quelqu'un d'autre essayer."

Bobby s'assit et prit sa fine main aristocratique dans les siennes.

"Personne ne peut lui apprendre, cher Benny", dit-il. "Mais la vie peut le faire - et le fera. C'est mon cauchemar particulier - que des gens comme Lydia soient brisés par la vie - et c'est toujours un tel succès. C'est pourquoi je me contente de rester sans, comme le pensent la plupart de mes amis, le respect qui leur est dû. " Mon propre respect de moi-même. C'est pourquoi j'espère que vous y parviendrez. C'est pourquoi elle me semble la personne la plus pathétique que je connaisse. Elle me fait presque pleurer. "

"Pathétique!" » dit Miss Bennett avec quelque chose qui s'approchait d'un reniflement.

"Oui, comme une enfant qui joue avec une mèche de dynamite. Même ce soir, elle m'a semblé pathétique. Elle ne peut pas se permettre de s'aliéner les quelques personnes qui tiennent vraiment à elle - vous et Eleanor et - eh bien, bien sûr, elle a gagné." ne m'aliène pas, quoi qu'elle fasse.

"Mais elle profite de notre affection", a déclaré Miss Bennett.

Bobby se leva.

"Vous pariez qu'elle le fait !" il a dit. "Elle aura quelque chose d'amer qui m'attendra maintenant quand je descendrai, quelque chose qu'elle aura oublié demain et dont je me souviendrai toute ma vie."

Il sourit parfaitement gaiement et quitta la pièce. Il trouva Lydia se promenant dans le salon, sifflant doucement pour elle-même.

"Eh bien," dit-elle, "ma fête semble avoir été interrompue plus tôt."

"Cassé est le mot", répondit Bobby.

"Eleanor n'est-elle pas absurde ?" dit Lydie. "Elle aime tellement être supérieure - 'Commandez ma voiture' - comme la vertueuse duchesse dans un mélodrame."

"Elle ne me semble pas absurde", a déclaré Bobby.

"Oh, vous avez essayé de panser les blessures de tout le monde sur la pointe des pieds, je suppose," répondit-elle. " Leur avez-vous dit que vous saviez que je ne pensais pas un mot de ce que je disais ? Ah, oui, je vois que vous le pensiez. Eh bien, je pensais chaque mot, et plus encore. Sur ma parole, j'aimerais que vous vous souciiez de votre propre entreprise, Bobby.

"Je le ferai", dit Bobby, puis il se leva et quitta la pièce.

Il sortit et parcourut rapidement les pierres plates sous la tonnelle. La lune n'était pas levée et les étoiles scintillaient férocement dans l'air frais et vif. Il pensait à d'autres femmes, plus belles et plus gentilles que Lydia. Qu'est-ce qui le maintenait dans cet esclavage envers elle ? Tout le temps qu'il posait la question, il avait conscience de son image dans sa robe de thé orange sur les boiseries sombres de la pièce, et soudain, avant qu'il s'en rende compte — certainement avant qu'il ait pris la décision de revenir — il était de retour dans la pièce. porte, disant,

"Voudriez-vous jouer à une partie de piquet ?"

Elle hocha la tête et ils s'assirent à la table de cartes. Le léger ressentiment de Bobby avait disparu en dix minutes, mais il s'écoula plus de temps avant que Lydia, posant ses cartes, ne dise, comme s'ils venaient de parler de ses méfaits au lieu de simplement y penser : "Mais Benny est terriblement obstiné, n'est-ce pas ? elle ? Je veux dire la façon dont elle continue à faire les choses comme elle pense que je devrais les aimer au lieu de découvrir ce que j'aime.

"Elle est très gentille, Benny l'est."

"Et c'est justement ce qui fait que tout le monde me trouve si horrible : le contraste. Elle est gentille, mais elle veut quand même faire ce qu'elle veut. Alors que moi..."

"Tu ne veux pas suivre ta propre voie, Lydia ?"

Ils ont failli se battre à nouveau. Cette fois, ce fut Lydia qui stoppa la discussion avec un brusque changement de manière.

"La vérité est, Bobby," dit-elle avec une douceur inattendue, "que je ressens terriblement pour Evans. Tu ne sais pas à quel point tu aimes une personne qui est tout le temps avec toi comme ça."

"Horrible qu'ils te volent, n'est-ce pas ?"

"Oui." Lydia regarda pensivement devant elle. "Je pense que ce qui me dérange le plus, c'est qu'elle ne me l'a pas dit – elle a continué à le nier, comme si j'étais son ennemi – et puis dans la première seconde, elle a avoué au procureur."

"Oh, eh bien, c'est son métier."

Elle semblait réfléchir profondément et sa phrase suivante le surprit.

« Pensez-vous qu'il y ait vraiment quelque chose entre lui et Eleanor ? Je ne pourrais pas supporter qu'Eleanor épouse un homme comme celui-là.

Bobby, essayant de faire preuve de tact, répondit qu'il était sûr qu'Eleanor ne le ferait pas, mais comme cela arrive souvent aux personnes conscientes de tact, il n'a pas réussi à plaire.

"Oh," dit Lydia, "tu veux dire que tu penses qu'il est fou d'elle ?"

« Pitié, non ! dit Bobby. "Je ne devrais pas du tout penser qu'Eleanor était son genre, sauf peut-être en tant qu'amie. C'est le genre de choriste qui l'excite vraiment."

"Oh, c'est vrai ?" » dit Lydia, et elle reprit les cartes.

Ils jouèrent deux heures et le jeu la calma mais ne put la sauver de la noirceur de son humeur. Cela lui arrivait, comme c'était toujours le cas si cela arrivait, quelques minutes après qu'elle se soit couchée, qu'elle ait éteint sa lumière et qu'elle ait commencé à découvrir que le sommeil n'était pas proche. La vie lui semblait un effort sans but. Elle se sentait comme une martyre sur le bûcher ; seulement, elle n'avait aucune vision pour lui tenir compagnie. Elle sentait que sa solitude n'était pas le résultat de ce qu'elle disait ou faisait, mais qu'elle était inévitable. Il semblait n'y avoir rien dans l'univers à part le chaos et elle-même.

Elle ralluma sa lumière et lut jusqu'au petit matin. Des nuits comme celle-ci n'étaient pas inhabituelles avec Lydia.

CHAPITRE VI

Joe Thorne aimait raconter une histoire sur Lydia dans son enfance – dans les jours précédant l'arrivée de Miss Bennett. Après une terrible scène de méchanceté et de punition, elle était venue vers lui et lui avait dit : « Père, si tu n'es plus en colère contre moi , je ne suis pas en colère contre toi. C'était encore sa caractéristique. Elle n'avait pas peur de se manifester et de se réconcilier, mais elle était timide avec les paroles. Elle ne pouvait pas présenter d'excuses émotionnelles, mais elle réussissait à faire comprendre de toutes sortes de manières stupides qu'elle voulait être amie - elle parvenait à se souvenir d'un souhait longtemps insatisfait de Benny, qu'il s'agisse d' un cadeau ou d'une politesse envers un vieux. amie, ou parfois seulement une course que Benny n'avait jamais réussi à lui faire faire. Il y avait toujours un symbole précis indiquant que Lydia était désolée et qu'elle était toujours pardonnée.

Une partie du sentiment de supériorité d'Eleanor sur le monde résidait dans le fait d'être plus que d'habitude imperméable aux émotions. D'ailleurs, elle s'était exprimée de manière satisfaisante à l'époque en quittant la maison, de sorte qu'elle aussi avait pardonné. Mais bien sûr, une scène comme celle-là n'est jamais sans conséquences : l'endurance de chacun a brisé quelques brins supplémentaires comme une corde qui s'effiloche. Et il y avait aussi des conséquences dans la nature même de Lydia. Elle semblait être devenue définitivement stupide et violente sur tout sujet, même vaguement lié au procureur.

Cela était évident quelques jours plus tard lorsqu'une voix se proclamant celle de la secrétaire du juge Homans lui demanda si elle pouvait s'arrêter au cabinet du juge cet après-midi-là pour donner au tribunal des informations concernant une de ses anciennes domestiques - Evans. . Le ton de Lydia montrait que ce n'était pas du tout pratique. Il sembla à un instant qu'elle allait refuser catégoriquement de partir. Puis elle céda, et à partir de ce moment il devint évident que son esprit était continuellement occupé par la perspective de cette visite.

En fin d'après-midi, elle comparut devant le bureau du juge, dans sa petite chambre, bordée d'étagères remplies de volumes reliés en veau. C'était un après-midi froid de novembre, et elle venait juste de prendre le thé au club de golf après dix-huit trous. Elle était enveloppée dans un manteau brun doré et un chapeau couleur tomate était rabattu sur ses sourcils.

Le juge, sans raison apparente, avait imaginé Miss Thorne, la propriétaire foncière, propriétaire de bijoux de valeur, comme une femme digne de trente ans. Il leva les yeux avec surprise par-dessus ses lunettes. Sa première idée –

il vivait à l'autre bout du monde – fut qu'une erreur avait été commise et qu'on lui avait amené une délinquante indisciplinée, et non un témoin plaintif.

Même après que ce premier malentendu ait été expliqué, l'entretien ne s'est pas bien passé. Le juge était un homme d'une soixantaine d'années, rasé de près et au teint cireux. De son front haut et étroit, toutes ses lignes coulaient vers l'extérieur. Son menton était lourd et profondément plissé, et il avait parfois une façon de le ramener vers ses épaules lourdes et voûtées. Un intérêt naturel pour la continuité de sa propre pensée, joint à quinze années de déclarations à la magistrature, le rendait insensible à toute interruption. Il insistait maintenant pour revoir le cas d'Evans, tandis que Lydia était assise, rejetant d'abord un côté puis l'autre de son épais manteau et pensant – disant presque : « Oh, le vieil homme ennuyeux ! Pourquoi me raconte-t-il tout cela ? Est-ce qu'il sait que ce sont mes bijoux qui ont été volés ? Elle commença à taper du pied, un son qui, pour ceux qui connaissaient bien Lydia, était presque considéré comme le hochet du serpent à sonnette. Le juge commença à mettre fin à son monologue.

"Le procureur me dit que vous estimez qu'il y a eu de votre part une certaine négligence qui pourrait être considérée dans une certaine mesure comme constituant une circonstance atténuante..."

Il n'est pas allé plus loin.

« Le procureur le dit ? » » dit Lydia, et s'il avait cité l'autorité du garçon du concierge, son ton n'aurait pas pu exprimer une surprise plus méprisante.

Cependant, Son Honneur ne l'a pas compris.

"Oui," continua-t-il, "M. O'Bannon me dit que la charge de votre coffre-fort, sans surveillance..."

"M. O'Bannon est complètement mal informé", a déclaré Lydia en fermant les yeux et en haussant les sourcils.

Le juge tourna carrément la tête pour la regarder.

« Vous voulez dire, dit-il, que vous ne pensez pas qu'il y ait eu une quelconque négligence qui pourrait expliquer en partie, sans vraiment excuser… »

"Certainement pas", dit Lydia. "Et je n'ai jamais rien dit à qui que ce soit qui puisse leur faire penser cela."

"J'ai été mal informé quant à votre attitude", a déclaré le juge.

"Évidemment", dit Lydia, et elle mit presque immédiatement fin à l'entretien en quittant la pièce.

Alors qu'elle marchait sur le chemin menant à sa voiture, une silhouette sortit de l'ombre comme si elle l'attendait. C'était le même agent de la circulation qui l'avait arrêtée alors qu'elle se rendait chez Eleanor. Il ôta sa casquette marron. Elle voyait sa tête ronde et combative et la courbe incertaine de sa bouche. C'était un bel homme, plus jeune qu'elle ne le pensait — plutôt enfantin en fait. Elle aperçut une sorte de ruban sur sa poitrine : la croix de guerre. Elle le regarda avec intérêt et vit qu'il était tendu et embarrassé.

"Je crois que j'ai quelque chose à toi", dit-il. "Je veux le rendre." Il fouillait dans sa poche. Elle ne pouvait pas vraiment permettre cela.

"Les gens soudoyés", pensait-elle, "doivent se contenter de rester soudoyés". Elle se dirigea rapidement vers sa voiture sans répondre. Le chauffeur lui ouvrit la porte.

"À la maison", dit-elle avant de partir.

Environ une heure plus tard, le juge donnait une description de l'entretien au procureur. Cela a commencé comme une accusation générale contre l'irresponsabilité des jeunes riches d'aujourd'hui, touchant à leur tenue vestimentaire, leur apparence et leurs manières. Puis tout à coup, on en est venu au cas particulier.

"Elle est entrée dans cette pièce avec un chapeau couleur de flamant rose" - le sens des couleurs du juge n'était pas bon - "et ses jupes presque jusqu'aux genoux; aussi audacieuses - eh bien, je ne voudrais pas vous dire quelle était ma première idée Elle était aussi dure que... J'aurais pu lui dire que certaines des méthodes de son propre père n'étaient pas strictement légales, sauf que les tribunaux étaient plus indulgents à l'époque. Un type impitoyable : Joe Thorne. Connaissez-vous cette fille ?"

"Je l'ai rencontrée", a déclaré O'Bannon.

"Elle m'a fait une impression très défavorable", a déclaré le juge Homans. "Je ne sais pas quand une jeune femme d'apparence agréable, d'une beauté considérable, a fait une impression aussi défavorable." Et Son Honneur d'ajouter, comme si les deux propos n'avaient rien à voir l'un avec l'autre : "Je donnerai à cette malheureuse servante une peine très légère."

Le procureur s'inclina. C'était exactement ce qu'il avait toujours voulu.

Mais une peine qui paraissait légère au juge Homans — pas moins de trois ans et demi ni plus de quinze ans — paraissait lourde à Lydia. Elle était horrifiée. La récente visite qu'elle avait faite, sous les auspices de Mme Galton, à une prison pour hommes était dans son esprit : l'obscurité, les cellules bondées, les prisonniers pâles et anormaux, l'odeur, les gardiens, le silence. Elle ne permettrait tout simplement pas à Evans de subir une telle torture pendant quinze ans. Elle était d'autant plus déterminée qu'elle savait, sans l'avouer une seule fois, qu'elle aurait pu l'empêcher.

Elle a lu la phrase dans le journal local au petit-déjeuner – elle a déjeuné au lit – et la minute suivante, elle était debout et dans la chambre de Miss Bennett.

"C'est un peu trop", dit-elle en entrant si vite que sa robe de chambre en soie ressortait comme un ballon rose. "Quinze ans ! Ces hommes doivent être fous ! Viens, Benny, enfile tes affaires. Tu dois m'accompagner au bureau du procureur et arranger ça. Imagine ! Après qu'elle ait avoué aussi ! J'ai dit qu'elle avait eu tort d'avouer. "

Mais lorsqu'elle arriva au bureau , elle n'y trouva personne d'autre que Miss Finnegan, la sténographe.

"Où est M. O'Bannon ?" » demanda-t-elle comme si elle avait avec lui des fiançailles qu'il avait rompues.

Miss Finnegan leva la tête de ses clés et regarda le visiteur inattendu au chapeau couleur tomate, dont les pas avaient semblé si brusques et rapides dans les escaliers et qui avait ouvert la porte si violemment.

"M. O'Bannon est au tribunal", répondit-elle sur un ton qui semblait suggérer que presque tout le monde le saurait. À ce moment-là, montant les escaliers avec plus de dignité, Miss Bennett entra, attrayante et conciliante.

"Nous voulons tellement le voir", murmura-t-elle.

Miss Finnegan s'adoucit et dit qu'elle téléphonerait au palais de justice. Il pourrait peut-être s'en remettre pendant une minute. Elle téléphona et raccrocha en silence.

"Quand sera-t-il là ?" demanda Lydia.

"Quand il sera en liberté", répondit froidement Miss Finnegan.

L'attente n'a pas calmé Lydia ni l'atmosphère du bureau qui proclamait le pouvoir d'O'Bannon. Les gens revenaient sans cesse avec la même question : quand pourraient-ils voir le procureur ? Il y avait là un vieil étranger qui n'arrêtait pas de marmonner quelque chose à Miss Finnegan dans un anglais approximatif.

"Oui, mais alors votre fils devrait plaider", répétait Miss Finnegan encore et encore, ponctuant sa phrase de rapides roulades sur la machine à écrire.

Il y avait un jeune homme mince aux yeux fuyants, et un avocat local avec un fort goût du terroir autour de lui.

Miss Bennett observait Lydia avec inquiétude. La jeune fille n'avait pas l'habitude de se faire attendre. Sa banque, son dentiste, les magasins où elle faisait affaire avaient compris depuis longtemps que cela épargnait à tout le monde de servir Miss Thorne en premier.

Enfin O'Bannon entra. Lydia se leva.

"M. O'Bannon——" commença-t-elle. Il leva la main.

"Une minute", dit-il.

Il écoutait l'histoire de la vieille femme, sans même jeter un regard dans la direction de Lydia ; Pourtant, quelque chose dans le coin de sa tête, dans l'effort qu'il faisait pour garder les yeux sur son interlocuteur et son esprit sur ce qu'on lui disait, fit croire à Miss Bennett qu'il était parfaitement conscient de leur présence. Pourtant, Lydia supporta patiemment ce retard. Miss Bennett poussa un soupir de soulagement. La jeune fille était visiblement venue résolue à se montrer sous son meilleur jour. L'impression se renforça lorsqu'il s'approcha d'eux. Les manières de Lydia étaient douces et dignes.

"M. O'Bannon", dit-elle, "je suis affligée par la sentence de ma servante, Evans."

Miss Bennett avait l'air d'une personne ayant une vision – Lydia n'avait jamais semblé – n'avait jamais été comme ça – douce, féminine, eh bien, il n'y avait pas d'autre mot pour cela, douce – d'une douceur poignante. Elle ne voyait pas comment on pourrait lui résister, et en jetant un coup d'œil au procureur, elle vit qu'il ne résistait pas, au contraire, la tête penchée, et ses étranges yeux clairs fixés doucement sur ceux de Lydia, il buvait chaque ton de sa voix. Leurs voix tombaient de plus en plus bas jusqu'à ce qu'ils se murmurent presque, si bas que Miss Bennett pensait de façon fantastique que quiconque entrant à l'improviste aurait pu penser qu'ils étaient amants.

"Ce n'est pas une criminelle", disait Lydia. "Elle a été tentée et elle a avoué. Ne m'aideras-tu pas à la sauver ?"

"Je ne peux pas," murmura-t-il en retour. "C'est trop tard. Elle a été condamnée."

"C'est peut-être trop tard, avec les méthodes habituelles, mais il y en a toujours d'autres. Vous avez tellement de pouvoir que vous donnez aux gens le sentiment que vous pouvez tout faire." Il secoua la tête, la regardant toujours. "Tu me donnes ce sentiment. Fais ça pour moi."

"Vous auriez pu le faire vous-même, si facilement, avant qu'elle ne soit condamnée."

"Je sais, je sais. C'est pourquoi je m'en soucie tant. Oh, M. O'Bannon, juste un instant, vous et moi——" Sa voix s'affaissa de sorte que Miss Bennett ne pouvait pas entendre ce qu'elle disait, mais elle la vit posa sa main sur son bras comme une personne prenant possession de ses propres affaires. Alors il ne servait plus à rien d'écouter, car un silence complet s'était établi entre eux ; ils ne semblaient même pas respirer.

Le procureur a soudainement levé la tête en secouant rapidement, comme un chien sortant de l'eau, et a reculé.

"Cela n'est pas possible", a-t-il déclaré. "Si j'étais prêt à briser la loi, je ne peux pas le faire."

Le front de Lydia s'assombrit. "Tu veux dire que tu ne le feras pas", dit-elle.

"Non," répondit-il doucement. "Je pense exactement ce que je dis. Je ne peux pas. Rappelez-vous que vous avez eu deux occasions d'aider la jeune fille : lors de la première plainte et lors de votre conversation avec le juge. Pourquoi ne l'avez-vous pas fait alors ?"

Pourquoi ne l'avait-elle pas fait ? Elle ne le savait pas, mais elle répondit précipitamment :

"Je ne comprenais pas--"

"Tu ne comprendrais pas," répondit-il, de ce ton calme et terrible qui lui faisait penser d'une manière ou d'une autre à Ilseboro . "J'ai essayé de vous le dire et vous n'avez pas attendu pour entendre, et le juge a essayé de vous le dire et vous n'avez pas voulu écouter. Les gens n'ont pas souvent trois chances dans ce monde, Miss Thorne."

Son ton la rendait folle, en combinaison avec son propre échec. « Prenez-vous sur vous de me réprimander, M. O'Bannon ? elle a demandé.

"Je prends sur moi de vous dire comment vont les choses", répondit-il.

"Je ne crois pas que ce soit comme ça qu'ils sont", a-t-elle déclaré.

Aussi en colère qu'elle soit, elle ne voulait pas que cette phrase paraisse aussi insultante. Elle voulait dire qu'il devait y avoir une voie d'approche insoupçonnée ; mais son ton vif et ses manières insolentes faisaient sonner les mots eux-mêmes comme l'insulte finale.

O'Bannon se détourna simplement d'elle et, levant la main vers le garçon aux yeux fuyants, dit clairement : "Je te verrai maintenant, Gray."

Lydia n'avait rien d'autre à faire que d'accepter son licenciement. Elle sortit de la pièce et, sur le chemin du retour, en voiture, elle choqua Miss Bennett par ses épithètes. « L'insolent voyou de la campagne » était le plus doux d'entre eux.

Quelques jours plus tard, Miss Thorne retourna à New York dans sa maison des années 70. Miss Bennett, qui détestait le pays, en partie parce qu'elle y était davantage sous la coupe de Lydia, se réjouissait d'être de retour à New York. Elle avait beaucoup d'amis – elle était beaucoup plus populaire personnellement que son protégé – et en ville, elle pouvait les voir plus facilement. Chaque matin, après avoir fini son ménage, elle sortait et se promenait autour du réservoir. Elle aimait marcher, plantant ses petits pieds aussi précisément que si elle dansait ou patinait. Ensuite, il y avait généralement quelques courses nécessaires pour Lydia, pour la maison ou pour elle-même ; puis déjeuner, et ensuite pendant une heure ou deux son propre travail. Elle était membre d'innombrables comités, divertissements à des fins caritatives, conseils d'administration d'hôpitaux, associations de réforme. Puis, avant cinq heures, elle était à la maison, derrière la table à thé, attendant Lydia, occupée à se débarrasser des gens que Lydia ne voulait pas voir et à garder ceux que Lydia aurait voulu voir mais qu'elle avait oubliés. Et puis le dîner – à la maison si Lydia donnait une fête ; mais le plus souvent les deux femmes dînaient dehors.

L'hiver a été marqué par l'amitié ou le flirt soudain de Lydia, ou sa liaison, comme on l'a décrit de diverses manières, avec Stephen Albee, l'ancien gouverneur d'un grand État. Cela aurait semblé plus naturel s'il avait été l'une des découvertes d'Eleanor, mais ce n'était pas le cas : il était la propre trouvaille de Lydia. Eleanor, avec tous ses airs de jeune vieille fille, n'avait jamais été vue pour distinguer un homme dépourvu des attraits physiques de la jeunesse. Albee, bien qu'il ait été autrefois un bel homme et ait conservé une certaine apparence léonine magnifique, avait plus de cinquante ans et montrait son âge. Il était venu à New York pour mener une importante enquête fédérale, et la manière magistrale avec laquelle il le faisait a conduit à des prophéties présidentielles. Les amis de Lydia commençaient à murmurer que ce serait comme si Lydia finissait à la Maison Blanche. De plus, le gouverneur était riche, propriétaire de mines d'argent et veuf. On a remarqué que Lydia était plus respectueuse envers lui qu'elle ne l'avait jamais été envers quiconque, suivait son exemple intellectuellement et le citait au bord du comique.

"C'est douloureux pour moi", a déclaré Eleanor, "d'observer le processus de découverte de la politique par Lydia. Lundi dernier, l'existence de la Constitution fédérale lui est apparue, et la semaine prochaine, les droits des États pourraient émerger."

Il était tout aussi pénible pour les anciens amis du gouverneur d'assister au processus encore moins gracieux de sa découverte de la vie sociale. Les deux amis se sont aventurés mutuellement. Si Lydia restait assise toute la journée à écouter son enquête, il apparaissait à peine moins régulièrement dans sa loge d'opéra.

Curieusement, ils s'étaient rencontrés lors d'un déjeuner sur la réforme des prisons donné par les mêmes femmes nobles dont la présence chez elle avait tant irrité Lydia. Le but du déjeuner était de faire connaître la cause, d'inspirer les travailleurs, de récolter des fonds. Albee était le principal orateur, non pas parce qu'il s'intéressait particulièrement à la réforme pénitentiaire, mais parce qu'il était actuellement la personnalité publique la plus en vue de New York et, comme il était connu pour ne pas être un orateur, tout le monde était impatient de l'entendre. parler. Mme Galton, la présidente de la réunion, a été choquée par ses opinions réactionnaires sur les prisons lorsqu'il les lui a exposées dans le but d'échapper à son invitation ; mais avec la solide mondanité que tout réformateur doit acquérir, elle savait que son nom était bien plus important pour sa cause que ses opinions, et avec un peu de flatterie judicieuse, elle l'obligea à promettre qu'il viendrait dire quelques mots - non, il spécialement a insisté, un discours. Mme Galton était d'accord, sachant qu'aucun orateur au monde, et certainement aucun orateur masculin, ne pourrait résister à l'appel d'un public nombreux, chaleureux et admiratif lorsqu'il se levait. "La seule difficulté sera de l'arrêter", pensa-t-elle avec tristesse. Il serait également sage, pensa-t-elle, de mettre à côté de lui au déjeuner quelqu'un qui lui plairait. La flatterie d'une vieille femme laide comme elle ne suffirait pas. Puis elle se souvint de Lydia, qu'elle avait emmenée, après leur malheureuse rencontre au déjeuner de l'automne, dans l'une des prisons pour hommes dans le but d'obtenir la coopération de la jeune fille . Ils avaient également eu des conférences à propos d'Evans, car Lydia n'était pas restée totalement indifférente à la situation d'Evans, elle avait en effet permis, et même exhorté, Miss Bennett à aller rendre visite à la jeune fille et voir ce qui pouvait être fait pour elle.

Miss Thorne a accepté l'invitation à assister au déjeuner ; puis, avec autant de sang-froid qu'un diplomate pouvait se servir d'une charmante courtisane, Mme Galton la plaça à côté du grand homme à la table des orateurs, où bien sûr une personne si jeune, si oisive et inutile n'avait pas le droit d'être. .

Le gouverneur arrivait très tard, les doigts dans la poche de son gilet pour signifier à tous ceux qui le voyaient se précipiter entre les tables bondées qu'il avait été inévitablement retenu et qu'il avait passé la dernière demi-heure à contempler angoissé sa montre. En fait, il lisait les journaux de son club, souhaitant réduire l'heure de trop de nourriture et de trop de bruit qui, il le savait, précéderait l'heure de trop parler. Il savait qu'il s'asseoirait à côté de Mme Galton, qu'il considérait comme une philanthrope sage et bonne mais qu'il redoutait comme compagne.

Tout a commencé comme il le craignait. Il prit place à la droite de Mme Galton, en s'excusant d'avoir été détenu – inévitablement. Il lui avait semblé autrefois qu'il ne pourrait pas y arriver, mais bien sûr, son sentiment pour le grand travail…

Mme Galton, qui avait vécu tout cela des centaines de fois et savait qu'il n'avait jamais eu l'intention d'arriver une minute plus tôt que lui, sourit chaleureusement et dit combien ils s'estimaient heureux d'avoir obtenu une heure du temps d'un homme qui tout le monde--

Au contraire, le gouverneur estimait que c'était un privilège de parler au nom d'une cause qui commandait la sympathie...

Ce fut en effet un tournant dans l'histoire de n'importe quelle cause, lorsqu'un homme comme le gouverneur...

Ils auraient continué ainsi pendant tout le déjeuner, mais à ce moment un bruissement soudain à ses côtés fit se retourner le gouverneur, et là – bien plus tard qu'il n'avait pu l'être – se trouvait Lydia, Lydia dans une robe unie et serrée et un petit chapeau à plumes qui la faisait ressembler à un serpent à crête. Mme Galton les présenta et, avec un soupir de soulagement, se remit à manger son déjeuner et à parcourir ses propres remarques introductives avec la confortable certitude que le gouverneur ne lui causerait plus de problèmes.

Il ne l'a pas fait. Il regarda Lydia et toute sa lourde politesse disparut de lui. Ses yeux pétillèrent et il dit : « Venez, ma chère demoiselle, gagnons du temps en me disant qui vous êtes, ce que vous faites et pourquoi vous êtes ici.

Cela a amusé Lydia.

"Je pense", dit-elle, "que c'est la meilleure introduction à une conversation que j'ai jamais entendue. Eh bien, je suppose que je devrais dire que je suis ici pour vous écouter."

"Oui, oui, peut-être", répondit Albee avec un geste quelque peu politique de la main, "dans le même sens dans le même sens que je suis venu ici pour vous rencontrer - parce que le destin, la chance, l'interposition divine l'ont arrangé ainsi. Mais pourquoi, selon vos propres opinions limitées, êtes-vous ici ? »

"Oh, en réponse à une noble impulsion. Vous ne les avez jamais?"

"Je l'ai fait... je l'ai fait quand j'avais votre âge", dit le gouverneur, et il se pencha en arrière et l'observa avec une admiration ouverte, ce qui, d'une manière ou d'une autre, n'était pas offensant pour un homme de sa réputation.

"Pourquoi es-tu ici toi-même ?" dit Lydia en lui lançant un regard doux pour lui signifier qu'elle lui était très reconnaissante de la trouver si belle.

"Eh bien, je viens de vous le dire ", répondit le gouverneur, "parce que le destin s'est dit : "Voici le pauvre vieux Stephen Albee qui traverse une période difficile. Faisons en sorte qu'il lui arrive quelque chose d'agréable. Faisons-lui rencontrer Miss Thorne ."'

Une dame de l'autre côté de Lydia, qui a consacré sa vie à la réforme des criminels et détestait particulièrement ceux qui restaient en dehors des institutions pénales, a été horrifiée par ce qu'elle considérait comme le ton coquette de la conversation. Elle pouvait entendre – en fait, elle écoutait – que plusieurs réunions avaient été organisées avant que l'heure du gouverneur ne vienne prendre la parole.

Tout s'est déroulé exactement comme Mme Galton l'avait prévu. Le gouverneur, qui espérait dire qu'il était corps et âme pour cette grande cause, rappeler quelques exemples historiques de mauvaise gestion des prisons, confier à son auditoire qu'un homme de réputation nationale attendait à ce moment-là de le voir pour quelque chose. d'importance internationale, puis de s'enfuir à temps pour jouer quelques trous de golf avant la nuit – se leva, animé par la détermination de faire un bon discours, assez bon pour impressionner Lydia ; Et il l'a fait. Il avait une manière simple et directe de parler, de sorte que personne ne remarquait que ses phrases elles-mêmes étaient plutôt oratoires et émotionnelles. La plupart des orateurs, du moins un trop grand nombre, ont une technique exactement opposée : une manière oratoire et ce qui se cache derrière. Il a donné l'impression, sans le dire réellement, que la seule raison pour laquelle il n'avait pas consacré sa vie à la réforme pénitentiaire était que la mission plus large du service public l'appelait, et la seule raison pour laquelle il n'a pas inondé son auditoire de détails techniques. Le sujet était que c'était trop douloureux, trop choquant.

Il y a eu de vifs et sincères applaudissements lorsqu'il s'est assis. Les ouvriers furent inspirés, les souscriptions affluèrent. Avant que l'orateur suivant ne se lève, Lydia, visible dans toute la salle, sortit, suivie par le grand homme qui avait expliqué à la hâte à Mme Galton qu'il était déjà en retard pour un engagement avec un homme de réputation nationale qui attendait pour discuter d'une question d'importance internationale. Mme Galton hocha aimablement la tête. Elle n'avait plus guère d'utilité pour le gouverneur.

Le lendemain, Lydia se rendit en ville pour l'entendre mener son enquête et fut impressionnée par le spectacle de sa volonté dominante et de son esprit cristallin en action. Elle venait tous les jours. Jusqu'à présent, sa vie ne l'avait pas stimulée à des efforts intellectuels, mais elle découvrait maintenant qu'elle avait un esprit bon et vif. Elle a appris la procédure de l'enquête, s'est souvenue des preuves, a lu des livres : Wellman on Cross-Examination et The Adventures of Sergeant Ballentine. Elle s'est énormément amusée. C'était le meilleur jeu auquel elle ait jamais joué. La vision d'une carrière indirecte en tant qu'épouse d'un grand homme politique était désormais toujours dans son esprit.

Eleanor, avec son équipement intellectuel supérieur, pourrait rire de la découverte tardive du domaine politique par Lydia ; mais les connaissances de Lydia n'étaient pas théoriques et lointaines, comme celles d'Eleanor. C'était vivant, vivifié par son énergie et inscrit dans l'action quotidienne de sa vie. Avec la moitié du cerveau d'Eleanor, elle était deux fois plus efficace.

Elle admirait Albee profondément, presque dangereusement, et elle voulait l'admirer davantage. Elle appréciait tous les symboles de son pouvoir. Elle aimait que les hommes plus âgés et plus importants de sa connaissance viennent la poursuivre en justice pour avoir l'occasion de rencontrer Albee socialement. Elle aimait regarder les autres femmes essayer de l'éloigner d'elle. Elle aimait même la façon dont les agents de la circulation laissaient passer sa voiture quand il était à bord. Elle aimait toutes ces choses, non par vanité, comme beaucoup de filles l'auraient aimé, mais parce qu'elles avaient constamment devant ses yeux l'image d'Albee en surhomme. Et si Albee était un surhomme, le problème de sa vie serait résolu. Alors tout serait simple : donner sa jeunesse, sa beauté et son argent, son courage et sa connaissance du monde pour le rendre suprême. Il était vrai qu'il ne lui avait pas encore demandé de l'épouser – il ne lui avait même pas fait l'amour, à moins que l'admiration ne soit faire l'amour – mais pour Lydia, c'était une considération secondaire. La première chose à faire était de se faire sa propre opinion.

Elle avait deux grands problèmes à affronter. Au début , il ne voulait pas du tout sortir, il ne voulait pas entrer dans son domaine. Il semblait penser, comme tant d'Américains, qu'il y avait quelque chose de trivial, presque immoral, à rencontrer ses semblables, sauf dans le cadre de relations professionnelles. Le deuxième problème était pire : après avoir surmonté ses réticences, il commençait à trop aimer cela, à le prendre trop au sérieux. Il n'en avait jamais eu le temps auparavant, dit-il, mais en réalité, il devait s'en sentir exclu, soit à l'université, soit en tant que jeune homme dans la législature de son État.

La première fois qu'il est allé à l'opéra avec elle – il aimait vraiment la musique – elle l'a remarqué. La boîte de Lydia était à côté de celle de Mme Little. Les journaux rendaient son nom impressionnant, mais sa présence mince et aux cheveux blancs la rendait encore plus impressionnante. Lydia elle-même l'admirait, et si jamais elle pensait à sa propre vieillesse, elle pensait qu'elle aimerait être comme Mme Little – un souhait très peu susceptible de se réaliser, car Mme Little avait été façonnée par les obligations traditionnelles et les sacrifices aux devoirs que Lydia avait fait. n'avait jamais reconnu.

Alors qu'ils attendaient dans le hall bondé de l'entrée de la Trente-Neuvième Rue – tous les visages au-dessus des velours et des fourrures regardant dehors et tous les visages des valets de pied regardant à l'intérieur et tout le monde bavardant et criant et si peu apparemment accompli pour dissiper la foule – Albee dit : « Mme Little m'a demandé de dîner le 16. »

Lydia perçut quelque chose de complaisant dans le ton. L'idée qu'il puisse être flatté par une telle invitation lui répugnait.

"Est-ce que tu as accepté?" » demanda-t-elle d'un ton froid qu'elle essayait de garder évasif.

Heureusement, la politique avait appris à Albee la prudence. Il n'avait pas accepté. Il avait dit qu'il en informerait la grande dame dans la matinée.

"Penses-tu que ce genre de chose va t'amuser ?"

Il répondit que cela l'amuserait si elle partait, et contre son meilleur jugement, elle se permit de croire que l'empressement dans sa voix avait été occasionné par l'occasion promise de la voir.

Le bal costumé était plus sérieux. Les Pulsifers le donnaient dans leur grande salle de bal juste avant le Carême. Lydia et Miss Bennett discutaient de costumes un après-midi à l'heure du thé lorsqu'Albee fut annoncée. Lydia avait assisté à son enquête ce matin-là et ne l'avait jamais autant admiré.

Nous parlons des Pulsifers ", dit Miss Bennett en entrant. "Lydia veut devenir Japonaise, mais il y en aura beaucoup. Je veux qu'elle y aille comme Indienne d'Amérique."

En se rappelant très bien qu'il avait décidé ce matin-là une lutte entre deux avocats, Lydia se sentit honteuse, humiliée, de lui être présentée comme occupée par un sujet tel qu'un costume de luxe. Sa voix l'interrompit.

"Oh oui, les Pulsifer ! J'avais une carte ce matin." C'était le même ton complaisant – comme si cela importait qu'il l'ait fait ou non.

"Oh, vas-y !" s'écria Miss Bennett. Elle avait l'intention d'être utile et ajouta la première chose qui lui vint à l'esprit. "Tu ferais un merveilleux sénateur romain. Je vais arranger ton costume pour toi."

En un éclair, Lydia le vit devant elle, jambes nues, bras nus, gorge nue. Elle recula, même si, bien sûr, ce n'était pas sa faute. Si Benny avait dit un doge ou un cardinal ; mais en jetant un coup d'œil à son ami, elle vit qu'il n'était adapté à aucun des deux rôles . Il n'était ni fin, ni mince, ni subtil. C'était le type d'un sénateur romain.

"Ce serait une grande tentation d'y aller... de voir Miss Thorne comme une Indienne", répondit-il en lui souriant avec admiration.

"Je ne pense pas que j'irai", dit Lydia en agitant légèrement la tête. "Je ne pense pas que ce soit digne de s'habiller comme des singes."

Miss Bennett leva les yeux surprise. Lydia avait été tellement intéressée par tout le sujet quelques minutes auparavant. Elle pensait que la jeune fille devenait inhabituellement capricieuse. Albee saisit aussitôt la note.

"S'ils me laissaient partir comme spectateur..." commença-t-il.

"Cela gâche tout, vous savez", répondit Miss Bennett, mais Lydia l'interrompit :

"Bien sûr, ils seraient heureux d'avoir le gouverneur à n'importe quelles conditions."

Mais la question était plus simplement réglée. Albee a été convoqué à Washington pour témoigner devant un comité du Sénat qui, sous couvert de l'aider, essayait en réalité de voler le tonnerre politique de son enquête et Lydia, avec son costume indien à peine terminé - et celui de Benny aussi, d'après une photo de Longhi. – a tout abandonné et est parti à Washington pour entendre le grand homme témoigner, emportant avec elle la réticente Miss Bennett.

Bobby Dorset, qui avait dit immédiatement ce que Lydia avait envie d'entendre Albee dire – à savoir que les fêtes comme celle-là étaient plus problématiques qu'elles n'en valaient la peine – avait été contraint par Lydia d'y aller. Elle lui avait fait acquérir un costume de guerrier grec, dans lequel il était très splendide. Il lui restait son costume et sa fête, et pas de Lydia pour la rendre agréable.

Il était arrivé en fin d'après-midi et était resté, comme il le faisait souvent pour dîner. Au milieu du repas, Lydia fut appelée : le gouverneur Albee voulait lui parler au téléphone. Elle se leva de table et quitta la pièce. Miss Bennett regarda Bobby d'un air pathétique.

"Il s'agit de décider si nous irons à Washington demain", a-t-elle déclaré.

« À Washington ?

"Le gouverneur va témoigner devant un comité sénatorial et nous a invités à venir. Ce sera très intéressant", a ajouté loyalement Miss Bennett.

"Mais les Pulsifer ?"

"Oh, je suis surpris que Lydia s'en soucie si peu. Bien sûr, à mon âge, je suis reconnaissante d'y échapper."

"Oh, Benny," dit Bobby, "tu n'es pas un petit ! Tu préfères de loin y aller plutôt que d'aller à n'importe quel vieux comité sénatorial. Tu aimes les fêtes pour la même raison que l'agneau aimait Mary."

"Vous me faites paraître très frivole, à cinquante-cinq ans", a déclaré Miss Bennett.

Puis Lydia revint du garde-manger, les yeux brillants, et posa sa main sur l'épaule de son compagnon, une caresse rare, au passage.

"Nous y allons, Benny. Ce n'est pas fermé au public." Tout son visage était adouci et éclairé par son plaisir.

Bobby pensa : « Se pourrait-il qu'elle tienne vraiment à ce vieux cheval de guerre ?

CHAPITRE VII

C'était très amusant de voyager avec Albee. Il avait loué un salon au Congressional Limited et, avec une prévoyance démodée mais agréable, il avait fourni des journaux et des magazines ainsi qu'une boîte de bonbons. Sa secrétaire se tenait à proximité avec des lettres à signer. Le conducteur est venu et a demandé si tout allait bien, gouverneur, et les gens ont délibérément franchi la porte, regardant fixement pour apercevoir le grand homme ; et Lydia pouvait voir qu'ils murmuraient : "C'est Albee, tu sais, il descend pour témoigner."

Lydia ne connaissait pas du tout Washington. Elle y avait été emmenée une fois, lorsqu'elle était enfant, par l'une des jeunes et énergiques gouvernantes américaines ; elle était allée au Mont Vernon en bateau et chez elle en tramway, avait chuchoté dans la rotonde, regardé les statues et vu la Maison et avait été secrètement heureuse d'apprendre que le Sénat était en séance secrète pour qu'elle ne puisse pas le voir, et elle aurait le temps de monter au monument - ce qu'elle avait vraiment apprécié - non seulement à cause de la vue, mais aussi parce que sa gouvernante avait peur des ascenseurs et était terrifié par la montée lente et saccadée. Puis, pendant la période de ses fiançailles avec Ilseboro , elle avait assisté à un ou deux dîners à l'ambassade britannique. Mais c'était il y a bien longtemps, avant l'époque où elle découvrait la Constitution fédérale. Elle ne savait rien du gouvernement de Washington.

Le comité sénatorial s'est réuni à dix heures le lendemain matin. L'audience a suscité beaucoup d'intérêt et les couloirs étaient remplis de monde attendant l'ouverture des portes. Miss Bennett et Lydia furent d'abord accueillies dans une salle privée pour s'assurer qu'elles avaient de bonnes places. Lydia trouvait la salle de comité magnifique – plus comme une bibliothèque de gentleman que comme un bureau – de larges et hautes fenêtres donnant sur le parc du Capitole, de hautes bibliothèques avec des portes vitrées et des rideaux de soie bleue, une immense table en bois ciré au centre ; avec des chaises à ce sujet pour les sénateurs.

Elle les reconnut d'après la description d'Albee : le sénateur soigné aux yeux bleus qui ressemblait à un petit renard blanc, son ennemi ; le gros jeune homme blond, plein de paroles et de sourires, qui était un ami des plus inefficaces ; et le grand président suave, dans un costume couleur prune bien ajusté, avec une grâce de manières qui empêchait de savoir s'il était ami ou ennemi.

Non pas que l'on aurait pu soupçonner, d'après les manières de qui que ce soit, qu'il existe une inimitié dans le monde : ils étaient tous si calmes et amicaux. En effet, quand Albee entra, il parlait – « bavarder » serait un meilleur mot – avec le petit sénateur à face de renard contre lequel il avait si spécialement mis en garde Lydia. Le ton général était comme si huit ou dix hommes qui travaillaient dur avaient fait appel à un ami pour les aider sur les faits.

Lydia a trouvé cela très excitant, sachant à quel point la haine et la politique partisane se cachaient derrière l'audience. Elle n'était que vaguement consciente que son propre avenir dépendait de l'impression qu'Albee pourrait maintenant lui faire. Dans sa propre enquête à New York, il était le chef, mais ici, il serait attaqué, jugé contre, trébuché si possible. Là, il était général, ici, il était duelliste. Elle vit plusieurs sénateurs la regarder, lui demandant qui elle était, et devina que la réponse était qu'elle était la fille dont Albee était amoureux, fiancé, se ridiculisant – quelque chose comme ça. Cela ne la dérangeait pas. Elle se sentait fière de s'identifier à lui. Elle le regarda alors qu'il s'asseyait à la droite du président et essayait de penser à ce qu'elle ressentirait si elle se disait : « Voilà mon mari. Pourriez-vous épouser un homme pour lequel vous éprouviez une froideur physique inébranlable ? Elle pensa au baiser de Dan O'Bannon, et la continuité de sa pensée se brisa en un enchevêtrement d'émotions – même là, dans la lumière blanche du matin de cette salle de comité isolée.

L'audience commençait ; cela commençait par des phrases telles que : « Le comité serait heureux, gouverneur, si vous nous disiez dans vos propres mots... »

"Si vous me le permettez, Monsieur le Sénateur, je crois comprendre que..."

À maintes reprises , elle voyait le piège qui lui était tendu et pensait avec inquiétude qu'il n'y avait pas d'issue, puis elle voyait que sans effort, d'un simple tour de poignet, il s'était échappé et, ce qui était plus remarquable, avait dit la vérité. — oui, en y réfléchissant, c'était presque la vérité. Il réussit particulièrement bien avec le sénateur au visage de renard, dont le seul intérêt semblait être d'amener le gouverneur à dire quelque chose qui ferait la une des journaux. Elle a compris la méthode d'Albee après quelques exemples. Il s'agissait d'amener le sénateur à définir et à redéfinir sa question jusqu'à ce que l'odieux attaché au sujet tombe sur celui qui pose la question, et non sur celui qui répond.

Au bout d'un quart d'heure, elle savait qu'il était à leur hauteur : son esprit était plus rapide, plus subtil et plus puissant. Il les faisait tous paraître mentalement maladroits et mal intentionnés. Il pouvait poser leurs questions, même les plus hostiles, bien mieux qu'eux. Encore et encore, avec un sourire doux, presque affectueux, il répétait : « Je pense, Monsieur le Sénateur, si vous me le permettez, que ce que vous voulez vraiment demander dans cette dernière question, c'est si... » Et une réponse claire et exacte. La déclaration des idées confuses du sénateur suivrait, comme le sénateur, avec un signe de tête gêné, serait forcé de l'admettre.

Lydia, peu habituée à ce genre de choses, pensait que c'était un miracle que l'esprit de n'importe qui puisse fonctionner aussi bien sous une telle pression. Il lui semblait un surhomme.

Après l'audience, ils déjeunèrent en bas, dans le sous-sol sans air, où les Pères du Sénat se régalèrent d'excellents plats du Sud, servis par des nègres en blouse blanche. Lydia rencontra la plupart des notables, même le sénateur au visage de renard, qui, disait-on, était un homme à femmes. Elle était pour la première fois une satellite, une partie de la suite d'un grand homme, et heureuse de l'être.

Puis, après le déjeuner, Benny ayant exprimé avec tact le désir de rentrer à l'hôtel et de se reposer, alors qu'ils allaient dîner, Lydia et le gouverneur se promenèrent le long des rives du Potomac. Le mois de mars est très printanier à Washington. Les arbres fruitiers commençaient à bourgeonner et l'air était doux et calme, de sorte que la rivière reflétait le monument comme un miroir.

"Tu m'as semblé très merveilleux ce matin", dit-elle.

Il se tourna vers elle.

"Si j'avais trente ans de moins, tu ne me dirais pas ça en toute impunité."

"Si tu avais trente ans de moins, tu aurais l'air d'un garçon inefficace comparé à ce que tu es maintenant." Son visage, ses yeux, tout son corps exprimaient l'admiration qu'elle éprouvait pour ses pouvoirs.

Il y eut un petit silence ; puis il dit gravement : « Si seulement je pouvais me persuader qu'il était possible qu'une fille de votre âge puisse aimer un de mes hommes… » Lydia se saisit la lèvre inférieure dans une dent blanche – elle ne voulait pas dire amour – elle n'avait pas pensé. c'est une question de ça. Son égoïsme sensible comprenait sa pensée sans aucune parole, et il ajouta : « Et je ne devrais me contenter de rien d'autre – de rien d'autre, Lydia.

Durant toutes ses réflexions sur la possibilité de son mariage avec le gouverneur, elle n'avait jamais pensé qu'il s'attendait à ce qu'elle l'aime, qu'elle soit amoureuse de lui.

Elle fit quelques pas, puis dit : « Je ne pense pas que je serai jamais amoureuse, je ne l'ai jamais été. J'éprouve pour vous un respect et une admiration plus sérieux que je n'ai jamais ressenti pour quiconque, homme ou femme. "

"Et que ressens-tu pour ce petit fouet blond qui est toujours sous tes pieds ?"

"Pour Bobby ?" Sa surprise était réelle que son nom soit évoqué dans une discussion sérieuse. "Je ressens de l'affection pour Bobby. Il est très utile et gentil. Je ne pourrais jamais l'aimer. Oh, pitié non !"

"Voulez-vous dire," dit Albee, "vous n'avez jamais ressenti... vous n'avez jamais vu un homme vous prendre dans ses bras et vous dire comme il l'a fait : 'C'est vivre' ? "

"Non, non, non, non ! Jamais, jamais !" dit Lydie. Elle mentait avec passion, si passionnément qu'elle ne s'arrêtait jamais pour se rappeler qu'elle mentait. "Je ne veux pas ressentir ça. Vous ne me comprenez pas, gouverneur. Ressentir ce que je ressens pour vous est bien plus que———"

Elle s'arrêta sans finir sa phrase.

"Tu me rends très fier, très heureux quand tu parles comme ça", a déclaré Albee. "Je n'aurais certainement jamais imaginé que le moment le plus heureux de ma vie, ces dernières semaines, viendrait après mes cinquante ans. Je me le demande", ajouta-t-il en se retournant et en la regardant avec une sorte d'amusement paternel auquel elle était devenue. du genre : "Je me demande s'il y avait vraiment des filles comme toi à mon époque, si j'avais eu assez de bon sens pour les trouver."

Lydia, qui avait l'impression que tout son avenir se jouait ici et là au Potomac Park, en vue de la Maison Blanche, sur laquelle elle gardait un oeil métaphysique, estimait que c'était le moyen idéal pour un homme et une femme de discuter leur mariage, pas froidement, mais sans déferlement d'émotions qui leur aveugleraient les yeux. Le mariage n'avait pas été réellement mentionné. Rien de précis n'avait été dit par aucun d'eux lorsqu'avant cinq heures ils arrivèrent rejoindre Benny pour le thé. Mais Lydia n'avait aucun doute sur la signification de leur conversation. Comme la plupart des héritières clairvoyantes, elle sait , rationnellement, que sa fortune faisait partie de ses charmes ; mais comme la plupart des êtres humains, il lui était facile de croire qu'elle était aimée pour elle-même.

Ils devaient rentrer à New York par le train de minuit afin que le gouverneur soit à temps pour son travail d'enquête de la matinée, mais avant de partir, il organisait un petit dîner. Un homme de plus pour Benny, un membre distingué de la Chambre, sénateur de son propre État – un vieil allié politique – et sa femme. Sa femme était une femme d'une vieille famille de Washington et, désormais, avec l'argent et la position de son mari, sa maison revêtait une certaine importance politique.

À partir du moment où les Framingham sont arrivés, un nuage a commencé à descendre sur Lydia. Elle les aimait tous les deux – le sénateur au visage frais, aux cheveux blancs, intelligent et sage, et sa jolie et élégante épouse – élégants, mais un peu plus élaborés que le même type à New York. Les cheveux de Mme Framingham étaient plus soigneusement bouclés, sa robe un peu plus riche et plus serrée, ses bijoux plus nombreux que ceux de Lydia ou de Miss Bennett ; mais Lydia la reconnut néanmoins immédiatement comme une égale – une femme qui suivait sa propre voie socialement dans son propre environnement.

Elle aimait les Framingham – c'était Albee qu'elle aimait moins. Il était différent dès l'instant de leur entrée. Pour utiliser le langage de la crèche, il commença à se vanter, non pas à propos de son succès de la matinée – Lydia aurait pu pardonner une certaine vanité à propos de cette performance – mais à propos de questions sociales, de l'opéra, de la loge de Miss Thorne, et puis – Lydia. Je savais que ça allait arriver – les Pulsifers . Il voulait que Mme Framingham sache qu'il avait été invité chez les Pulsifer . Il l'a fait de cette façon :

"Vous pouvez imaginer, Mme Framingham, à quel point je me sens flatté que Miss Thorne ait pu se présenter à l'audience, manquant l'une des soirées les plus brillantes de la saison - oui, les Pulsifers ". concerné, c'est un grand soulagement d'éviter ce genre de chose. Oh, je ne veux pas paraître disgracieux. C'était très gentil de la part de Mme Pulsifer de m'inviter, mais j'étais heureux d'avoir une excuse pour l'éviter. Seulement pour Miss Thorne———"

Même sa voix était différente – spécieuse, servile – « servile » était le mot dans l'esprit de Lydia. Mme Framingham, si elle fut impressionnée par la nouvelle selon laquelle le gouverneur aurait pu partir s'il l'avait voulu, ne trahit pas le moindre intérêt. Lydia a reconstitué l'histoire de son attitude envers le gouverneur. De toute évidence, lors de son dernier séjour dans la capitale de l'État de son mari, Albee n'était qu'un membre puissant de la législature – utile à son mari, mais non invité chez elle. Très bien, pensa Lydia – une critique du manque de vision de Mme Framingham – si seulement Albee pouvait s'en tenir à cela, s'en plaindre et ne pas être aussi désireux de plaire.

À mesure qu'elle devenait de plus en plus silencieuse, le gouverneur, habilement secondé par Miss Bennett, devenait de plus en plus affable. La fête aurait été très agréable si Lydia n'avait pas été là. Miss Bennett ne pouvait pas imaginer ce qui n'allait pas ; et même Albee, avec sa connaissance instinctive des êtres humains et son égoïsme vif pour le guider, était trop satisfait de ses propres relations avec son parti pour ressentir quoi que ce soit de mal. Le silence de Lydia ne faisait que lui donner plus de latitude.

Elle ne le revit plus seul. Après le dîner, ils allèrent au théâtre puis au train. Dans le compartiment, elle et Benny eurent la petite scène qu'ils avaient toujours en ces occasions. Lydia supposait qu'en tant que femme plus jeune, elle prendrait la couchette supérieure. Miss Bennett affirmait qu'elle le préférait infiniment. Lydia ignora cette affirmation, doutant de son exactitude. Miss Bennett insista, et Lydia céda – cédant en grande partie parce que la dispute lui paraissait indigne.

Elle était heureuse à cette occasion d'être dans la couchette inférieure, car elle ne dormait pas, et levant le store, elle regardait dehors. Il y avait quelque chose d'apaisant à s'allonger sur ses oreillers à regarder le monde défiler devant vous comme si vous étiez traîné sur un tapis magique pendant que tout le monde dormait.

Son avenir était à nouveau dans le chaos. Elle ne pourrait jamais épouser Albee. Elle pensait, comme elle le faisait si souvent, aux mots d'adieu d'Ilseboro selon lesquels elle était une telle brute qu'elle aurait toujours des camarades de jeu de second ordre. Il lui semblait que le véritable problème résidait dans son exigence qu'ils soient de premier ordre. La plupart des femmes auraient accepté Albee comme étant de premier ordre, mais elle savait que ce n'était pas le cas. Elle se sentait tragiquement seule.

Leur train arriva à sept heures et dès que Lydia eut pris son bain et son petit-déjeuner, c'est-à-dire vers neuf heures, elle appela Eleanor au téléphone . Le fait que son amie ait pu se coucher tard la nuit précédente n'était pas caractéristique de Lydia. Tragique ou pas, elle était curieuse de savoir ce qui s'était passé chez les Pulsifer . Elle voulait qu'Eleanor vienne déjeuner avec elle. Non, Miss Bellington rentrait à la campagne ce matin-là. Il fut finalement décidé que Lydia reconduirait Eleanor chez elle dans le petit runabout et resterait déjeuner avec elle.

C'était une de ces journées douces qui font penser que mars est vraiment un mois de printemps. Eleanor n'aimait pas conduire vite ; et Lydia, avec une prévenance inhabituelle, se souvint des souhaits de son amie et conduisit à un rythme modéré. C'était une façon de savoir si Lydia aimait vraiment quelqu'un – si elle faisait preuve du genre de considération que la plupart des gens sont élevés pour montrer à tous les êtres humains. Les deux femmes bavardaient comme des écolières.

"Bobby était-il trop beau dans son costume ?"

"Ma chérie, j'aurais aimé que tu puisses le voir. May Swayne s'est vraiment ridiculisée à son sujet."

"Oui", dit pensivement Lydia, "elle le fait toujours quand je ne suis pas là pour le protéger. Et Fanny, sa Cléopâtre était-elle aussi comique qu'elle en avait l'air ?"

Eleanor voulait en savoir plus sur les expériences de Lydia : l'audience, à Washington. Lydia raconta avec quelle magnifique défense le gouverneur s'était défendu, et n'ajouta d'abord rien sur les aspects les moins désirables de son caractère. Elle pensait que cette réserve provenait de la loyauté, mais le fait que le gouverneur était généralement considéré comme sa propriété lui faisait sentir que le critiquer revenait à dévaloriser ses propres biens. Mais elle avait une grande confiance en Eleanor, et au moment où ils s'assirent pour déjeuner seuls ensemble, elle se retrouva lancée dans toute l'histoire de l'impression qu'Albee lui avait faite. En effet, elle était si intéressée par le récit que lorsque, vers la fin du déjeuner, Eleanor fut appelée au téléphone , elle remarqua à peine l'incident, sauf qu'il s'agissait d'une interruption. Elle resta assise à réfléchir à tout cela dans son esprit pendant les quelques minutes pendant lesquelles Eleanor était absente, et à l'instant où Eleanor revint, elle reprit ce qu'elle disait.

Eleanor était une auditrice satisfaisante. Elle n'a pas commencé à vous gronder, à vous dire ce que vous auriez dû faire avant d'avoir fini la moitié. Elle ne s'est pas laissée rappeler ses propres aventures et ne vous a pas arraché le récit. Elle restait silencieuse mais alerte, indiquant par quelque chose ni par des mots ni par un mouvement qu'elle en suivait toutes les subtilités.

Son commentaire était : "Je me sens plutôt désolé pour Albee."

"Tu veux dire que tu ne penses pas que ce soit un ver ?" Lydia était véritablement surprise.

"Oh, oui, je pense qu'il est exactement tel que vous le représentez ! Je suis désolé pour les gens que les défauts rendent comiques et sans défense. Après tout, Albee a de grandes capacités. Vous ne vous souciez pas du tout de celles-là, car il s'avère ne pas être parfait. Et qui es-tu, ma chère, pour exiger la perfection ?

"Je ne le fais pas ! Je ne le fais pas", s'écria Lydia avec impatience. "Oh, Eleanor, les hommes ont de la chance ! Apparemment , ils peuvent tomber amoureux sans vous respecter le moins du monde - et encore plus s'ils ne le font pas - mais une femme doit croire qu'un homme a quelque chose de supérieur en lui, ne serait-ce que sa méchanceté. Je n'exige pas la perfection – pas du tout – mais je demande que les défauts d'un homme ne soient pas des défauts méprisables ; qu'il ait une certaine force et un certain claquement ; qu'il soit au moins un homme. »

"Cela ne semble pas toujours te plaire non plus."

"Vous pensez à Ilseboro . J'ai bien aimé Ilseboro , même s'il était vraiment un tyran."

"Non, je pensais à Dan."

Lydia ouvrit les yeux comme si elle ne pouvait pas imaginer de qui elle parlait.

"De Dan ?"

"Dan O'Bannon."

"Oh, c'est presque devenu 'Dan' maintenant, n'est-ce pas ?"

"Vous ne l'aimez pas à cause de ces mêmes qualités que vous prétendez exiger", poursuivit Eleanor. "La force et la force..."

Lydia intervint.

"La force et la force ! Ce que je n'aime vraiment pas chez lui, Eleanor chérie, c'est que tu le prennes si au sérieux. Je ne peux pas supporter de te voir te ridiculiser envers un homme."

"Je n'ai pas l'impression de me ridiculiser, merci."

« Je ne veux pas dire que vous seriez un jour indigne, mais il est ridicule qu'une femme de votre niveau et de votre position prenne si au sérieux ce jeune Irlandais – un avocat de campagne. Eh bien, je ne peux pas supporter de vous nommer de la même manière. haleine!"

Eleanor haussa un peu les épaules.

"Il sera là dans quelques minutes."

"Ici?" Lydia se leva. "Je m'en vais alors !"

"J'aimerais que tu n'y ailles pas. Si tu le voyais davantage , tu changerais d'opinion à son sujet."

le voyais davantage, je l'insulterais. Envoyez chercher ma voiture, d'accord ? Non, non, Eleanor ! Je sais que j'ai raison sur ce point, vraiment, j'ai raison. Un jour , vous serez d'accord avec lui. moi."

"Ou toi avec moi", répondit Eleanor, mais elle sonna et commanda la voiture de Lydia.

Quelques minutes plus tard, Lydia rentrait chez elle. C'était un jour où tout avait mal tourné, pensa-t-elle ; mais maintenant, un remède contre ses nerfs lui était ouvert. Les routes étaient vides à cette heure-là et son pied appuyait sur l'accélérateur. Elle pensait que si Eleanor épousait O'Bannon, elle la perdrait. Elle voudrait l'empêcher. Avec la plupart des filles, elle pouvait empoisonner leur esprit contre un homme en le représentant comme ridicule, mais Eleanor ne se laissait pas facilement influencer. Lydia se demandait si, après leur mariage, elle pourrait avoir plus de succès. Elle n'avait jamais détesté personne autant qu'elle détestait O'Bannon. C'était amusant, d'une certaine manière, de détester une personne. Son moral commença à remonter alors que la vitesse, comme un narcotique, apaisait ses nerfs. La route était lisse et neuve et avait bien résisté aux gelées hivernales. Le premier dégel printanier avait déposé sur sa surface de ciment une humidité qui luisait çà et là et faisait patiner les roues et vaciller la voiture comme un être vivant. Cela ne faisait qu'augmenter le plaisir de Lydia et fixer son attention alors que sur l'étroit ruban de ciment elle croisait occasionnellement une voiture.

Soudain, alors qu'elle passait devant un carrefour , elle aperçut une moto et une silhouette kaki se préparant déjà à monter en selle. Elle tourna la tête suffisamment loin pour être sûre qu'il s'agissait du même homme. Elle le vit lever la main, entendit sa voix lui criant d'arrêter.

"Plus de bracelets, mon ami", pensa-t-elle, et sa voiture avança plus vite que jamais.

Elle pensait qu'il devait avoir du mal à démarrer son moteur, car elle n'entendait pas la moto derrière elle. Elle savait que juste avant d'entrer dans le village, à environ 800 mètres devant elle, il y avait une petite route peu fréquentée qui aboutissait à la grande route sur laquelle elle se trouvait, presque parallèle à celle-ci. Si elle pouvait continuer, elle pourrait laisser la voiture parcourir des kilomètres et des kilomètres. Le seul problème, c'est qu'elle devrait faire demi-tour presque complètement et, à cette allure, ce ne serait pas facile.

Bientôt, elle entendit le bruit de l'explosion rapide et régulière, et la tache attendue apparut dans son miroir. Toutes ses forces étaient désormais concentrées sur le maintien de sa voiture en ligne droite sur la route glissante, mais elle pensa sombrement : « C'est pire pour lui sur deux roues que pour moi sur quatre. » Elle ressentait une détermination croissante à ne pas se laisser prendre, une volonté de prendre n'importe quel risque. Pourtant, l'homme à moto gagnait du terrain sur elle. Sur une inégalité de la route, ses roues avant virèrent brusquement. D'un mouvement rapide, elle reprit le contrôle et repartit tout droit. Elle savait conduire, Dieu merci !

Alors que l'homme la rapprochait, elle apprécia la vue de sa route secondaire arrivant sur la droite. Même à cette allure, elle pourrait le contourner, pensa-t-elle, en dérapant avec sa voiture ; et la moto ne pouvait que foncer droit dans le village de Wide Plains, dispersant les enfants et les chiens devant lui alors qu'il arrivait. Cette pensée la fit s'amuser follement, mais son visage ne relâcha pas sa sévérité tendue.

Elle resserra sa prise sur le volant, poussant la voiture vers la gauche, se préparant au virage, et freina assez fort pour bloquer les roues arrière, s'attendant à sentir le glissement latéral rapide d'une voiture qui dérapait. Au lieu de cela, il y eut un impact terrible : le fracas de l'acier et du verre, un cri. Sa propre voiture est devenue incontrôlable, a fait un cercle complet, a quitté la route, puis est revenue, et s'est arrêtée lentement, pointant dans la même direction qu'auparavant, mais à quelques mètres au-delà de la bifurcation de la route. Elle regarda autour d'elle. Des fragments de la moto étaient éparpillés depuis le coin jusqu'à l'endroit où, dans un fossé, au pied d'un poteau télégraphique, l'homme gisait, une masse sans relief.

C'ÉTAIT UN MOMENT TRÈS TERRIFIANT POUR LYDIA.

Elle sauta de sa voiture. Au milieu des décombres de la moto, l'horloge la regardait comme un petit visage blanc. Le monde semblait devenu silencieux ; ses pieds battant le ciment pendant qu'elle courait produisaient le seul bruit. L'homme restait immobile. Il était courbé et étrangement tordu comme un épouvantail désossé renversé par les vents. Un bras était sous lui, ses yeux étaient fermés, du sang coulait de sa bouche. Elle se pencha sur lui, essayant de soulever son corps dans une position plus naturelle ; mais c'était un homme de grande taille, et elle ne pouvait rien faire avec lui. Elle leva les yeux de la lutte et découvrit avec étonnement qu'elle n'était plus seule. Les gens semblaient surgir de terre, l'air était plein de cris et d'explications. Une grosse voiture de tourisme s'était immobilisée à proximité . Elle se souvenait vaguement de l'avoir réussi. Un flivver haletait de l'autre côté de la route. Tout le monde lui posait des questions auxquelles elle ne prenait pas le temps de répondre. L'important était de faire monter l'homme dans la voiture de tourisme et de l'emmener à l'hôpital.

Elle était tellement absorbée par tout cela que son propre lien avec la situation ne lui venait pas à l'esprit. Alors qu'elle était assise à l'arrière de la voiture, soutenant son corps, le sang se raidissant sur ses propres vêtements sombres, elle ne pensait qu'à sa victime. Elle n'était pas le genre d'égoïste qui pense toujours : « Comme c'est terrible que cela m'arrive ! »

Elle se dit : « Il a probablement une femme et des enfants. Cela aurait été mieux si c'était moi qu'on avait tué.

Arrivée à l'hôpital, elle l'a suivi dans la salle où le portait la civière et a attendu devant le paravent pendant que les infirmières lui coupaient les vêtements. Cela lui sembla des heures avant que le jeune chirurgien interne n'apparaisse en secouant la tête.

"Fracture de la base", dit-il. "S'il passe les prochaines vingt-quatre heures, il aura 60 pour cent de chances", et il s'est dépêché pour téléphoner les détails à son chef.

Alors qu'elle était assise là, elle réalisa que son propre corps était douloureux et raide. Elle a dû se tordre ou heurter le volant dans le virage brusque de la voiture. Elle se sentit soudain épuisée. Il ne semblait pas utile d'attendre. Ils pourraient lui téléphoner le résultat de la soirée. Elle a laissé son nom et son adresse et est rentrée chez elle en train.

Elle s'est juré de ne plus jamais conduire de voiture. Elle ne voulait pas l'expliquer ni en discuter, mais rien ne devrait jamais l'inciter à toucher un volant. C'était une expiation insuffisante. Chaque fois qu'elle fermait les yeux, elle voyait ce tas de sang et d'acier au pied du poteau télégraphique. Oh, si seulement le temps pouvait être remonté pour qu'elle puisse repartir une seconde fois depuis la porte d'Eleanor ! Il ne lui était jamais venu à l'esprit que ce terrible malheur personnel qui lui était arrivé la rendait sérieusement justiciable devant la loi.

CHAPITRE VIII

Drummond est décédé tard dans la soirée. Le récit de l'accident a fait la une des journaux du matin. Malheureusement pour Lydia, il était une personnalité locale remarquable. Il avait eu au début la popularité d'un beau garçon dissipé, puis il avait été l'un de ces hommes qui n'avaient pas attendu la conscription mais s'étaient portés volontaires et s'étaient engagés dans l'armée régulière et étaient revenus de France indemnes, avec un record héroïque. De plus, il y avait eu une longue histoire d'amour entre garçons et filles entre lui et Alma Wooley, la fille du quincaillier. M. Wooley, originaire de Long Island, dur et sage, s'était opposé à l'engagement jusqu'à ce qu'après la guerre, le retour de Drummond en héros rende toute opposition impossible. C'est à ce moment-là qu'O'Bannon était venu à la rescousse, assurant au jeune homme le poste d'agent de la circulation. Le mariage devait avoir lieu en juin.

Avant de mourir, Drummond a repris conscience assez longtemps pour reconnaître la jeune fille pâle à ses côtés et pour faire une déclaration ante mortem sur les circonstances de l'accident.

Eleanor a entendu parler de l'accident dans la soirée, mais n'a appris la mort de Drummond que tôt le lendemain matin. Elle a appelé O'Bannon, mais il avait déjà quitté sa maison. Au bureau, on lui a demandé si M. Foster ferait l'affaire. M. Foster ne le ferait pas. Avec son esprit clair et ses connaissances récemment acquises en droit criminel, elle savait que la situation était grave. Elle a appelé Fanny Piers et a découvert qu'elle passait la journée en ville. Noël est venu au téléphone. Il était très décontracté.

« Oui, pauvre Lydia, » dit-il ; "Quel genre de chose inconfortable vous est arrivée."

"Plutôt plus que inconfortable", répondit Eleanor. "Savez-vous si elle a été arrêtée ?"

Piers a ri au téléphone. Bien sûr, elle ne l'avait pas été. En réalité, semblait dire son ton, Eleanor laissait ses idées socialistes s'enfuir avec son jugement. La pauvre Lydia ne voulait aucun mal : c'était le genre de chose qui pouvait arriver à n'importe qui. Oh, ils pourraient l'essayer – pour une question de forme. Mais que pouvaient-ils lui faire ?

"Eh bien", a déclaré Eleanor, "on sait que des gens vont en prison pour avoir tué quelqu'un sur l'autoroute."

Piers a accepté comme si son argument n'était pas pertinent.

"Oh, oui, certains de ces chauffeurs imprudents. Mais une chose comme celle-ci est toujours arrangée. Vous verrez. Vous ne pourriez pas demander à un grand jury d'inculper une fille comme Lydia. Cela sera arrangé."

"C'est arrangé", pensa Eleanor en raccrochant le combiné, "seulement au détriment de l'honneur ou de la carrière de Dan O'Bannon."

Elle ne voulait pas de ça, et pourtant elle voulait aider Lydia. Elle se sentait profondément inquiète pour la jeune fille, plus consciente que d'habitude de son affection chaleureuse et honnête pour elle. Elle pensait souvent à Lydia telle qu'elle était apparue lors de son premier jour d'école. La directrice l'avait amenée dans le bureau et l'avait présentée au professeur responsable. Toutes les filles avaient levé les yeux et regardé la petite nouvelle élève aux yeux noirs, aux cheveux coupés et aux jambes fines dans des bas de soie noire, dont elle enroulait astucieusement l'un autour de l'autre. Elle était timide et monosyllabique, totalement peu habituée aux enfants de son âge ; et pourtant elle avait déjà fait preuve d'une certaine capacité de camaraderie, car sous les coudes des deux grands professeurs, elle avait adressé aux filles un sourire lent et timide, au point de leur dire : « Attendez qu'on se retrouve ! eux!"

Elle était très bien mise, car Miss Bennett venait de prendre les commandes, mais moins bien armée mentalement, la longue succession de ses gouvernantes ayant chacune passé plus de temps à détruire les enseignements de ses prédécesseurs qu'à faire des progrès pour son propre compte. Au grand dam de Lydia, elle a été placée dans une classe d'enfants plus jeunes qu'elle.

C'était peu avant Noël. Avant le second mandat, elle avait réussi à se faire transférer dans une classe de ses contemporains. Elle n'avait jamais étudié auparavant, car autrefois, il lui semblait que la plus grande réussite consistait à contrecarrer ses gouvernantes. Mais dès l'instant où il devenait désirable d'acquérir la connaissance, elle n'y trouvait aucune difficulté. Cela l'avait amusée d'étudier jusque tard dans la nuit lorsque Miss Bennett pensait qu'elle dormait.

De la même manière, elle avait décidé de se faire une amie avec Eleanor, qui était d'une classe au-dessus d'elle et qui occupait une place importante dans la vie scolaire. Il n'y avait rien de sentimental dans cette amitié. Elle avait alors admiré l'esprit clair et le courage moral d'Eleanor, tout comme elle les admirait maintenant.

C'était à cette petite fille tordant une jambe sur l'autre qu'Eleanor pensait maintenant avec une affection chaleureuse que la future Lydia n'avait pas détruite. Elle a commandé sa voiture et s'est rendue en ville jusqu'à la maison Thorne. En arrivant à la porte, Morson montra la solennité qu'il fallait – la solennité supplémentaire qu'il fallait – car il n'a jamais été gay.

Oui, Miss Thorne était là, mais il ne pouvait pas être sûr qu'elle puisse voir Miss Bellington pour le moment. M. Wiley était dans le salon.

« M. Wiley ? » » dit Eleanor, essayant de se souvenir.

"L'avocat, madame."

Eleanor hésita.

"Dites-lui que je suis là", dit-elle, et Morson revint bientôt et la conduisit au salon.

Le salon de Lydia était brillant avec de la laque vermillon, du jade, du cristal de roche, un ou deux tableaux chinois et d'immenses fauteuils et canapés rembourrés. Ici, elle, Miss Bennett et M. Wiley étaient assis – du moins, M. Wiley et Miss Bennett étaient assis, et Lydia était debout, jouant avec un chien de jade posé sur la cheminée, pressant sa surface froide contre sa joue.

Alors qu'Eleanor entrait, Lydia, avec à peine un bruit, fit une chose qu'elle l'avait parfois vue faire auparavant : elle semblait soudain rayonner de salutation, d'amour et de gratitude. Mlle Bennett a présenté M. Wiley.

Wiley avait établi sa position très tôt dans sa vie – très tôt pour un avocat ; ainsi, à cinquante-huit ans, il avait derrière lui trente années d'entraînement intensif. Dans les années 90, un jeune homme de trente ans, avec sa silhouette élancée en redingote, ses traits fins et étroits et sa moustache sombre et épaisse, étaient familiers dans les affaires judiciaires les plus importantes, et dans les récits publiés à leur sujet, son nom avait toujours une place de choix. Ses ennemis avaient autrefois méprisé sa profondeur juridique et avaient dit qu'il était plus un acteur qu'un avocat ; mais si tel était le cas , les jurys semblaient plus influencés par l'art que par le droit, car Wiley avait un merveilleux palmarès de succès. C'était un homme d'une intégrité financière scrupuleuse – universellement désiré en tant qu'administrateur – un gentleman honorable, un leader au barreau. Il était difficile de voir comment Lydia pourrait être entre de meilleures mains. Il n'aurait peut-être pas été disposé à s'occuper de son cas s'il n'avait pas été l'avocat de son père et son curateur. Il avait une connaissance approfondie, acquise au cours d'années de conflits financiers, avec tous les problèmes de disposition de son client. Il savait, par exemple, qu'elle serait absolument honnête avec lui, une connaissance qu'un avocat a si rarement à l'égard de ses clients. Il savait aussi qu'elle pourrait avoir cette qualité dans le fauteuil des témoins et ruiner son propre dossier devant le jury. C'était un homme habitué à être écouté, et il était désormais écouté.

Eleanor s'assit, disant qu'elle était désolée si elle les interrompait. Elle ne l'a pas fait. Wiley l'a attirée et lui a fait sentir qu'elle faisait partie de la conférence

.

"J'avais vraiment fini ce que je disais", a-t-il ajouté.

"Je voulais seulement savoir si la situation était grave", a expliqué Eleanor.

« Sérieux, Miss Bellington ? Wiley la regarda sérieusement. "Tuer un être humain en violant la loi ?"

"M. Wiley considère que c'est entièrement une question de façon dont l'affaire est gérée", a déclaré Lydia. Il n'y avait aucune trace d'amusement dans son ton ou son expression.

"Pour être tout à fait franc", a poursuivi Wiley, "et Lydia me dit qu'elle veut connaître les faits, je devrais dire que si les jurys étaient des personnes normales, impartiales et sans émotion, Lydia serait reconnue coupable d'homicide involontaire au deuxième degré - selon sa propre histoire. Mais heureusement, l'intelligence collective d'un jury est faible ; et habilement géré, le cas d'une belle jeune orpheline peut être rendu très attrayant, très pathétique. »

"Le pathos n'a jamais été mon point fort", observa Lydia.

"Le grand danger réside dans sa propre attitude", a déclaré Miss Bennett à Eleanor. "Elle ne semble pas se soucier de savoir si elle est condamnée ou non."

Lydia bougea les épaules d'un geste qui confirma l'impression de Miss Bennett, puis se tourna brusquement.

"Je ne crois pas que vous vouliez de moi pendant quelques minutes, M. Wiley. Je veux parler à Eleanor."

Elle entraîna son amie avec elle dans son propre petit salon à l'étage. Ici, son calme a disparu.

" Les avocats ne sont-ils pas terribles, Eleanor ? Me voilà : j'ai tué un homme ! Pourquoi n'irais-je pas en prison ? Je ne suis pas chimérique. Je ne voulais pas être condamné, mais Wiley me choque, en supposant que que je ne peux pas l'être parce que je suis une femme riche et qu'il peut faire partie du jury."

"Je ne devrais pas dire qu'il pensait que tu étais en sécurité, Lydia."

"Oh, oui, c'est vrai ! Ne soyez pas comme Benny. Elle me voit immédiatement en rayures. Ce que Wiley veut dire, c'est que tant que j'ai la chance de bénéficier de ses services , je suis parfaitement en sécurité, pas parce que Je ne voulais pas tuer Drummond, mais parce que lui, Wiley, fera pleurer le jury à cause de moi. N'est-ce pas dégoûtant ?

"Oui, ça l'est", a déclaré Eleanor.

"Oh, Eleanor, tu es d'un tel réconfort !" » dit Lydia et elle se mit à pleurer. Eleanor ne l'avait jamais vue pleurer auparavant. Elle l'a fait très doucement, sans sanglots, et après quelques minutes, elle s'est à nouveau maîtrisée, a retiré son mouchoir et a dit : « Pensez-vous que tout le monde détesterait avoir une voiture qui a tué quelqu'un ! Je ne conduirai plus jamais, et pourtant Je ne pouvais pas le vendre, je ne pouvais pas accepter d'argent pour l'acheter. L'accepterez-vous, Eleanor ? Vous n'auriez pas à conduire comme je l'ai fait, vous savez.

Eleanor, plaidant la brièveté de sa vue, a refusé la voiture.

"Vous devriez retourner parler à M. Wiley, ma chère."

Lydia haussa les épaules.

"Je me fiche de ce qui m'arrive", a-t-elle déclaré.

Eleanor hésita. Elle comprit soudain que ce qu'elle allait dire était l'objet principal de sa visite.

"Lydia, j'espère que tu t'en sortiras bien, mais tu ne connais pas Dan O'Bannon comme moi, et——"

"Vous pensez qu'il voudra me condamner ?"

" Pas vous personnellement, bien sûr. Mais il croit en la loi. Il veut croire en son honnêteté et en son égalité. Il a souffert le mois dernier, je le sais, en condamnant un chauffeur de camion-livreur, et son infraction n'était pas aussi flagrante. comme le vôtre. Oh, Lydia, ayez un peu d'imagination ! Ne voyez-vous pas que son propre honneur et sa démocratie lui feront sentir plus son devoir de vous condamner que tous les criminels les moins remarquables réunis ?

Un étrange changement s'était produit chez Lydia lors de ce discours. Au début, elle avait été recroquevillée dans le coin d'une chaise profonde ; mais pendant qu'Eleanor parlait, la vie semblait lui être insufflée, jusqu'à ce qu'elle se redresse, se tende et finisse par se lever.

"Vous voulez dire qu'il y aurait de la publicité, un avantage politique à envoyer une personne dans ma situation en prison ?"

" Ne soyez pas pervers, Lydia. Je veux dire que, plus que la plupart des hommes, il comprendra que son devoir est de vous traiter comme il le ferait avec n'importe quel criminel. Vous me faites obstacle pour vous dire quelque chose que je dois vous dire. M. ... O'Bannon ressent, j'en ai peur, un certain antagonisme à votre égard.

Lydia répondit par un silence insolent et insolent.

Eleanor poursuivit : « Vous souvenez-vous qu'après le dîner chez les Piers, vous m'avez parlé du policier que vous aviez soudoyé ? Vous m'avez demandé de ne pas le dire, mais je suis désolée – je ne peux pas vous dire à quel point je suis désolée – de l'avoir dit. " Je l'ai dit à Dan. Je donnerais beaucoup si je ne l'avais pas fait, mais... "

"Ma chérie," rit Lydia, mais sans amabilité, "ne te tourmente pas. Qu'est-ce que ça change ? J'ai failli lui dire moi-même."

"Cela fait une grande différence. Cela l'a rendu furieux contre vous. Il avait l'impression que vous débauchiez un jeune homme qui essayait de faire son devoir."

"Quelle connard tu fais cet homme, Eleanor ! Mais qu'en est-il ?"

" J'ai l'impression, Lydia, je ne sais pas comment, que cela l'a retourné contre toi ; qu'il sera moins enclin à faire pitié. "

"Pitoyable!" s'écria Lydie. "Depuis quand ai-je demandé pitié à Dan O'Bannon ? Laissez-le faire son devoir, et mes avocats feront le leur ; et laissez-moi vous dire, Eleanor, que vous et lui serez déçus des résultats."

Eleanor dit fermement : "Je pense que tu dois retirer ce 'toi', Lydia."

Lydia haussa les épaules.

"Eh bien, vous dites que votre ami veut me condamner, et vous voulez qu'il réussisse, je suppose. C'est pour lui le succès, amener les gens en prison, n'est-ce pas ?" Elle commença cela sur un de ses tons les plus irritants ; puis elle s'est soudainement repentie et, posant sa main sur l'épaule d'Eleanor, elle a ajouté : "Eleanor, je suis toute nerveuse. Merci beaucoup d'être venue. Je pense que je vais y retourner et raconter ce que tu as dit au vieux Wiley. ".

Eleanor a attendu de téléphoner à Fanny Piers et à Mme Pulsifer, sachant qu'il serait sage de créer une opinion publique un peu favorable. Alors qu'elle descendait, la porte du salon s'ouvrit et Miss Bennett sortit doucement, fermant soigneusement la porte derrière elle.

"Dieu merci pour toi, Eleanor!" dit-elle. "Vous avez certainement fait un miracle." Eleanor parut incompréhensible et poursuivit : « Au début, elle était si méchante avec le pauvre M. Wiley qu'elle ne discuterait presque pas de cette affaire ; mais maintenant, depuis que vous lui avez parlé, elle est tout à fait différente. Elle a même consenti à envoyer pour le gouverneur Albee — la chose évidente, avec son amitié et son pouvoir politique. »

Les épaules d'Eleanor étaient de toute façon plutôt hautes, et lorsqu'elle les rapprochait, elle ressemblait à un soldat de bois. Elle le fit maintenant en disant avec dégoût : « Mais est-ce une question de politique ?

"Ma chère, vous savez que le procureur est un responsable politique, et on dit que ce jeune homme est extrêmement ambitieux. Il est certain qu'il écouterait - il devrait le faire - un homme à la tête du parti comme Albee. Je me sens très bien. plus facile dans mon esprit. Le gouverneur peut tout faire, et maintenant que Lydia a repris ses esprits , elle est déterminée à aller au tribunal avec le meilleur dossier possible, et vous savez à quel point elle est intelligente. Merci, Eleanor, pour tout ce que vous avez fait pour nous. »

Comme beaucoup de faiseurs de miracles, Eleanor est repartie surprise par ses propres pouvoirs. L'idée qu'O'Bannon soit contraint ou récompensé pour laisser Lydia s'en sortir lui causait une douleur exquise. Elle avait envie de l'avertir de faire son devoir, même si cela signifiait que Lydia serait reconnue coupable. Pourtant, elle voulait sincèrement que Lydia soit sauvée – elle voulait aller aussi loin que possible pour la sauver. Elle savait avec quelle parfaite apparence d'honnêteté de telles choses pouvaient être faites ; comment un procureur de district, tout en poursuivant une affaire du point de vue du public avec la plus grande vigueur, pourrait laisser ouverte une merveilleuse échappatoire technique à la défense. Cela pourrait se faire sans qu'O'Bannon perde un atome de respect du public. Mais elle, Eleanor, le saurait ; elle le saurait en le voyant mener l'affaire ; Il saurait quand, environ un an plus tard, après que tout le monde l'ait oublié, il recevrait sa récompense – une nomination politique ou peut-être une présidence financière. Albee avait de grands pouvoirs dans les affaires comme en politique. Dans son esprit, elle a formulé les mots : « J'ai la plus grande confiance en O'Bannon ». Mais elle savait aussi combien toutes les personnes au tempérament passionné et rapide sont parfois emportées par leurs propres désirs, et avec quelle facilité la plupart des avocats pouvaient trouver des raisons rationnelles pour prendre la position qu'ils souhaitaient prendre. Il serait si naturel pour tout homme, sous couvert de pitié pour une jeune femme comme Lydia, de se laisser subtilement corrompre pour la laisser partir.

La position d'Eleanor n'était pas simple. Elle y faisait face clairement. Elle était pour Lydia, quoi qu'il arrive, quant à sa conduite ; mais malgré elle, ses sympathies allaient et venaient . Quand des femmes comme Fanny Piers et May Swayne disaient, avec une certaine délectation qu'elles ne pouvaient s'empêcher de parler de leur ton et de fossettes réticentes aux coins de leurs bouches, "N'est-ce pas trop affreux pour la pauvre Lydia ?" alors elle appartenait de tout cœur à Lydia. Mais lorsqu'elle détecta chez tous ses amis – à l'exception de Bobby, qui était franchement effrayé – la conviction qu'ils étaient au-delà de la loi, que rien ne pouvait arriver à aucun membre de leur groupe protégé, alors elle sentit qu'elle n'apprécierait rien autant que de voir un homme. certains d'entre eux constituent une exception à l'immunité générale.

Le coroner a détenu Lydia pour le grand jury contre une caution de dix mille dollars. Cela avait été considéré comme une fatalité et n'avait pas particulièrement affligé ni alarmé Eleanor. Ce qui l'a alarmée, c'est son incapacité à entrer en contact avec O'Bannon. Au cours de tous les mois de leur amitié rapide et intime, cela ne s'était jamais produit auparavant. La presse des affaires ne l'avait jamais tenu complètement à l'écart. Désormais, elle ne parvenait même plus à le faire venir au téléphone.

Elle n'était pas la seule personne à tenter de le voir au nom de Lydia. Bobby Dorset avait fait plusieurs efforts, et avait finalement réussi à le coincer entre le palais de justice et son bureau. Bobby a pris le ton que tout cela était fantastique ; qu'O'Bannon était trop gentleman pour envoyer une fille en prison, irritant l'homme qu'il était venu apaiser par quelque chose de frivole et d'irréel dans ses manières – la seule manière que Bobby connaissait.

Et puis, alors que le cas de Lydia devenait plus sombre, Albee arriva. O'Bannon était dans son bureau chez lui, la pièce au plafond bas ouvrant sur la salle à manger. Il y avait un grand bureau plat recouvert de feutrine et des étagères basses ouvertes tout autour des murs, contenant non seulement des livres de droit, mais aussi des romans et des premiers favoris – Henty et Lorna Doone et de nombreux récits de voyages et d'aventures.

Il était assis là, censé être en train de travailler sur l'affaire Thorne, vers neuf heures du soir. Certes, son esprit en était occupé et les papiers étaient disposés devant lui. Il allait et venait encore et encore, le même tapis roulant auquel son esprit était enchaîné depuis qu'il se tenait au chevet de Drummond avec Alma Wooley accrochée, en pleurs, à sa main.

Lydia Thorne avait commis un crime et son devoir était de présenter le dossier contre le criminel. Parfois, bien sûr, un procureur était justifié de prendre en considération des circonstances atténuantes qui ne pouvaient pas toujours être invoquées devant le tribunal. Mais dans ce cas- ci , il n'y avait aucune circonstance atténuante. Toutes les circonstances qu'il connaissait étaient contre elle. Son caractère était dur et arrogant. Elle avait déjà violé la loi en soudoyant Drummond. Elle avait d'abord corrompu le pauvre garçon, puis elle l'avait tué. Elle méritait d'être punie plus que la plupart des criminels qui comparaissaient devant son tribunal, et son devoir était de présenter le dossier contre elle. Il se le répétait encore et encore. Eh bien, il était un demi-escroc en considérant cette affaire comme différente de toutes les autres – et si elle s'en sortait, elle ne lui en serait pas reconnaissante. Elle supposerait simplement qu'il n'a pas été et ne pourra jamais être question de condamner une femme comme elle. Il se souvenait qu'elle s'était penchée pour le regarder sous les abat-jour des bougies de la table du dîner des Piers et qu'elle avait annoncé son incrédulité dans l'administration égale des lois. Mais pourtant, si elle venait à lui – si seulement elle venait à lui, plaidant pour elle-même comme elle l'avait fait une fois pendant quelques minutes pour Evans – il pourrait presque la voir là, dans le cercle de sa lampe de lecture, près de lui. lui, on sentait presque le parfum des violettes.

« J'espère à Dieu qu'elle ne vienne pas », se dit-il, et il le désirait plus que tout dans la vie.

A ce moment précis, on sonna à la porte. Le cœur d'O'Bannon commença à battre jusqu'à lui faire mal. Si elle était là , il devait la voir, et s'il la voyait, il devait la reprendre dans ses bras, et si... c'était son devoir de présenter le dossier contre elle.

On frappa à sa porte et sa mère entra en faisant entrer le gouverneur Albee. De grands et sages hommes venaient de l'Orient et de l'Occident pour voir son fils, semblait dire son attitude.

"Eh bien, O'Bannon", dit le gouverneur, "je ne vous ai pas vu depuis - laissez-moi voir - la convention de 1916, n'est-ce pas ?"

Le jeune homme se ressaisit. Il n'était pas politicien pour rien, et il s'en occupait, presque automatiquement, d'une manière simple et amicale.

"Mais je vous ai vu, gouverneur", répondit-il. "Je suis allé l'autre jour pour entendre votre contre-interrogatoire sur ce point de communication privilégié. J'ai beaucoup appris. Nous sommes tous des bébés comparés à vous quand il s'agit de ce genre de choses."

" Oh " - Albee fit un de ses gestes tendus - " tout le monde me dit que vous avez votre propre méthode pour obtenir les faits. J'entends de très belles choses de vous, O'Bannon. On a l'impression que le comté de Princess va le faire. je chercherai bientôt un autre procureur.

Mme O'Bannon s'éloigna à contrecœur, fermant la porte derrière elle. Les deux hommes continuaient à se flatter, comme chacun aurait flatté une femme. Tous deux étaient désormais conscients qu'une situation grave les attendait. Ils commencèrent à parler du grand parti auquel ils appartenaient. Le gouverneur a mentionné sa responsabilité personnelle – c'est-à-dire son pouvoir personnel – en tant que membre du comité national. Il parlait d'un entretien avec le chef du parti à New York, pourvoyeur de grands postes.

"Il va me confier la présidence de cette nouvelle commission. Ce n'est pas tant une question financière - soixante mille cinq cents - mais l'opportunité, la réputation qu'un homme pourrait se faire. Il faut un homme grand, et pourtant jeune. Je je suis pour accueillir un jeune homme."

C'était tout. Le gouverneur commença alors à parler de sa prochaine campagne pour le Sénat, mais O'Bannon savait maintenant exactement pourquoi il était venu. Il était venu lui offrir un pot-de-vin. Ce n'était pas la première fois qu'on lui proposait un pot-de-vin. Il se souvenait d'une famille d'Italiens qui étaient venus le voir franchement avec toutes leurs économies, croyant sincèrement que c'était la seule façon de sauver un fils et un frère. Ils étaient partis totalement incapables de comprendre pourquoi leur offre avait été rejetée, mais avec l'impression confuse que les procureurs américains étaient trop élevés pour eux. Il n'avait ressenti aucune colère contre leur simple effort de corruption – seulement de la pitié ; mais une soudaine colère furieuse l'envahit contre Albee, si doux, si satisfait de lui-même. Manquant d'analyse, comme la plupart des gens au sang chaud – qui, dans le tumulte de leurs émotions, sont trop occupés à analyser et, lorsque le tumulte cesse, sont incapables de croire qu'il a jamais existé – O'Bannon ne comprenait pas la séquence de ses émotions. Il fut un instant en colère, puis il éprouva une sorte de soulagement désespéré. Au moins la question de son attitude dans cette affaire était réglée. Il lui faut désormais poursuivre au maximum ses capacités. On ne pouvait pas laisser un vieux politicien élégant et véreux parcourir le monde en pensant qu'il vous avait soudoyé – on ne pouvait pas être soudoyé.

Il appuya son front sur sa main, protégeant tout son visage de la lumière, tandis qu'il dessinait des motifs sur le papier buvard avec un stylo sec. Le gouverneur s'interrompit avec une apparence de spontanéité.

"Mais je ne dois pas parler ainsi de mes propres affaires", a-t-il déclaré. « Je suis venu, comme vous l'avez peut-être deviné, à propos de cette malheureuse affaire de la pauvre Miss Thorne. Je ne sais pas si vous la connaissez personnellement... »

Il fit une pause. Il ne s'en souvenait vraiment pas. Il pensait que Lydia avait mentionné avoir vu l'homme quelque part.

"Je l'ai rencontrée une ou deux fois", a déclaré O'Bannon.

l' avez vue, vous savez que c'est une créature rare et belle ; mais si vous ne la connaissez pas, vous ne savez pas à quel point elle est sensible ; protégée et fière ; ne lui montre pas de sentiments humains profonds. ".

Un léger mouvement de la main du procureur a amené sa bouche et son menton dans la zone d'éclairage. Leur expression n'était pas agréable.

"Non", dit-il, "je dois admettre que je n'ai pas compris tout cela."

"Tout cela est presque en train de la tuer", a poursuivi Albee. « Vraiment, je crois que si elle doit aller au tribunal – eh bien, bien sûr, elle doit aller au tribunal, pauvre enfant, et entendre tout cela répété encore et encore devant un jury. Imaginez ce que n'importe qui – vous ou moi ressentirions si nous avions tué un homme, puis ajoutez la sensibilité et la pitié naturelles d'une jeune femme. Vous pouvez deviner ce qu'elle traverse. Je suis resté assis avec elle pendant des heures. C'est pitoyable, tout simplement pitoyable. Tout ce que vous pouvez faire, O'Bannon, cela le fera. facilite-lui la tâche, je le prendrai comme une faveur personnelle pour moi, une faveur que je n'oublierai jamais, crois-moi.

Le gouverneur sourit de son sourire humain et englobant, presque comme celui d'un prêtre. Il y eut un moment de silence. L'expérience d'Albee était qu'il y avait généralement un moment où l'idée s'imposait.

Puis le jeune homme demanda avec beaucoup de délibération : « Quel est votre intérêt dans cette affaire, gouverneur Albee ?

Parfaitement calme, Albee remarqua avec amusement la tension dans le ton de l'autre. Il s'était attendu à cette question – une question naturelle. Il était naturel que cet homme souhaite être assuré que la faveur qu'il s'apprêtait à rendre était réelle, substantielle, quelque chose dont on se souviendrait. Il prendrait un certain risque, compte tenu de l'intérêt des journaux et de tout le ressentiment local concernant cette affaire. La réélection pourrait être rendue impossible. Albee se dit que Lydia pardonnerait une légère exagération du lien qui les unissait si cette exagération servait à la libérer.

"Eh bien, c'est une question plutôt intime, Monsieur le Procureur", dit-il. « À la plupart des gens, je devrais répondre que c'est une dame que j'estime et que j'admire ; mais à vous, en toute confidentialité, cela ne me dérange pas de dire que j'ai tout l'espoir et toute l'attente d'en faire ma femme. Et il ajouta, moins solennellement : « À quoi pensez-vous, les jeunes, pour vous laisser devancer par un vieillard comme moi, hein ? Se penchant en avant, il frappa l'autre homme sur l'épaule.

O'Bannon se leva comme si une main puissante était venue du plafond et le relevait. Cette action était tout ce qui restait de l'impulsion primitive de tordre le cou à Albee.

"Je ne peux rien faire pour aider Miss Thorne", a-t-il déclaré. "Vous en savez assez sur la procédure pénale pour le savoir. Les arguments contre elle sont très solides."

"Oh, très fort... dans les journaux", dit le gouverneur avec un autre geste de la main. "Mais vous ne devez pas laisser vos affaires être jugées dans les journaux. J'ai toujours pris pour règle de ne jamais laisser les journaux m'influencer dans une affaire."

"J'ai une meilleure règle que celle-là", dit l'autre. "Je ne laisse rien m'influencer, à l'exception des faits de l'affaire." Il était toujours debout et Albee se levait à son tour.

"Je vois," dit-il, pas aussi suavement qu'avant. "Tu veux dire que tu avances selon ta propre voie et que cela ne te dérange pas de te faire des ennemis."

"J'aime ça parfois", répondit O'Bannon.

"Les faire, c'est bien." Albee le regarda droit dans les yeux. « En subir les conséquences n'est pas toujours aussi agréable. Bonne nuit. »

Lorsque le bruit du moteur du gouverneur se fut calmé, O'Bannon retourna à son bureau. Sa mère était montée à l'étage depuis longtemps et la maison était calme. Le dégoût et la colère étaient comme un poison dans ses veines. Alors ce vieil homme vil et élégant devait l'avoir ? L'amour était hors de question ? Elle n'avait même pas l'excuse d'avoir besoin d'argent ! Quelle affaire répugnante ! Quelle femme répugnante ! Dire qu'il s'était laissé émouvoir par sa beauté ? Il ne la toucherait plus du petit doigt si elle était la dernière femme au monde. Albée ? Bon dieu! Il doit y avoir trente-cinq ans entre eux. Quelqu'un devrait l'arrêter. Elle préférerait être en prison plutôt que de se donner à un vieil homme comme celui-là. Elle n'était pas une enfant ignorante. Elle savait ce qu'elle faisait. S'il était le frère ou le père de la jeune fille , il préférerait la voir morte.

Il était plus de minuit lorsqu'il se mit à travailler sur les papiers de l'affaire. Il a travaillé toute la nuit. La vieille servante qui apportait à Mme O'Bannon son petit-déjeuner tôt le matin a signalé que M. Dan était debout et parti. Il était venu dans la cuisine à six heures pour prendre une tasse de café, le visage aussi blanc que ce drap et les yeux presque hors de la tête.

C'était l'après-midi qu'Eleanor avait choisi pour prendre les choses en main et venir à son bureau. Elle est arrivée tard dans l'après-midi. Il était six heures passées. Elle a vu sa voiture stationnée dans la rue et elle savait qu'il était toujours là. Elle passa par l'entrée latérale du magasin de M. Wooley, monta les escaliers en bois usés, franchit la porte vitrée avec ses lettres dorées : « Bureau du procureur du comté de Princess ». Les sténographes et les secrétaires étaient partis. Leurs bureaux étaient vides, leurs machines à écrire encapuchonnées. O'Bannon se tenait seul au milieu de la pièce, avec son chapeau et son pardessus, comme s'il avait été surpris par une pensée désagréable au moment du départ.

Le pas d'Eleanor ne faisait aucun bruit dans les escaliers. Il leva les yeux avec surprise alors qu'elle ouvrait la porte, et lorsque leurs regards se croisèrent , elle sut clairement qu'il ne voulait pas la voir. Il y avait quelque chose de presque brutal dans la façon dont il la regardait puis détournait à nouveau le regard, comme s'il espérait qu'elle serait partie quand il se retournerait. Si elle était venue pour ses propres affaires, elle serait partie. Dans l'état actuel des choses, elle ne pouvait pas. Elle entra et, fermant la porte derrière elle, s'appuya contre la poignée.

"Je suis désolée de te déranger, Dan," dit-elle, "mais je dois te parler de Lydia Thorne."

"Les amis de Miss Thorne font tout ce qu'ils peuvent pour empêcher la préparation d'un dossier contre elle. Ils prennent tout mon temps lors des entretiens", a-t-il répondu.

"Qui d'autre est venu ici ?" » demanda Eleanor le cœur serré.

"Oh, Bobby Dorset était là. Cette interview a été brève."

« Et le gouverneur Albee ?

O'Bannon la regardait avec des yeux qui s'enflammèrent soudain comme des torches.

"Oui, le vieux renard", dit-il.

Il y eut une pause pendant laquelle Eleanor ne dit pas un mot, mais tout son être, corps et esprit, était une question ; et O'Bannon, bien qu'il fût devenu cette créature étrange et hostile, était encore assez son vieil ami pour y répondre.

"Si vous avez une quelconque influence sur Miss Thorne, dites-lui de garder la politique en dehors de tout cela, de trouver un bon avocat et de préparer un bon dossier."

Eleanor a vu que la mission d'Albee avait échoué. Elle s'en serait réjouie, si l'hostilité des manières d'O'Bannon ne l'avait pas blessée au-delà du pouvoir de la réjouissance. Elle n'était pas comme Lydia, stimulée par l'inimitié. Elle s'en sentait blessée et glacée. Elle se disait, comme le font toujours les femmes dans ces circonstances, qu'il n'y avait rien de personnel dans son attitude, mais qu'il y avait quelque chose de terriblement personnel dans le fait qu'elle ne parvenait pas à changer son humeur noire.

« Elle a un bon avocat : Wiley. Qui peut être meilleur que Wiley ? elle a demandé.

"Il réussit souvent, je crois."

Il commença à éteindre la lumière au-dessus du bureau – une allusion pas trop subtile. Eleanor a commencé à dire à deux reprises que la plupart des gens pensaient qu'aucun jury ne condamnerait une fille comme Lydia, mais chaque phrase à laquelle elle pensait sonnait comme un défi. Ils sont descendus. D'ordinaire, il lui aurait proposé de la reconduire chez elle, même si sa propre voiture l'attendait. Maintenant, il ôtait son chapeau souple et était sur le point de se détourner lorsqu'elle l'attrapa par la manche. Son bras restait mou, presque humainement boudeur, dans sa main.

"Je ne t'ai jamais connu comme ça auparavant, Dan," dit-elle.

"Vous devez me rendre justice de dire," répondit-il, "que dernièrement j'ai fait de mon mieux pour me tenir à l'écart de votre chemin."

Eleanor laissa tomber son bras et il commença à s'éloigner.

"Dis-moi une chose", dit-elle. "Le grand jury va l'inculper ?"

"Ce sera."

Elle acquiesça.

"C'est ce que pense M. Wiley."

"Et il pense aussi, je suppose", a déclaré O'Bannon, "qu'aucun jury ne la condamnera ?"

"Et qu'en penses-tu?"

"Je pense", répondit-il si lentement que chaque mot tombait clairement, "qu'une conviction peut être obtenue et que je l'obtiendrai."

Eléonore ne répondit pas. Le chauffeur tenait la portière de sa voiture ouverte, elle s'avança et monta dedans. Elle avait appris ce qu'elle était venue apprendre : savoir que la position qu'il avait prise était honorable. Elle était heureuse que ses mains soient propres, mais son cœur gauche lui faisait mal comme une dent. Il lui semblait un étranger – hostile, distant, distant comme un homme luttant dans un tourbillon l'aurait été du spectateur le plus amical sur la rive.

Quelques jours plus tard, le grand jury trouva un véritable projet de loi contre Lydia. Ce n'était pas une surprise, même pour ses amis. Wiley et Albee l'avaient tous deux préparée à cela. Le crime pour lequel elle a été inculpée a cependant été un choc. Il s'agissait d'un homicide involontaire au premier degré. Albee était, ou affectait d'être, content. Cela prouve qu'ils bluffaient, dit-il.

"Cela pourrait vous coûter un peu plus cher sur la facture de Wiley", a-t-il déclaré. « Cela coûte un peu plus cher, je suppose, d'être acquitté d'homicide involontaire que de négligence criminelle ; mais d'un autre côté, cela peut vous épargner une amende de mille dollars. Il est concevable qu'un jury vous déclare coupable d'un crime pour lequel vous pourriez être condamné. une amende, mais pas une amende dont la seule peine est l'emprisonnement.

Bobby pensait que l'acte d'accusation montrait de manière concluante qu'il y avait un travail malhonnête en cours et souhaitait que le bureau du procureur mène une enquête. La plupart des amis de Lydia commençaient à penser que cela allait vraiment trop loin.

Ainsi New York.

Dans le quartier de Wide Plains , il était généralement connu qu'O'Bannon et Foster travaillaient tôt et tard et que le bureau du procureur cherchait à obtenir une condamnation dans l'affaire Thorne.

CHAPITRE IX

"Isaac Herrick."

"Ici."

"William P. McCaw—je vous demande pardon—McCann."

"Ici."

"Royal B. Fisher. M. Fisher, vous n'étiez pas au tribunal hier. Eh bien, vous n'avez pas répondu au rôle. Messieurs, si vous ne répondez pas lorsque vos noms seront appelés , je donnerai vos noms au greffier du tribunal. Grover C .Wilbur."

"Ici."

La salle du tribunal de comté, avec son tapis rouge délavé et ses boiseries défraîchies, avait la dignité des proportions qui caractérise les pièces construites il y a cent ans selon la tradition solennelle géorgienne.

Miss Bennett et Eleanor, guidées par la secrétaire du juge Homans, entrèrent par une porte latérale et, passant devant le grand drapeau américain accroché au-dessus de la chaise vide du juge, elles s'assirent sur des sièges croisés à gauche. Au-delà de la balustrade, la salle était déjà bien remplie du nouveau jury, des témoins, des journalistes et de nombreux amis de Lydia, qui se bousculaient déjà pour les places.

Le greffier, immédiatement devant le banc du juge, mais à un niveau inférieur, après avoir fini d'appeler le rôle, était occupé à écrire, à écrire, sa tête rouge et argent bien brossée penchée si bas sur ses grands draps qu'elle la petite tache nue au sommet a été présentée à la salle d'audience. Un instant, lui et un grand assistant étaient devenus humains et amicaux à cause du fait que la table des avocats n'était pas à quatre pattes, et la veille, ils avaient basculé sous le poing tonitruant de l'avocat dans la dernière affaire. Mais aussitôt qu'elle fut stabilisée avec de petites liasses de papier, les deux hommes retournèrent à leur solennité habituelle, le commis à ses listes et le préposé, debout à la balustrade, observant la foule inhabituelle et s'écriant de temps à autre : « Trouvez des places, asseyez-vous. ... trouver des places", ce qui était bien sûr exactement ce que tout le monde essayait de faire.

Foster entra précipitamment avec une pile de grandes enveloppes kraft à la main. Il s'inclina nerveusement devant Miss Bennett et s'assit juste en face d'elle, les yeux fixés sur la porte.

Le sténographe du tribunal entra et prit place, posa ses crayons bien taillés à côté de son livre ouvert, bâilla et jeta son bras sur le dossier de sa chaise. Il semblait indifférent quant à l'histoire de la fragilité humaine, grâce à son incroyable facilité, sur le point d'être transférée dans les archives.

Pourtant, il n'était pas totalement dénué de curiosité humaine, car il se pencha vers le greffier et murmura : « Qu'a trouvé le jury dans cette affaire d'enlèvement ?

"Acquitté."

"Bien bien!"

Les deux hommes échangèrent un regard qui trahissait qu'à leurs yeux jurés et criminels étaient à peu près au même niveau.

Un léger mouvement dans la cour, un cri d'anticipation de la part du préposé à l'ordre, et Lydia et Wiley entrèrent et s'assirent côte à côte au coin de la longue table, désormais parfaitement stables. Lydia avait l'air pâle et sévère. Elle avait beaucoup réfléchi à sa tenue vestimentaire, non par vanité, mais parce que la tenue vestimentaire était un élément pour gagner sa cause. Elle était habillée le plus simplement possible, sans être d'une simplicité théâtrale. Elle portait une serge sombre et un chapeau à ailes noires. Elle fit un signe de tête à Foster, sourit à Miss Bennett et Eleanor. Elle commença à regarder froidement autour d'elle. Elle n'était jamais allée au tribunal et le cadre l'intéressait. Cela ressemblait beaucoup à un théâtre, pensait-elle : l'espace grillagé représentait la scène où toute l'action devait se dérouler, le banc surélevé du juge occupant la position dominante au centre, la loge des jurés à sa droite avec ses deux niveaux de tribunes. sièges, la chaise du témoin sur sa haute estrade et entre le juge et le jury. Près de la balustrade et perpendiculairement à la tribune des jurés, la table des avocats, longue de huit pieds, où elle et Wiley avaient pris place, dos aux spectateurs à l'extérieur de la balustrade, ressemblait tout à fait à un public de théâtre. Puis un marteau frappa brusquement. Tout le monde s'est levé presque avant qu'on lui ordonne de le faire, et le juge Homans est entré dans le tribunal. Il franchit lentement la porte latérale, les mains croisées devant lui, ses robes flottant autour de lui, comme un prêtre sort de la sacristie.

Le juge, comme le greffier, s'absorba aussitôt dans l'écriture. Foster s'est levé d'un bond et s'est tenu à son bureau pour lui parler, mais il n'a jamais levé la tête. Foster n'arrêtait pas de jeter un coup d'œil par-dessus son épaule vers la porte. Lydia savait qui il surveillait – comme un chiot pour son souper, pensa-t-elle.

Une voix retentit :

"Le cas du Peuple contre Lydia Thorne. Lydia Thorne à la barre."

Pour Lydia, ces mots suggéraient un jeu élaboré. Elle jeta un coup d'œil à Miss Bennett, réprimant un sourire, et vit que les nerfs de sa compagne étaient secoués par leur bruit sinistre. Wiley se leva.

« Prêt… pour la défense », dit-il.

Foster, les yeux toujours fixés sur la porte, murmura avec moins de conviction : « Prêt… pour le peuple.

Le greffier, posant sa plume, avait commencé à tirer les noms des jurés dans la boîte à côté de lui.

"Josiah Howell."

"Siège numéro 1", répéta le préposé en antiphonie.

"Thomas Peck."

"Siège numéro 2."

Wiley, se penchant vers l'oreille de Lydia, murmura : "Je veux que tu défies librement quiconque, selon toi, pourrait être antagoniste. Je fais confiance à l'intuition de ta femme. Le jury est l'important..."

Elle cessa de l'entendre, car elle vit le visage de Foster s'éclairer et elle sut que le procureur était enfin au tribunal. Elle reconnut son pas derrière elle, et presque immédiatement sa grande silhouette apparut à portée de sa vision. Il s'assit à gauche à côté de Foster, croisa les bras, fixa les yeux sur chaque juré qui entrait dans la loge. C'était pour Lydia comme le lever de rideau d'une grande pièce de théâtre.

"William McCann."

"Siège numéro 12."

Le jury était au complet.

O'Bannon déplia sa longue personne et se leva. Traversant l'espace devant Lydia, il vint se placer devant le jury, se regardant tour à tour, posant des questions de routine, mais avec une attention grave qui les faisait paraître spontanées. L'un d'entre eux connaissait-il l'accusée ou son avocat ? L'un d'entre eux a-t-il déjà été arrêté pour excès de vitesse ? L'un d'entre eux avait-il déjà blessé quelqu'un avec une automobile ?

Pour Lydia, toute sa personnalité semblait différente, plus agressive, plus hostile. Quand, en parlant, il tendait le poing, elle remarquait la puissance de sa main, la force de son poignet. Elle ne pouvait pas voir son visage, car il se tenait l'épaule tournée vers elle, mais elle pouvait voir les visages tournés vers elle des jurés.

Le numéro 10 travaillait dans le secteur automobile et a été excusé. Le numéro 2 a admis avoir une légère connaissance de l'accusé, même si Lydia ne se souvenait pas de lui et était encline à penser qu'il fuyait simplement son devoir. Le numéro 5, au milieu de l'interrogatoire, a soudainement déclaré spontanément qu'il était en conscience opposé à la peine capitale.

À ce moment-là, le juge leva les yeux de ses écrits et dit à haute voix : « Mais ce n'est pas une affaire de peine capitale. »

"Non, non, je sais", s'excusa Numéro 5. "Je pensais juste que j'allais le mentionner."

"Ne mentionnez rien qui n'ait aucun rapport avec l'affaire", dit le juge en reprenant ses écrits.

A midi, lorsque le tribunal s'est ajourné, le jury n'était pas encore satisfaisant pour l'accusation.

Lydia, Miss Bennett et Wiley se sont rendues chez Eleanor pour le déjeuner. Des trois femmes, Lydia était la plus gay.

"Il le fait vraiment — cet homme s'attend vraiment à me mettre derrière les barreaux", a-t-elle déclaré.

"Cette perspective vous met apparemment de très bonne humeur", a déclaré Eleanor.

Lydia rit, montrant ses petites dents brillantes et régulières.

"J'aime les bons combats", répondit-elle.

C'était ainsi qu'elle considérait les choses : comme une lutte personnelle entre le procureur et elle-même. Depuis cette première entrevue, Wiley n'avait aucune indifférence à se plaindre. Au contraire, il la complimentait sur sa maîtrise du dossier : elle aurait dû être avocate. Elle avait mis tous les faits à sa disposition — tous les faits qui avaient un rapport avec l'affaire. Elle ne considérait pas parmi ceux-ci la nature exacte de son ancienne connaissance avec O'Bannon ; c'est-à-dire qu'elle a mentionné qu'elle l'avait rencontré une fois chez les Piers et qu'elle avait joué au bridge avec lui. Elle a ajouté qu'Eleanor avait l'impression qu'il ne l'aimait pas. Wiley ne dit rien, mais imagina qu'elle aurait pu jouer la reine auprès d'un procureur de campagne — irritant, bien sûr.

Cependant, sur tout le reste, elle est entrée dans les détails, en particulier sur la corruption de Drummond, pour laquelle elle n'avait apparemment aucune honte. Albee et Wiley, qui étaient souvent ensemble en consultation avec elle, étaient horrifiés — pas tant parce qu'elle l'avait fait que parce qu'elle n'éprouvait aucun remords. Wiley a parlé en tant qu'avocat. Albee, plus humain, plus amusé, secoua la tête.

"Vraiment, ma chère demoiselle, corruption d'un policier———"

"Oh, venez, gouverneur", dit Lydia. « Ça vient de toi ! »

"Je ne sais pas ce que vous voulez dire. Je n'ai jamais offert de pot-de-vin à un homme de toute ma vie", a déclaré le gouverneur avec sérieux.

"Et qu'avez-vous dit exactement à M. O'Bannon lors de votre récente interview ?"

Wiley et Albee ont protesté, plus comme si elle enfreignait les règles d'un jeu que comme si elle disait quelque chose de contraire aux faits. Albee expliqua longuement que lorsqu'un homme se comportait mal par intérêt personnel – ce qui était, bien sûr, ce que faisait le procureur – il était parfaitement permis de lui montrer que son intérêt personnel pouvait aller dans des directions opposées. Lydia, peu convaincue par cette explication, ne faisait que rire d'un air agacé. Les deux hommes se tournèrent alors contre elle, lui expliquant que si le bracelet pouvait être mis en preuve, s'il pouvait être démontré qu'elle avait soudoyé l'homme qu'elle avait ensuite tué, l'affaire serait contre elle.

"Oh, mais ils ne peuvent pas l'introduire", a déclaré Albee, "pas à moins que vous ne vous endormiez, conseiller, ou que le procureur soit un véritable escroc."

Wiley, plus prudent, n'en était pas si sûr. Si Lydia elle-même prenait la parole...

" Bien sûr, je témoignerai en mon propre nom", a déclaré Lydia.

"Oui", a déclaré Albee. "Pièce à conviction A : une belle femme. Verdict : non coupable."

Ainsi, la discussion revenait toujours à la sympathie du jury : à la nécessité de sélectionner les douze bons hommes. On ne parla de rien d'autre lors du déjeuner chez Eleanor ce premier jour. Le numéro 6 était-il hostile ? Tous les agriculteurs possèdent-ils des automobiles de nos jours ? Le numéro 1 était vulnérable, Miss Bennett en était sûre. Il n'avait pas quitté Lydia des yeux. Le numéro 7, au contraire, a été hypnotisé, selon Lydia, par « cet homme ».

À trois heures, le jury fut déclaré satisfaisant à l'accusation. C'était au tour de Wiley. Son attitude était très différente de celle d'O'Bannon, plus conciliante. Il semblait séduire le jury avec ce que Lydia décrivait dans son esprit comme une voix parfumée.

Le numéro 2, en réponse aux questions de Wiley, a admis avoir un préjugé contre les automobiles, puisqu'il était désormais impossible de ramener ses vaches chez elles par la grande route. Il a été excusé.

Le numéro 7, qui possédait autrefois une ferme avicole florissante, avait été obligé d'y renoncer.

"A cause des moteurs ?"

"Oui, et parce que ça n'a pas payé."

Estimait-il que ses préjugés étaient tels qu'il l'empêchait de rendre un verdict impartial dans cette affaire ?

Le numéro 7 avait l'air vide et boudeur, comme un petit garçon perplexe en classe, et il a finalement dit que non.

"Excusé", dit Wiley.

"Mais j'ai dit que non", protesta le numéro 7.

"Excusé", dit Wiley en agitant la main.

Lydia avait tapoté deux fois sur la table – le signal convenu.

À quatre heures, le jury donnait satisfaction aux deux parties ; puis, au moment où les nerfs de Lydia étaient tendus pour le début du grand match, le tribunal s'ajourna jusqu'au lendemain dix heures du matin. Le juge, levant les yeux de ses écrits, a averti le jury de ne discuter de l'affaire avec personne, pas même entre eux. Les jurés ont produit des chapeaux et des manteaux inattendus comme un tour de prestidigitation. Le préposé au tribunal a commencé à crier « Gardez vos sièges jusqu'à ce que le jury se soit évanoui », et l'ensemble du tribunal s'est dissous.

Wiley murmurait à Lydia : « Un jury très sympathique, un groupe d'hommes très intelligents et raisonnables. Il s'est frotté les mains.

Les yeux de Lydia suivirent le dos d'O'Bannon alors qu'il quittait le terrain avec Foster trottant à ses côtés.

"Je me demande si le procureur est tout aussi satisfait d'eux", a-t-elle déclaré.

Bobby Dorset est revenu avec eux et est resté dîner. Miss Bennett, qui souffrait de maux de tête à cause de l'air chaud et de l'effort de concentration de son esprit, aurait été heureuse d'oublier le procès, mais Lydia et Bobby ne parlaient de rien d'autre. Elle gardait un bloc-notes et un crayon à portée de main pour noter les points qui lui venaient à l'esprit. Bobby, doté d'un esprit à la fois aigu et trivial, avait recueilli d'étranges informations : le juge était hostile, le portier avait déclaré que le verdict ne serait pas coupable et il ne s'était jamais trompé depuis vingt-sept ans.

La procédure a commencé le lendemain matin par l'ouverture de l'accusation par O'Bannon. Lydia a vu une nouvelle arme dirigée contre elle que ses conseillers ne semblaient pas apprécier : la terrible sincérité d'O'Bannon. Sa voix n'avait aucune note artificielle. En pensant à ce qu'il a dit, il a réussi à convaincre le jury.

« Messieurs les jurés, commença-t-il, l'acte d'accusation dans cette affaire est un homicide involontaire au premier degré. C'est-à-dire un homicide sans intention de provoquer la mort par une personne commettant ou tentant de commettre un délit. Le Peuple démontrera que le onzième Le jour du mois de mars de cette année, l'accusée, alors qu'elle conduisait une automobile sur les routes de ce comté de manière imprudente et illégale, a tué John Drummond, un agent de la circulation, qui tentait de l'arrêter. Drummond, dont la déclaration ante mortem sera mis en preuve——"

Soudain, l'attention de Lydia cessa. Cet homme qui essayait de l'envoyer en prison l'avait tenue dans ses bras. Elle revit la lune et la brume, et sentit sa main ferme sur son épaule. Le souvenir semblait plus réel que cette incroyable réalité. Puis, tout comme les portes d'acier se fermaient sur le feu rouge d'une fournaise, son esprit ignora cet aspect de la situation, et elle découvrit qu'elle écoutait – après combien de temps de pause elle ne savait pas – les paroles d'O'Bannon.

"——à l'entrée du village, la route se divise, la bifurcation droite faisant demi-tour à un angle quelque peu inférieur à un angle droit. À ce coin, l'accusé a tenté de passer par un dispositif connu sous le nom de dérapage d'une voiture ; c'est-à-dire : roulant toujours à grande vitesse, elle a tourné brusquement ses roues vers la droite et a freiné assez fort pour bloquer les roues arrière.

"Oui, mon amie", pensa Lydia, "c'est comme ça que ça se passe. Je me demande combien de fois tu as dérapé avec ta propre voiture pour en savoir autant."

"Cette procédure", poursuit la voix d'O'Bannon, "qui est toujours une performance quelque peu imprudente, était dans ce cas-ci criminelle. Avec l'agent connu pour chevaucher sa voiture sur la gauche, elle aurait tout aussi bien pu ramasser sa voiture et heurter " Sa voiture l'a heurté, brisant sa moto et causant des blessures horribles dont il est mort en quelques heures. "

Lydia ferma les yeux. Elle vit cette masse de kaki et d'acier tachés de sang gisant sur la route et entendit ses propres pas battre sur le macadam.

"Le peuple prouvera que l'accusé commettait un délit à ce moment-là. Aux termes de l'article 1950 de la loi pénale, rendre les routes dangereuses ou rendre la vie d'un nombre considérable de personnes incertaine constitue un délit. L'accusé en s'approchant du village " La circulation de Wide Plains le long d'une route sur laquelle il y avait des bâtiments et des gens à une vitesse de quarante milles à l'heure mettait tellement la vie en danger. Messieurs, il n'y a jamais eu de cas plus simple quant au droit et aux faits que celui-ci. "

Lydia jeta un coup d'œil à Wiley sous ses cils. Il lui semblait que les manières d'O'Bannon étaient presque parfaites. Elle pensait qu'il avait déjà conquis le jury, mais elle ne pouvait rien lire de l'opinion de Wiley dans son expression. Il se leva plus tranquillement, d'une manière plus conversationnelle. La défense démontrerait, disait-il — et son ton semblait ajouter « sans la moindre difficulté » — que la moto du malheureux jeune policier avait dérapé et heurté l'automobile de l'accusé, provoquant, au grand chagrin de l'accusé, la mort de ce vaillant jeune héros. Ils montreraient que l'accusé ne commettait pas de délit à l'époque, car atteindre une vitesse de vingt-cinq ou trente milles sur une route isolée ne violait même pas la loi sur la vitesse, comme le savait très bien tous ceux qui possédaient une voiture. Quant à l'accusation d'homicide involontaire au premier degré, en réalité - l'attitude de Wiley semblait dire qu'il savait qu'une blague était une blague et qu'il avait autant de sens de l'humour que la plupart des hommes, mais lorsqu'il s'agissait d'homicide involontaire au premier degré — « un crime, messieurs, pour lequel une peine de prison de vingt ans peut être prononcée — vingt ans, messieurs. Jamais, au cours de sa longue expérience au barreau, il n'avait entendu parler d'un projet de loi jugé à la fois aussi spectaculaire et aussi complètement contraire à la loi. La défense leur montrerait que s'ils suivaient la recommandation de son jeune ami, le procureur, de considérer les faits et la loi…

Ses manières envers O'Bannon étaient plus paternelles que condescendantes. Il semblait le décrire comme un garçon enthousiaste et émotif, enivré par les gros titres des journaux new-yorkais. Wiley rayonnait de sagesse, de pitié pour son client, de chagrin pour la perte de Drummond et d'un espoir encourageant qu'un jeune homme comme O'Bannon en apprendrait suffisamment au cours de quelques années pour l'empêcher de commettre à nouveau une erreur humiliante comme celle-ci. Il n'en dit pas un mot, mais Lydia voyait bien l'atmosphère de son discours s'infiltrer dans l'esprit des jurés.

Oui, pensa-t-elle, c'était une opportunité intéressante – pas le genre de capacité qu'elle aurait associée à un talent juridique à l'époque où elle connaissait moins le droit ; mais cela semblait être le genre de magie qui fonctionnait. Elle fut satisfaite de ses conseils, lui lança un regard flatteur et commença à prendre l'air qu'il voulait qu'elle prenne : celui d'une colombe.

L'accusation a immédiatement commencé à appeler ses témoins, d'abord les médecins et les infirmières de l'hôpital, établissant la cause du décès. Ensuite, l'heure exacte a été établie par l'horloge de la moto : 3h12, confirmée par le témoignage de nombreux témoins. Ensuite, la déclaration ante mortem a été versée au dossier. Une longue dispute technique a eu lieu entre les avocats à ce sujet. Cela a occupé tout le reste de la séance du matin. La déclaration a finalement été admise, mais la discussion avait servi à faire comprendre au jury que le témoignage d'un témoin dont la crédibilité ne peut être jugée par une inspection personnelle et qui est sauvé par la mort du contre-interrogatoire de l'avocat de la de l'autre côté, il s'agit d'une preuve que la loi n'admet que sous réserve.

Wiley a obtenu son premier succès tangible lors de son contre-interrogatoire des deux hommes venus en aide à Lydia. Lors d'un examen direct, ils avaient témoigné de la vitesse élevée à laquelle Lydia avançait. Wiley, lorsqu'ils lui furent remis, s'arrangea pour les mettre dans une position où ils furent obligés soit d'avouer qu'ils n'avaient aucune connaissance des vitesses élevées, soit qu'ils enfreignaient eux-mêmes fréquemment la loi. Wiley était poli, presque gentil ; mais il les a fait passer pour des idiots, et le jury a apprécié le spectacle.

Ce succès a été éclipsé par un petit revers qui a suivi. L'accusation disposait d'une longue liste de témoins qui avaient croisé ou été croisés par Lydia juste avant l'accident. L'un d'eux était un jeune homme qui travaillait comme laveur dans un garage à environ un kilomètre et demi du coin fatal. Il a témoigné en interrogatoire principal que Lydia roulait à quarante-cinq milles à l'heure lorsqu'elle est passée devant le garage.

Wiley se leva, sévère et froid, ses manières semblant dire : « De toutes choses dans ce monde, je déteste le plus un menteur !

"Et où étais-tu à ce moment-là ?"

"Debout devant le garage."

"Que faisais-tu là?"

"Rien."

"Rien?"

"Fumer la pipe."

"A trois heures de l'après-midi, pendant les heures de travail ?" Wiley a fait passer ça pour un crime. "Et pendant cette petite sieste, ou vacances, vous avez vu la voiture de l'accusé rouler à quarante-cinq milles à l'heure, c'est ça l'idée ?"

"Oui Monsieur."

"Et pourriez-vous dire au jury comment vous avez pu juger si précisément de la vitesse d'une voiture qui vous approchait de face ?"

La réponse évidente était qu'il l'avait deviné, mais que le jeune homme n'y était pas parvenu.

"Je le fais au moyen de poteaux télégraphiques et en comptant les secondes."

Il est alors apparu que le jeune homme était habitué à chronométrer les courses automobiles et motos.

Lydia vit Foster sourire légèrement alors qu'il jetait un coup d'œil à son chef. De toute évidence, la défense était tombée dans un petit piège soigneusement tendu. Elle jeta un coup d'œil à Wiley et vit qu'il faisait semblant d'être ravi.

"Exactement exactement!" disait-il en pointant un doigt accusateur vers le témoin ; "Vous et Drummond alliez ensemble à des courses de motos."

Il l'a très bien fait, mais cela n'a pas réussi. Le jury a eu l'impression que le témoignage du peuple sur la vitesse était digne de foi.

CHAPITRE X

Curieusement, les jours de son procès furent parmi les plus heureux et les plus intéressants que Lydia ait jamais connus. Ils avaient une continuité d'intérêt qui la gardait calme et équitable. Habituellement, lorsqu'elle se réveillait dans le lit le plus moelleux et relevait sa joue de l'oreiller le plus doux , elle se demandait ce qu'elle devrait faire ce jour-là. Elle avait le choix – d'innombrables choix – tous insatisfaisants, car sa propre satisfaction était le seul élément à prendre en compte.

Mais lors de son procès, elle n'a pas posé cette question. Elle avait une occupation et un but pour vivre, pas tant pour se sauver que pour humilier O'Bannon. Cet intérêt constant et fort donnait forme et modèle à ses journées, comme le fil d'un collier de perles.

Dès que chaque séance était terminée , elle et Wiley, sur la pelouse du palais de justice ou chez elle si elle pouvait le détenir, ou elle et Albee ou Bobby ou Miss Bennett, selon le cas, passeraient en revue chaque point soulevé par les témoins à charge ou mis en évidence par le contre-interrogatoire de Wiley. Le procureur ne semblait réserver aucune surprise. Il disposait d'un dossier solide et clair avec la déclaration ante mortem de Drummond, et d'un grand nombre de témoins quant à la vitesse de Lydia. Le bracelet n'avait pas encore été admis comme preuve, et la déclaration de Drummond n'y faisait pas non plus référence, et Wiley était de plus en plus convaincu qu'il ne serait pas autorisé. La défense avait ressenti une certaine inquiétude quant à l'exactitude avec laquelle l'heure de l'accident avait été établie, mais comme Lydia ne connaissait pas honnêtement l'heure à laquelle elle avait quitté Eleanor et qu'Eleanor ou aucun de ses domestiques n'avait été assigné à comparaître , il ne semblait pas tout danger à partir de ce point après tout.

Lydia, qui devait être le premier témoin de la défense, avait réfléchi à chaque point, à chaque implication de son propre témoignage, jusqu'à ce qu'elle soit sûre que « cet homme » ne serait pas capable de la surprendre sur un seul point. Elle ne redoutait pas ce moment, elle le désirait avec impatience. Wiley lui avait fait remarquer le danger de trop se souvenir : un simple « J'ai bien peur de ne pas m'en souvenir » convaincrait souvent mieux un jury qu'un souvenir trop exact.

"Et," ajouta Wiley d'une manière apaisante, "n'ayez pas peur si le procureur essaie de vous intimider. Le tribunal vous protégera, et si je semble laisser cela continuer, ce sera parce que je vois que cela porte préjudice au jury dans votre affaire. service."

Les narines de Lydia battirent avec une longue inspiration.

"Je ne pense pas qu'il me fera peur", a-t-elle déclaré.

Mais surtout, Wiley lui a conseillé son attitude. Elle doit être douce, féminine, attirante, comme si elle ne voulait pas volontairement blesser une mouche. Quoi qu'il arrive, elle ne doit pas serrer les dents, taper du pied et renvoyer des réponses méprisantes.

Lydia bougea la tête, regardant exactement ce que Wiley ne voulait pas qu'elle regarde.

"Je ne peux pas faire appel", a-t-elle déclaré.

"Alors le procureur gagnera son procès", a déclaré Wiley.

Il y eut une pause, puis Lydia dit avec son air de gentille petite fille :

"Je ferai de mon mieux."

Tout le monde savait que son meilleur serait bon.

Le peuple devait clore son dossier ce matin-là. Un témoin quant à la vitesse de Lydia juste avant l'accident était à la barre. Il a témoigné que, la suivant aussi vite que sa voiture le permettait – il n'avait pas de compteur de vitesse – il n'avait pas été capable de la garder en vue. Son nom était Yakob Ussolof et il avait de grandes difficultés avec la langue anglaise. Ses déclarations étaient pourtant claires et préjudiciables.

Le jury était presque purement anglo-saxon, et tandis que Wiley se levait pour contre-interroger, l' effort même qu'il faisait pour trouver le bon nom – « M.... euh... M.... U... Ussolof » – était un appel à leur américanisme.

"M. Ussolof , vous conduisez une automobile depuis quelques années ?"

"Oui, oui", dit M. Ussolof avec empressement, "depuis dix ans maintenant."

« Depuis combien de temps possédiez-vous la voiture que vous conduisiez le 11 mars ?

"Depuis l'automne maintenant."

"Ah, une nouvelle voiture. Et quelle était sa marque ?"

"Flivver."

Le mot magique accomplit son miracle habituel. Tout le monde sourit, et Wiley, voyant devant lui un jury composé de propriétaires de flivver, poursuivit :

" Et voulez-vous me dire, M. Ussolof , que dans la voiture la plus rapide construite en Amérique, vous ne pourriez pas maintenir en vue une voiture construite à l'étranger à trente milles à l'heure ? Oh, M. Ussolof , vous ne le faites pas. nous justice. Nous construisons de meilleures voitures que ça!"

Le jury a souri, les spectateurs ont ri, le marteau est tombé à l'ordre et M. Wiley s'est assis. Il avait dit à Lydia qu'un jury, comme un public, aime ceux qui les font rire, et il s'est assis avec un air de réussite. Mais Lydia, les observant de plus près, n'en était pas si sûre. Tandis qu'O'Bannon se levait, elle remarqua l'extrême gravité de ses manières, son regard adressé au jury, qui semblait dire : « La vie d'un homme, la liberté d'une femme est en jeu, et vous permettez à un saltimbanque de vous faire rire ! Ce n'était qu'un regard, mais Lydia vit qu'ils reprenaient leur sérieux comme beaucoup d'écoliers lorsque le directeur entra.

"Appelez Alma Wooley", a déclaré O'Bannon.

Alma Wooley, le dernier témoin du peuple, était la fille avec qui Drummond avait été fiancé. Une petite silhouette en deuil le plus profond monta sur la tribune, si pâle qu'elle avait l'air comme si un fort rayon allait briller clairement à travers elle, et même si ses yeux étaient secs, sa voix avait le son liquide qui accompagne beaucoup de pleurs. De nombreux membres du jury l'avaient connue lorsqu'elle travaillait dans le magasin de son père. Elle a témoigné qu'elle s'appelait Alma Wooley, qu'elle avait dix-neuf ans et qu'elle vivait avec son père.

"Miss Wooley", dit O'Bannon, "vous avez été envoyée à l'hôpital le 11 mars dernier, n'est-ce pas ?"

Un « Oui, monsieur » presque inaudible fut la réponse.

« Vous avez vu Drummond avant sa mort ? »

Elle baissa la tête.

"Combien de temps es-tu resté avec lui ?"

Elle a juste répondu : « Environ une heure. »

Le juré numéro 6 a pris la parole et a déclaré qu'il n'entendait pas. Le juge, dans un grand rugissement – proposé à titre d'exemple – a déclaré : « Vous devez parler plus fort. Vous devez parler de manière à ce que le dernier juré puisse vous entendre. Non, ne me regardez pas. Regardez le jury.

Ainsi réprimandée, Miss Wooley éleva sa voix faible et liquide et témoigna qu'elle avait été présente pendant que Drummond faisait sa déclaration.

"Dites au jury ce qui s'est passé."

"J'ai dit--"

Sa voix perdit tout son sens. Wiley se leva d'un bond.

"Votre Honneur, je dois protester. Je ne peux pas entendre le témoin. Il m'est impossible de protéger les intérêts de mon client si je ne peux pas entendre."

Le sténographe fut chargé de lire ses notes à haute voix, et il lut rapidement et sans la moindre expression :

"Question : 'Dites au jury ce qui s'est passé.' Réponse : " J'ai dit : " Oh, Jack, chéri, qu'est-ce qu'ils t'ont fait ? " Et il a répondu : " C'était elle, chérie. Elle m'a eu après tout."""

Wiley était de nouveau debout, protestant d'une voix qui couvrait tous les autres sons. Une âpre dispute a eu lieu entre les avocats. Ils se disputaient , ils allaient souffler leurs arguments à l'oreille du juge. En fin de compte, le témoignage de Miss Wooley ne pouvait contenir quoi que ce soit en référence à une réunion antérieure entre Drummond et Lydia, mais se limitait à une simple confirmation des détails de la propre déclaration de Drummond. Techniquement, la défense avait gagné son point de vue, mais l'impression émotionnelle laissée par la jeune fille ne s'effaçait pas facilement, ni le soupçon que la défense avait quelque chose à cacher. Wiley n'a pas contre-interrogé, sachant que plus tôt le petit personnage pathétique quitterait la tribune, mieux ce serait. Mais il a réussi à faire comprendre que c'était sa sympathie pour la victime qui l'avait poussé à renoncer au contre-interrogatoire.

La cause du peuple était restée.

Lydia a été appelée. Alors qu'elle se levait et marchait derrière la tribune des jurés vers la Bible en attente , elle comprit exactement pourquoi O'Bannon avait mis Alma à la barre, le dernier de tous ses témoins. Il s'agissait de contrecarrer par une tragédie tout attrait que la jeunesse, la richesse et la beauté pourraient exercer sur les émotions du jury. Un tel tour, lui semblait-il, méritait un contre-tour, et la réconciliait avec le mensonge, même si elle jurait que son témoignage serait la vérité, toute la vérité et rien que la vérité, alors aide-la, Dieu.

C'était sûrement une persécution que la loi s'abaisse à de telles méthodes. Elle se sentait aussi dure que l'acier. Les femmes ne bénéficient pas du fair-play, pensait-elle. Elle était là, désireuse de se battre comme une tigresse, et sa seule chance de gagner était de paraître aussi douce et inoffensive que la colombe. Elle a témoigné qu'elle s'appelait Lydia Janetta Thorne, qu'elle avait vingt-quatre ans et qu'elle résidait à New York.

"Miss Thorne", dit Wiley d'un ton très sérieux, "depuis combien d'années conduisez-vous une voiture ?"

"Depuis huit ans."

"Aussi souvent que trois ou quatre fois par semaine ?"

"Beaucoup plus souvent, constamment, chaque jour."

"Avez-vous déjà été arrêté pour excès de vitesse ?"

"Une seule fois, il y a environ sept ans dans le New Jersey."

« Avez-vous été condamné à une amende ou emprisonné ?

"Non, l'affaire a été classée sans suite."

"Avez-vous déjà eu, avant le 11 mars, un accident dans lequel vous-même ou quelqu'un d'autre s'est blessé ?"

"Non."

"Maintenant, dites au jury aussi précisément que possible ce qui s'est passé depuis le moment où vous avez quitté votre maison le matin du 11 mars jusqu'à l'accident de l'après-midi."

Lydia s'est tournée vers le jury, non pas comme une colombe, mais avec un rayon modifié de gentillesse franche qui était très gagnante. Elle a décrit sa journée. Elle avait quitté sa maison vers onze heures et demie et était arrivée en courant chez Miss Bellington, une distance de trente milles, en une heure et demie. Elle s'était attendue à y passer l'après-midi, mais constatant que son amie avait un engagement, elle avait quitté plus tôt que prévu. Non, elle n'avait aucune raison de se rendre rapidement en ville. Au contraire, elle disposait de plus de temps libre. Non, elle n'avait pas remarqué l'heure à laquelle elle avait quitté chez Miss Bellington, mais c'était peu après le déjeuner ; environ trois heures moins vingt-cinq minutes, devrait-elle imaginer.

Était-elle consciente de conduire vite à un moment donné ?

Oui, juste après avoir quitté Miss Bellington. Il y avait un bon bout de route et aucune circulation. Elle avait couru très vite, probablement à trente-cinq milles à l'heure.

Est-ce qu'elle a appelé si vite ?

Oui elle l'a fait. Elle avait l'air d'une très bonne petite fille en disant cela.

Depuis combien de temps avait-elle maintenu cette vitesse élevée ?

Elle avait peur de ne pas pouvoir se souvenir exactement, mais sur deux ou trois milles. En approchant du village de Wide Plains , elle avait ralenti à sa vitesse habituelle de vingt-cinq milles à l'heure – plus lentement à l'entrée du village. Elle ne pouvait pas dire depuis combien de temps Drummond la suivait : elle ne l'avait pas remarqué. Elle l'avait vu en entrant dans le village, elle l'avait vu se refléter dans son miroir. Il était difficile de juger exactement les distances à partir d'un tel reflet. Elle ne l'avait pas remarqué au moment de l'accident. Oui, sa décision de prendre le virage à droite avait été soudaine.

Elle en avait ressenti l'impact. Elle croyait que le policier l'avait percutée. Elle était de son côté de la route et tournait à droite.

Pourquoi a-t-elle pris le chemin de droite, plus long que celui de gauche ?

Parce que c'était plus agréable, et comme elle n'était pas pressée de rentrer chez elle , la distance supplémentaire ne la dérangeait pas.

Après l'accident, elle était restée et avait apporté toute l'aide en son pouvoir, se rendant à l'hôpital et y restant jusqu'au rapport préliminaire sur l'état de Drummond. Elle avait laissé son adresse et son numéro de téléphone afin que l'hôpital puisse lui téléphoner une fois l'examen radiologique terminé.

Ses amis ont poussé un soupir de soulagement à la fin de son témoignage direct. C'était vrai, elle n'était pas une figure attrayante comme Alma Wooley ; mais elle était claire, audible, directe, et son regard droit sous ses sourcils sombres était d'une honnêteté convaincante.

Alors qu'elle terminait son témoignage direct , elle baissa les yeux sur ses mains jointes sur ses genoux. Le moment important était venu. Elle entendit la voix douce de Wiley dire « Votre témoin » comme s'il faisait au Peuple un magnifique cadeau. Lorsqu'elle se rendit compte qu'O'Bannon se levait et la regardait, elle leva les yeux jusqu'au bouton du haut de son gilet, puis levant lentement la tête et les yeux ensemble, elle le regarda droit en face.

Il la regarda dans les yeux pendant plusieurs secondes, essayant, pensa-t-elle, dans le silence de prendre possession de son esprit comme il avait pris possession de celui du jury.

"Pas si facile, mon ami", se dit-elle, et juste au moment où elle le disait, elle entendit sa voix dire froidement : "Regardez le jury, s'il vous plaît, pas moi."

Ses yeux, alors qu'elle les tournait dans la direction souhaitée, avaient un éclair.

"Miss Thorne, à quelle heure avez-vous quitté chez Miss Bellington ?"

"Je n'ai aucun moyen de le fixer avec précision – vers 14h35."

"Tu es sûr que ce n'était pas plus tard ?"

"Je ne peux pas en être sûr d'ici quatre ou cinq minutes."

"Quelle est la distance entre Miss Bellington et le lieu de l'accident ?"

"Une quinzaine de kilomètres, je pense."

"Votre calcul est que comme l'accident a eu lieu à 3 heures 12 et que vous êtes parti à trois heures moins vingt-cinq, vous avez parcouru quinze milles en trente-sept minutes, c'est-à-dire à la vitesse de vingt-quatre milles à l'heure. Est-ce correct?"

"Oui."

"Et tu n'as jamais couru à plus de trente-cinq milles à l'heure ?"

"Jamais."

"Ne me regarde pas. Regardez le jury, s'il vous plaît."

Elle avait du mal à ressembler à une colombe sous ces remontrances répétées. "Comme si, pensa-t-elle, je ne pouvais pas le quitter des yeux, alors que, bien sûr, c'est dans la nature humaine de regarder celui qui vous parle."

"Vous dites," poursuivit-il, "que vous aviez prévu de rester plus longtemps chez Miss Bellington que vous ne l'avez réellement fait."

"Oui."

"Et qu'est-ce qui t'a fait changer tes plans ?"

"J'ai découvert qu'elle avait des fiançailles."

« Est-ce qu'elle l'a mentionné à votre arrivée ?

"Non."

« Quand en a-t-elle parlé ?

"Après le déjeuner."

"A-t-elle été appelée au téléphone lors de votre visite ?"

"Non."

"Es-tu sûr de ça?"

Il y eut une pause. Les portes de la mémoire de Lydia s'étaient soudainement ouvertes. L'appel téléphonique, qui n'avait fait aucune impression sur le moment parce qu'elle n'avait pas compris qu'il venait d'O'Bannon, lui revint soudain. Elle essaya à la hâte d'en comprendre l'impact sur son cas, mais il ne lui en laissa pas le temps.

"Répondez à ma question, s'il vous plaît. Jurerez-vous qu'il n'y a eu aucun appel téléphonique à votre connaissance ?"

"Non je ne peux pas."

"En fait , il y a eu un appel téléphonique ?"

"Oui."

"C'est lors de ce coup de téléphone que les fiançailles ont été conclues ?"

"Je ne peux pas le dire, je ne sais pas."

"Combien de temps es-tu resté après ce téléphone ?"

"Je suis parti immédiatement."

"Tu as mis ton chapeau ?"

"Oui."

"Et ton voile ?"

"Oui."

"Et un manteau ?"

"Oui."

Il était impossible de ressembler à une colombe lors de cet interrogatoire. Le jury s'est permis de sourire.

« Votre voiture était-elle restée devant la porte ?

"Non." Elle sentit que sa mâchoire commençait à se serrer, et elle garda son pied tranquille seulement avec un effort.

« Vous avez dû attendre pendant qu'on l'envoyait ?

"Oui."

"En d'autres termes, Miss Thorne, vous avez dû attendre au moins cinq minutes après l'appel téléphonique ?"

"Probablement pas."

"Répondez par oui ou par non, s'il vous plaît."

"Non." Elle le lui lança.

"Alors si ce téléphone est arrivé à trois heures moins treize minutes, vous devez être parti au plus tôt à trois heures moins huit, et que l'accident a eu lieu à 15 h 12, vous avez parcouru la distance - elle fait en réalité treize milles et demi - en vingt minutes. ; c'est-à-dire à la vitesse de quarante milles à l'heure.

Wiley a protesté en affirmant qu'il n'y avait rien dans la preuve démontrant que l'appel téléphonique avait été passé à trois heures moins treize minutes, et O'Bannon a répondu qu'avec le consentement du tribunal, il mettrait en preuve les dossiers de la compagnie de téléphone pour prouver l'exactitude de l'appel. heure. Ce point réglé, une pause suivit. Lydia se leva à moitié, supposant que l'épreuve était terminée, mais O'Bannon l'arrêta.

"Un instant", dit-il. "Vous dites que cela fait plusieurs années que vous n'avez pas été arrêté pour excès de vitesse. Avez-vous déjà été arrêté par un policier ?"

Wiley se leva immédiatement en signe de protestation.

"Je m'y oppose, Votre Honneur, pour cause de non-pertinence."

Le juge a dit à O'Bannon : « Quel est le but de cette question ?

"Crédibilité, Votre Honneur. Je souhaite montrer que l'accusée n'est pas un témoin compétent quant à sa propre vitesse."

Le juge a joint ses doigts, les coudes sur les accoudoirs de son fauteuil, et a fait un demi-tour ruminatif.

"Le fait qu'elle ait été arrêtée une fois par la police ne déterminera pas cela. Elle aurait pu violer une autre ordonnance."

"Je démontrerai, si Votre Honneur le permet, que c'est pour excès de vitesse qu'elle a été arrêtée."

Finalement, la question fut admise ; et Lydia, témoignant de plus en plus à contrecœur, de plus en plus consciente que l'impression qu'elle faisait était mauvaise, fut forcée de témoigner qu'à l'automne Drummond lui-même l'avait arrêtée. Lorsqu'on lui a demandé ce qu'il lui avait dit, elle a répondu avec mépris qu'elle ne s'en souvenait pas.

"A-t-il dit : 'À votre avis, qu'est-ce que c'est : une piste de course ?'"

"Je ne m'en souviens pas."

« Vous a-t-il prévenu que si vous continuiez à conduire aussi vite , il vous arrêterait ?

"Non."

Si la haine pouvait tuer, le procureur aurait été foudroyé par son regard.

« Vous ne vous souvenez d'aucune des conversations qui ont eu lieu entre vous ? »

"Non."

"Et vous ne pouvez pas expliquer pourquoi un agent de la circulation vous a arrêté et vous a laissé partir sans même un avertissement ?"

"Non."

« Cela vous rafraîchirait-il la mémoire, Miss Thorne, de regarder ce bracelet que je tiens à la main ?

"Je proteste, Votre Honneur !" » cria Wiley, mais une seconde trop tard. Lydia avait vu le bracelet et s'en était éloignée, avec un bref geste de répugnance.

LYDIA avait vu le bracelet et s'en était éloignée.

La piste d'enquête n'a pas été autorisée, le bracelet n'a pas été mis en preuve, la question a été rayée des dossiers ; mais l'effet total de son témoignage fut de laisser dans l'esprit des jurés l'impression qu'elle était parfaitement capable de la conduite que lui attribuait l'accusation. Wiley l'a retenue quelques instants pour un nouvel examen dans l'espoir de retrouver la colombe, mais en vain.

Miss Bennett fut mise à la barre pour témoigner de la prudence habituelle de Lydia en tant que conductrice ; La gouverneure Albee a témoigné de son excellent bilan ; une demi-douzaine d'autres amis se sont montrés persuasifs, mais n'ont pas pu réparer le mal qu'elle avait fait dans son propre cas.

Le procureur de district a déposé en preuve les relevés de la compagnie téléphonique, montrant qu'un seul appel avait été passé à la maison Bellington entre deux et trois heures le 11 mars, et qu'il avait été passé à trois heures moins treize.

CHAPITRE XI

Lydia, avec la sagesse qui vient spécialement aux courageux, savait que son procès lui était défavorable lorsqu'elle quittait la barre. Miss Bennett avait bon espoir alors qu'ils rentraient chez eux. Bobby la félicita pour la clarté et le poids de ce qu'elle avait dit.

Albee, dont l'enquête s'était brillamment terminée la veille, vint ce soir-là lui dire au revoir. Il a été rappelé dans son État natal pour affaires et partait dans un train de minuit.

Depuis l'accident, Lydia voyait Albee tous les jours, l'avait utilisé et consulté, et pourtant elle avait presque oublié son existence. Alors qu'elle attendait son apparition, elle eut un choc de surprise d'avoir été un jour sur le point de s'engager avec lui ; qu'en se séparant ainsi pendant quelques semaines, il pourrait supposer qu'elle avait l'intention de devenir sa femme. Elle pensait pouvoir faire de son procès un bon prétexte pour refuser d'envisager une telle proposition. Cela permettrait de se débarrasser de lui sans le blesser. Elle pensa à la phrase : « Une femme dans la situation où je me trouve ne peut pas contracter de fiançailles. » La simple idée d'un tel mariage lui répugnait désormais profondément. Comment aurait-elle pu l'envisager ?

Il entra, léonin mais soigné dans sa serge bleue à double boutonnage avec une perle dans sa cravate noire. Il lui prit la main et rayonna vers elle comme s'il y avait beaucoup de choses dans son cœur avec lesquelles il ne la dérangerait pas en prononçant cette crise.

« Ah, ma chère, dit-il, j'aimerais être ici demain pour voir votre triomphe, mais je serai de retour dans un mois environ, et puis… en attendant, je vous laisse entre de bonnes mains. Wiley est capitale. Son résumé de demain sera un chef-d'œuvre. Et rappelez-vous, si par hasard - les jurys sont hasardeux, vous savez - ils rendent un verdict défavorable, en appel, vous êtes en sécurité comme une église. Il porta une petite main froide et rigide à ses lèvres.

Avec sa parfaite clairvoyance, elle voyait qu'il l'abandonnait et était heureuse de l'écarter de son chemin. Elle n'avait même pas envie de le punir pour son départ.

Le lendemain matin, il pleuvait à torrent. Il semblait que le globe lui-même tournait dans la pluie plutôt que dans l'éther. La pluie battait si fort dans les rues de New York que l'asphalte coulait d'un trottoir à l'autre en ruisseaux noirs ; la pluie balayait les espaces ouverts du pays et, à mesure qu'elle courait à travers les eaux pluviales, les eaux jaillissaient en longs ruisseaux des roues de la voiture. Dans la salle d'audience, la pluie coulait le long des fenêtres de chaque côté du drapeau américain en formant des motifs liquides. La salle d'audience elle-même avait un air différent. Les lumières électriques étaient allumées, l'air sentait la boue et les manteaux de caoutchouc, et le juge Homans, qui souffrait de rhumatismes, était raide et sombre.

Un coup dur attendait Lydia dès le début. Elle n'avait pas compris que la défense résumait en premier, que l'accusation avait le dernier mot avec le jury. Que ne pourrait-il pas faire avec le jury grâce à sa sincérité hypnotique ? Elle redoutait également le résumé de Wiley, craignant qu'il ne soit oratoire – d'autant plus qu'il ne cessait de nier une telle intention.

« Le temps de l'éloquence est révolu, répétait-il. "On ne cherche pas aujourd'hui à être un Daniel Webster ou un Rufus Choate. Mais bien sûr , il faut toucher le cœur du jury."

Elle pensait que l'appel d'O'Bannon s'adressait à leurs têtes, et pourtant Wiley avait peut-être raison. Les gens étaient tellement fous qu'ils préféreraient peut-être la méthode de Wiley à celle d'O'Bannon.

Dès l'ouverture du tribunal, Wiley a commencé son résumé, et même son client a approuvé son attitude simple et tranquille. Il a été très clair et efficace sur les points purement juridiques. Le crime d'homicide involontaire au premier degré, crime passible d'une peine de vingt ans de prison, n'avait pas été prouvé. Il n'existait pas non plus de preuves crédibles de négligence criminelle, sans lesquelles un verdict d'homicide involontaire au deuxième degré ne pourrait être rendu. En examinant les faits , il parvint à présenter une image de la jeunesse de Lydia, de son absence de mère , des débuts de Thorne en tant qu'ouvrier, de sa mort laissant Lydia orpheline. Il a fait apparaître sa beauté et sa richesse comme un désavantage – une terrible tentation pour un jeune procureur ambitieux et attentif aux gros titres des journaux. Il a fait croire que les jurys convainquaient toujours les jeunes filles de leur position sociale, mais que ce jury particulier, par un triomphe de l'impartialité, allait pouvoir vaincre ce préjugé. Un juré qui avait pleuré sur Alma Wooley a maintenant versé une larme impartiale pour Lydia.

"Messieurs le jury", a conclu Wiley, "je vous demande d'examiner cette affaire sur la base des faits et des faits uniquement - de ne pas vous laisser entraîner par les appels émotionnels d'un jeune procureur ambitieux et érudit qui a la cruauté qui va si souvent avec une jeune ambition ; de ne pas condamner une jeune fille innocente dont le seul crime semble être d'être la gardienne de la richesse que son père, un ouvrier américain, a gagné grâce aux conditions de l'industrie américaine. Si vous considérez uniquement les preuves, vous constaterez qu'aucun un crime a été commis. Je vous demande, messieurs, un verdict de non-culpabilité.

Lydia, les yeux baissés vers le tapis rouge à quelques mètres de la chaise d'O'Bannon, vit que Miss Bennett se tournait joyeusement vers Eleanor, que Bobby essayait d'attirer son regard pour un signe de tête de félicitations ; mais elle ne bougea pas d'un muscle jusqu'à ce qu'O'Bannon se lève et se dirige vers le jury. Ses yeux le suivirent. Puis elle songea à se retourner et à adresser à son propre avocat un sourire machinal, un sourire comme celui qu'une nourrice donne à un enfant intelligent qui vient de construire un fort sur la plage, que la prochaine vague ne manquera pas d'emporter.

«Messieurs le jury», dit O'Bannon — et il retint brusquement ses mots ; en effet, lui et Wiley semblaient avoir changé de rôle . Celui qui avait été si calme tout au long du procès faisait maintenant preuve d'émotion, d'une sorte de passion tranquille : « il ne s'agit pas d'une lutte personnelle entre l'éminent avocat de la défense et moi-même. Ni ma jeunesse, ni mon ambition, ni ma prétendue cruauté ne sont en cause. La seule question est la suivante : les preuves démontrent-elles au-delà de tout doute raisonnable que l'accusée a commis le crime pour lequel elle a été inculpée ? »

Puis, sans une phrase supplémentaire, presque sans adjectif, il continua à accumuler rapidement les preuves contre elle jusqu'à atteindre leur paroxysme dans la preuve du peu de temps qui s'était écoulé entre son départ de chez Eleanor et l'accident.

"Une responsabilité particulièrement grave repose sur vous, messieurs, dans cette affaire. L'avocat de la défense semble supposer que les riches s'en sortent moins bien devant nos tribunaux que les pauvres. Cela n'a pas été mon expérience. Je serais heureux comme Je crois en la démocratie si je pouvais croire que la justice est plus accessible aux pauvres qu'aux riches, mais je ne le peux pas. Le mois dernier, devant ce même tribunal, un garçon, plus jeune que l'accusé, qui gagnait sa vie en tant que conducteur d'un chariot de livraison , a été condamné à trois ans de prison pour un crime moindre, et sur la base de preuves qui ne sont pas dix fois aussi convaincantes que celles dont vous êtes actuellement saisis. Un grand nombre d'entre nous ont également eu pitié de ce garçon, mais nous avons estimé que justice essentielle avait été rendue. Si, par sentiment ou par pitié, la justice essentielle ne peut être rendue dans cette affaire, si le sexe, la richesse ou une position remarquable sont une garantie d'immunité, un coup sera porté au respect de la loi dans ce pays, dont vous, messieurs, devez assumer la responsabilité. Si vous constatez, d'après les preuves, que l'accusée a commis le crime pour lequel elle est inculpée, je vous demande d'affronter ce fait avec courage et honnêteté et de rendre un verdict de culpabilité."

Il y eut une légère agitation dans la cour. Le préposé a annoncé que quiconque souhaitait quitter le tribunal devait le faire immédiatement. Personne ne serait autorisé à bouger pendant que le juge chargeait. Personne n'a bougé. Les portes étaient fermées, les domestiques appuyés contre elles.

Wiley se pencha et murmura : « Ce genre d'appel collectif ne réussit pas de nos jours. Ne vous inquiétez pas.

L'inquiétude fut la dernière émotion ressentie par Lydia, ou plutôt elle ne ressentit aucune émotion. Son intérêt s'était soudainement effondré, le jeu était terminé. Elle avait conscience que l'air de la salle d'audience était serré et qu'elle ressentait une fatigue indicible, notamment au niveau des poignets.

Le juge se tourna vers le jury et rentra son menton jusqu'à ce qu'il semble reposer sur sa colonne vertébrale.

« Messieurs les jurés, dit-il, nous avons atteint dans ce procès le stade où il est de mon devoir de soumettre l'affaire à votre délibération. Vous savez que la loi fait une distinction entre le devoir du tribunal et le devoir du juge. du jury. Vous êtes le juge et le seul juge des faits, mais vous devez accepter la loi du tribunal. Vous ne devez pas vous demander si vous approuvez ou non la loi, si vous pouvez ou non faire une meilleure loi. "

Lydia réprima un bâillement.

"Le vieil homme ennuyeux", pensa-t-elle. "En fait, il semble aimer dire tout ça."

Son Honneur a poursuivi en définissant le doute raisonnable :

"Ce n'est pas un caprice, ni une spéculation, ni une supposition. C'est un doute fondé sur la raison, sur une raison qui peut être exposée."

Lydia pensait : « Imaginez toucher un salaire pour dire aux gens qu'un doute raisonnable est un doute fondé sur la raison. » Elle n'avait pas imaginé qu'elle s'ennuierait à tout moment de sa propre épreuve, mais elle s'ennuyait au-delà de toute croyance.

"Je dois attirer votre attention sur l'article 30 de la loi pénale, qui stipule que chaque fois qu'un crime est distingué en degrés, le jury, s'il le déclare coupable, doit déterminer le degré du crime dont le prisonnier est coupable. L'homicide involontaire est un crime. distingué en degrés, à savoir le premier et le deuxième degré.

Lydia pensait que si à ce moment-là le jury ne connaissait pas la distinction entre les deux , ils devaient être idiots, mais Son Honneur a poursuivi en les définissant :

"Au premier degré, lorsqu'il est commis sans intention de provoquer la mort par une personne commettant ou tentant de commettre un délit."

Elle pensait connaître cette phrase maintenant, comme lorsqu'elle était enfant elle connaissait certaines règles de la grammaire latine — les verbes conjugués avec *ad, ante, con, in, inter* — que faisaient-ils ? Comme c'est drôle qu'elle ne puisse pas s'en souvenir. Ses yeux s'étaient de nouveau fixés sur le tapis, si près des pieds d'O'Bannon qu'elle se rendait compte de tout mouvement de sa part, et pourtant elle ne le regardait pas. Une mouche rampa mollement dans son champ de vision, et ses yeux la suivirent alors qu'elle se posait sur la botte d'O'Bannon. Elle leva les yeux vers l'endroit où sa main reposait sur son genou, puis détourna les yeux pour revenir au sol.

"Si vous concluez que l'accusée n'est pas coupable d'homicide involontaire au premier degré, vous devez alors déterminer si elle est ou non coupable d'homicide involontaire au deuxième degré, c'est-à-dire si elle a causé la mort de Drummond par un acte de négligence coupable. La négligence coupable a été définie par Recorder Smyth dans le cas de—dans le cas du peuple contre Bedenseick comme l'omission de faire quelque chose qu'un homme raisonnable et prudent ferait, ou le fait de faire quelque chose qu'un tel homme ne ferait pas dans les circonstances de chaque cas particulier. Ou, qu'est-ce que c'est la même chose———"

Comme c'est incroyablement fatiguant ! Elle jeta un coup d'œil au jury. En fait, ils écoutaient et buvaient les paroles du juge. Tout d'un coup, elle comprit au ton de son ton qu'il touchait à sa fin.

"Si vous concluez qu'un meurtre a eu lieu, mais qu'il ne s'agit pas d'un homicide involontaire, à aucun des deux degrés, alors il est de votre devoir de l'acquitter. Si par contre vous déclarez l'accusé coupable à l'un ou l'autre degré, vous ne devez pas considérer la peine qui pourrait lui être imposée. être imposé. C'est la compétence du tribunal ; il vous appartient d'examiner les faits. Telle est, messieurs, la loi. Les preuves sont devant vous. Vous êtes libre de croire ou de ne pas croire le témoignage de tout témoin en partie ou en tant que tel. un tout, selon votre bon sens. Pesez les témoignages, en donnant à chaque fait sa juste proportion, puis, selon votre meilleur jugement, rendez votre verdict.

Son Honneur est resté silencieux. Il y a eu quelques demandes d'inculpation des deux côtés, et le jury s'est solennellement retiré. Presque sans interruption, l'affaire suivante fut appelée, la voix du préposé résonnant comme auparavant : « L'affaire du peuple contre… »

Lydia ne se sentait pas encline à bouger, comme si même ses os étaient constitués d'un matériau mou et dissoluble. Elle comprit alors qu'elle n'avait pas le choix. La prisonnière suivante attendait sa place : un Italien mal rasé, aux yeux creux, avec à ses côtés un gros avocat vêtu de gris qui ressemblait à Caruso. En quittant le tribunal , elle entendit le greffier appeler le nouveau jury.

"Guillaume Roberts."

"Siège numéro un."

Le juge Homans se flattait particulièrement de la célérité avec laquelle son tribunal avançait.

CHAPITRE XII

Le lendemain matin, plusieurs journaux new-yorkais publièrent des éditoriaux saluant le verdict. Lydia assise dans son lit avec un plateau de petit-déjeuner sur ses genoux, les lisait froidement.

« La sécurité des routes » – « l'irresponsabilité de la jeune génération, particulièrement parmi les plus riches » – « la pitié ne doit pas dégénérer en sentimentalité » – « l'administration égale de nos lois… »

donc satisfait du verdict, n'est-ce pas ? On le savait peu. Elle-même était remplie d'amertume. Le moment du prononcé du verdict avait été terrible pour elle.

Les heures d'attente ne la dérangeaient pas. Elle s'était sentie endormie, sans intérêt particulier pour ce que le jury avait décidé. Mais cela avait changé dès l'instant où l'on avait appris que le jury était parvenu à un verdict. Il y eut un intervalle terrible pendant lequel la liste familière de leurs noms fut appelée pour la dernière fois. Puis on lui a dit de se lever et de leur faire face, ou plutôt de faire face au contremaître, Josiah Howell, un homme barbu au visage brun ridé. Il avait l'air presque terriblement grave.

Lydia serra la mâchoire, le regardant et pensant : "Pourquoi interférez-vous dans mon destin ?" Mais il n'était pas le personnage dont elle était le plus consciente. C'était le procureur, dont elle savait que l'enthousiasme était aussi grand que le sien.

"Comment dites-vous?" dit une voix. "Coupable ou non coupable ?"

"Coupable d'homicide involontaire au deuxième degré", répondit le contremaître.

Lydia savait que tous les regards dans la salle d'audience étaient tournés vers elle. Elle avait entendu parler d'accusés qui s'étaient évanouis après avoir entendu un verdict défavorable, s'effondrant comme des morts. Mais on ne s'évanouit pas de colère, et la colère était l'émotion de Lydia – la colère parce que « cet homme » avait effectivement obtenu le verdict qu'il voulait. Sa respiration s'accéléra et ses narines se dilatèrent. Comme c'était écoeurant qu'elle n'ait rien d'autre à faire que de rester là et de le laisser triompher ! Aucun revirement ultérieur ne lui enlèverait ce moment.

Le jury a été remercié et démis de ses fonctions. Wiley était occupée à présenter des arguments qui lui permettraient de rester en liberté pendant l'appel de son affaire. Elle se tenait seule, immobile comme une statue. Elle pensait qu'un jour le monde saurait par quelles méthodes ce verdict avait été obtenu.

Elle s'était bien comportée lors de son procès ; avait vécu une vie de retraite, ne voyant personne d'autre que Wiley et ses amis immédiats. Mais il n'y avait plus aucune raison de jouer un rôle. Au contraire, elle pensait que cela soulagerait son moral de montrer au monde – et à O'Bannon – qu'elle n'était pas encore battue. Elle n'avait pas l'intention de se considérer comme une criminelle parce qu'il avait convaincu un jury de la condamner.

Elle s'achetait de nouveaux vêtements et sortait tous les soirs, dansant jusqu'à l'aube et dormant jusqu'à midi. Elle entame un nouveau flirt, cette fois avec un beau jeune acteur anglais insolent, Ludovic Blythe, âgé d'à peine vingt et un ans, avec un étrange mélange de méchanceté et de naïveté que possèdent certains garçons anglais. Ses amis le désapprouvaient chaleureusement.

À sa suggestion, elle engagea un passage pour l'Angleterre début juillet. Wiley l'a prévenue qu'il était peu probable que la décision dans son cas soit rendue aussi tôt et que si ce n'était pas le cas, elle ne pourrait pas quitter le pays.

"Il n'y a aucun mal à engager une cabine, n'est-ce pas ?" elle a répondu.

Son plan était de profiter de la fin de la saison londonienne, avec quelques soirées dans la campagne anglaise, de passer septembre à Venise, deux semaines à Paris pour acheter des vêtements et de rentrer chez elle en octobre.

« À Long Island ? » a demandé Mlle Bennett.

"Bien sûr. Où d'autre ?" répondit Lydie. "Pensez-vous que je vais me laisser chasser de chez moi ?"

Mais juillet arriva sans que la décision soit prise, et Lydia fut obligée d'annuler son passage. Elle était ennuyée.

"Ces vieux juges paresseux", a-t-elle déclaré, "ont en fait ajourné leurs travaux pendant deux mois, et maintenant je ne peux pas partir avant septembre." Son ton indiquait qu'elle faisait beaucoup pour la loi de son pays, en changeant ainsi ses plans.

O'Bannon, apprit-elle, prenait également des vacances : il allait dans le Wyoming pendant un mois. Elle pensait qu'elle aimerait voir quelque chose de l'Ouest, mais à la place elle a pris une maison à Newport pour le mois d'août – un mois fiévreux. Blythe est venu passer le dimanche avec elle et y est resté deux semaines, est tombé amoureux de May Swayne, a tenté d'utiliser sa position d'invité chez Lydia pour se faire passer pour un prétendant plus désirable aux yeux de la famille Swayne - un solide démodé. fortune - et a été chassé par Lydia après une scène de violence inhabituelle.

Une querelle s'ensuivit au cours de laquelle de nombreuses personnes prirent – et changeèrent – de camp. Lydia se battait gaiement, vivement, en plein air.

Son objectif n'était pas la mort de Blythe, mais son extinction sociale, et sa méthode n'était pas l'acier froid mais le ridicule. La guerre a été gagnée lorsque May a été amenée à le considérer comme un personnage impossible, comique, en devenir – comme il l'était peut-être, mais pas plus que lorsque Lydia elle-même l'avait reçu. Après cela, même s'il s'attarda quelques jours dans un hôtel, sa disparition définitive était certaine. Lydia et May sont restées amies tout au long de leur relation, autant amies qu'elles l'avaient jamais été. Depuis le jour de leur première rencontre, les deux femmes n'avaient jamais permis à aucun homme d'être leur ami.

Albee est venu et a passé vingt-quatre heures avec elle entre un train de minuit et un bateau du dimanche. Il était en pleine campagne pour devenir sénateur américain de son propre État, certain d'être élu. Lydia était gentille et patiente avec lui, mais franchement ennuyée.

"Il y a plus de choses chez Bobby", confia-t-elle à Benny, "qui ne s'attend pas à ce que vous tremblais à son signe de tête. Je déteste les faux hommes forts. Je suis toujours tentée de les bluffer. C'est un rôle difficile qu'ils veulent jouer. S'ils ne vous brisent pas, vous les méprisez. S'ils le font, eh bien, vous êtes brisé, cela ne sert à rien. »

Elle demanda à Eleanor de venir passer le mois d'août avec elle, mais Eleanor refusa, disant, ce qui était vrai, qu'elle ne supportait pas Newport. Elle pouvait supporter une association encore moins constante avec Lydia en ce moment. La seule préoccupation de Lydia lorsqu'ils étaient ensemble était de détruire l'amitié d'Eleanor pour O'Bannon. Autrefois, Eleanor avait souvent ri de la persévérance que Lydia mettait dans ce genre de campagne de haine, mais elle ne pouvait plus rire maintenant, car en fait, son amitié avec O'Bannon était déjà détruite. Elle le voyait à peine, et si elle le voyait, il y avait un voile entre eux. Il était gentil, il était ouvert avec elle, il était tout sauf intéressé.

Eleanor aimait O'Bannon, mais avec une démarche si intellectuelle qu'elle n'avait pas tort de considérer qu'il s'agissait d'une amitié. Elle l'aurait épousé s'il le lui avait demandé, mais elle l'aurait fait principalement pour s'assurer de sa compagnie. Si quelqu'un avait pu garantir qu'ils continueraient toute leur vie à vivre à quelques mètres l'un de l'autre, elle aurait été contente – contente même de savoir que de temps en temps, une autre femme moins raisonnable viendrait le balayer loin d'elle. . Elle savait qu'il était d'un tempérament susceptible aux terribles bouffées d'émotions, mais elle considérait que c'était là son emprise sur lui : elle était si en sécurité.

L'éloignement qui enveloppait leur relation indiquait désormais une autre femme, et pourtant elle connaissait assez bien sa vie quotidienne pour savoir qu'il ne voyait personne à part elle et Alma Wooley ; et même s'il y avait quelques rumeurs sur l'attention qu'il portait à la jeune fille, Eleanor sentait qu'elle en comprenait la raison. Alma lui a fait ressentir émotionnellement ce qu'il savait rationnellement : que ses poursuites contre Lydia n'étaient qu'un acte de justice. Alma le considérait comme le plus grand des hommes et lui était extrêmement reconnaissante d'avoir fait de son amant décédé un héros, un homme tué dans l'exercice de son devoir. Pour son imagination, Lydia était une horreur incroyable, comme une méchante princesse dans un conte de fées. Eleanor se demanda si elle ne semblait pas un peu la même aux yeux d'O'Bannon. Il n'a jamais prononcé son nom lorsqu'elle, Eleanor, parlait d'elle. C'était comme jeter une pierre dans un puits sans fond. Elle a écouté et écouté, et rien n'est revenu du silence épouvantable d'O'Bannon. Il ne parla d'elle qu'une seule fois, et c'est lorsqu'il vint dire au revoir à Eleanor le jour de son départ pour le Wyoming. Il avait hâte de s'enfuir, de s'en aller dans ces montagnes, de dormir à la belle étoile et d'oublier tout et tout le monde à l'Est.

"Merci", pensa Eleanor, "comme les hommes sont impitoyables ! Je ne laisserais aucun de mes amis voir que je suis heureuse de le quitter, même si je l'étais."

"C'est un travail pourri, le mien", a-t-il déclaré. "J'envoie toujours en prison des gens qui sont soit si anormaux qu'ils ne semblent pas humains, soit si humains qu'ils me ressemblent."

Eleanor mentionna alors que Lydia lui avait demandé d'aller à Newport pendant un mois. O'Bannon se tourna brusquement vers elle.

"Et tu y vas ?"

Elle a dit non, mais cela ne l'a pas épargnée de son mépris.

"Je ne vois pas comment tu peux être l'ami de cette femme, Eleanor", dit-il.

"Lydia a les qualités les plus attachantes quand on la connaît, Dan."

« Attachant ! » » éclata-t-il avec une irritation réprimée qu'elle n'avait jamais vue – une étrange haine envers elle, Eleanor, pour avoir dit une telle chose. "Arrogante, inflexible, utilisant tous ses dons (son intelligence et son incroyable beauté) juste pour atteindre ses propres objectifs égoïstes !"

Une impulsion basée en partie sur une pure loyauté mais en partie sur l'idée qu'elle pourrait améliorer sa position en montrant que son amie n'était pas tout à fait un monstre la fit répondre : « Tu ne croirais pas, Dan, comment si elle tient vraiment à toi, elle peut être tendre presque accroché.

"Pour l'amour de Dieu, ne parlons pas d'elle !" dit O'Bannon, et c'est sur cette note qu'ils se séparèrent.

Il ne lui écrivit qu'une seule fois, mais ses lettres à sa mère étaient toujours à sa disposition. Elle voyait beaucoup la vieille dame, qui développait une légère pleurésie dès que son fils lui tournait le dos et ne voulait pas que Dan en soit informé. Eleanor a passé la majeure partie de ce chaud mois d'août à prendre soin d'elle.

"Je veux qu'il passe des vacances ininterrompues", a déclaré fermement Mme O'Bannon. "Il ne va pas bien. Il ne dort pas comme il le devrait, et il est fâché, et tu sais que ce n'est pas le genre de Dan d'être fâché."

Le dernier jour d' août , il était de retour, maigre et brûlé par le soleil, s'annonçant en excellente condition. Sa première question concernait l'affaire Thorne.

"Es-tu inquiet à ce sujet ?" dit sa mère.

"Pas du tout. Ils ne peuvent pas nous renverser", a-t-il répondu.

Après la Fête du Travail, Lydia est retournée dans sa maison de Long Island, et elle était là lorsque la décision dans son cas a été rendue. Le verdict du tribunal inférieur a été confirmé. Ce fut pour elle un coup dur, peut-être le premier véritable coup qu'elle ait jamais reçu. Elle avait si fermement décidé que le premier verdict était le résultat d'une influence indue du procureur de la République, qu'elle avait pensé qu'il était impossible que le tribunal supérieur le confirme. Encore un triomphe pour « cet homme ! » L'idée d'une punition lui paraissait horrible : être condamnée à une amende en tant que criminelle. Elle ne concevait toujours pas la possibilité d'être envoyée en prison.

"Je peux penser à de nombreuses façons dont je préférerais dépenser mille dollars", fut son seul commentaire.

Mais jour et nuit, elle pensait à la scène du tribunal où elle devait se présenter pour connaître sa sentence. En secret, son courage lui manquait. Ce serait le symbole visible du triomphe d'O'Bannon sur elle. Mais sa volonté s'opposa en vain à la nécessité. Seule la mort pouvait la sauver. Ce serait court de toute façon. Elle savait comment ça se passerait. Elle et Wiley apparaîtraient au milieu du procès d'un autre misérable. Il y aurait des chuchotements autour du bureau du juge, et O'Bannon serait là – sans la regarder, mais triomphant dans son cœur noir, et le juge dirait « Mille dollars d'amende », ou… non, rien d'aussi succinct. Il trouverait là une occasion de parler d'elle et de son cas en premier. Et puis elle paierait l'argent et quitterait le tribunal, une criminelle reconnue coupable.

Et puis la deuxième étape commencerait. Ce serait son tour. Elle donnerait sa vie pour se venger d'O'Bannon. Elle qui avait toujours eu besoin d'un but, d'un fil sur lequel enfiler sa vie, l'avait trouvé dans la haine. La plupart des gens le trouvaient amoureux, mais pour sa part, elle aimait la haine. C'était excitant et actif, et, oh, quel point culminant cela promettait ! Oui, comme l'aventurière du mélodrame, elle allait elle-même vers lui et lui disait : « J'ai attendu dix ans pour te ruiner, et maintenant je l'ai fait. Pendant toutes ces années, t'es-tu demandé ce qui était contre toi, ce qui était contre toi ? t'a retenu et empoisonné tout ce que tu touchais ? C'était moi !

D'autres personnes, elle le savait, pensaient de telles choses et ne les mettaient jamais en pratique. Mais elle n'avait aucune raison de se méfier du pouvoir de sa propre volonté, et elle n'avait jamais rien voulu comme elle voulait cela. Elle a commencé à l'arranger. Il y avait trois façons de blesser un homme : par son amour, par ses ambitions et par ses finances. Un politicien véreux comme O'Bannon pourrait souffrir le plus d'une ruine politique. Elle doit toujours garder une certaine emprise sur Albee pour cela. L'argent n'aurait probablement pas beaucoup d'importance pour O'Bannon. Mais mon amour… c'était une créature émotive. Les femmes, elle en était sûre, jouaient un rôle énorme dans sa vie. Et il les attirait – probablement habitué au succès. Oh, dire qu'elle avait été pendant quelques secondes consentante dans ses bras ! Et pourtant, cela signifiait qu'elle avait du pouvoir sur lui. Elle savait qu'elle avait du pouvoir. Serait-ce là sa méthode : lui faire croire qu'elle l'avait vu non pas comme un ennemi mais comme un héros, un croisé, un maître, qu'elle était une victime adorante ? Oh, avec quelle facilité elle pouvait lui faire l'amour, et avec quel succès ! Elle pouvait imaginer se mettre à genoux devant lui, s'enrouler autour de lui, seulement il fallait qu'elle ait le point culminant prêt pour qu'à la même seconde elle détruise à la fois son amour et sa carrière. Elle devait attendre, et ce serait difficile d'attendre ; mais elle devait attendre qu'elle et Albee aient creusé une fosse profonde. Ensuite, elle l'appellerait et il devrait venir. C'est en réfléchissant à ces pensées qu'elle a réussi à entrer au tribunal calme et froide comme l'acier.

" Qu'avez-vous à dire maintenant pour que le jugement du tribunal ne soit pas prononcé contre vous ? "

Le juge lui fit signe, ainsi qu'à Wiley, de venir à son bureau. O'Bannon était déjà là, si près que son bras aurait touché le sien si elle ne s'était pas reculée. Elle tremblait de haine. C'était horrible d'être si près de lui. Elle entendit sa propre respiration instable. À travers l'espace qui les séparait, des vagues d'émotions tangibles allaient et venaient . Elle leva les yeux vers lui et découvrit que lui, les mains serrées et les sourcils tirés, la regardait. Alors ils sont restés.

"Votre Honneur", dit Wiley d'un ton doux, "je voudrais demander qu'une amende plutôt qu'une peine de prison soit infligée à cette prisonnière, non seulement en raison de sa jeunesse et de ses bons antécédents, mais aussi parce qu'une femme de son éducation protégée, une peine de prison est une punition plus sévère que celle envisagée par la loi.

"Je ne suis absolument pas d'accord avec vous, conseiller", a déclaré le juge d'une voix forte. "Ce qui rend le tribunal si réticent à imposer des peines de prison est la difficulté qui en résulte à gagner sa vie. Cette considération est totalement absente dans le cas présent. D'un autre côté, imposer une amende serait manifestement ridicule, ce qui constituerait pour cela " Je ne condamne pas l'accusé à aucune punition. Je condamne ce prisonnier (le juge fit une pause et releva le menton) à pas moins de trois ans ni plus de sept ans de prison d'État. "

Elle entendit Wiley plaider passionnément auprès du juge Homans. Une silhouette en manteau bleu se tenait maintenant à côté d'elle. C'était quand même incroyable.

"C'est votre faute," entendit-elle sa propre voix dire très doucement à O'Bannon.

À sa grande surprise, elle vit que cette émotion, qu'elle ne connaissait pas, l'empêchait de répondre. Ses yeux la fixaient avec un visage plus blanc que le sien. C'était son émotion qui lui faisait comprendre sa propre situation. Sa main sur le bureau tremblait. Elle savait qu'il n'aurait pas pu faire ce qu'elle avait décidé de faire. Elle se tourna et marcha avec le policier jusqu'au passage grillagé qui menait à la prison.

Alors que la porte claquait derrière elle, O'Bannon se tourna et sortit du tribunal, et monta dans sa voiture et partit vers l'ouest. A deux heures du matin, Eleanor fut réveillée par un téléphone de Mme O'Bannon. Dan n'était pas rentré à la maison. Elle avait peur qu'il lui arrive quelque chose. Un homme dans sa position avait de nombreux ennemis. Eleanor pensait-elle qu'un ami ou un amant de cette fille Thorne...

Oh, non, Eleanor n'en était certainement pas !

Le lendemain matin – car une petite ville a peu de secrets – elle savait qu'O'Bannon était revenu à six heures, ivre.

"Oh, mon Dieu", pensa Eleanor, "doit-il reprendre cette route ?"

CHAPITRE XIII

Lydia et son gardien sont arrivés à la prison en début de soirée. Elle avait voyagé toute la journée chaude et lumineuse de septembre. Pendant la première heure, elle n'avait eu conscience que de la proximité du gardien, de la voiture bondée, de l'odeur mêlée d'oranges et de fumée de charbon, du journal par terre, foulé par tous les pieds, contenant probablement le récit de son départ pour elle. longue détention. Puis, ses yeux errant vers la rivière, elle se souvint soudain qu'il lui faudrait des années avant de revoir les montagnes et l'eau qui coule. Peut-être qu'elle ne les reverrait jamais.

Au cours de l'hiver précédent, elle était allée avec Benny et Mme Galton visiter une prison dans un État voisin, une prison pour hommes. Cela a été considéré comme un exemple malheureux. Des scènes de cette visite lui revinrent dans une série de photos. Un bandit nègre géant tissant sur un immense métier à tisser avec une régularité lourde et désespérée. Des cellules de punition noires et sans air – « jamais utilisées de nos jours », avait dit le gardien avec légèreté, et cela avait été corrigé par un murmure sourd du gardien ; deux d'entre eux étaient actuellement utilisés. Les étages de cellules ordinaires, pas tellement meilleurs, avec leurs meurtrières barrées. Et les odeurs... les terribles odeurs de la prison. À leur meilleur, du savon désinfectant et rassis ; au pire, Lydia n'a jamais su qu'il était possible de se souvenir d'une odeur comme elle se souvenait maintenant de celle-là. Mais surtout, elle se souvenait de la pâleur crayeuse de certains prisonniers, certains manifestement tuberculeux, d'autres tremblants d'affections nerveuses. Elle doutait froidement que beaucoup de gens soient assez forts pour endurer des années de ce genre de choses.

Elle regardait donc la rivière comme si elle ne la reverrait jamais.

Ils étaient déjà dans les Highlands, et les collines du côté est – sa rive du fleuve – jetaient une ombre matinale sur l'eau, tandis qu'en face, les bâtiments de marbre blanc de West Point brillaient sous le soleil. Storm King, avec sa masse abrupte, s'interposa entre les deux tronçons de la nouvelle route, celle que Lydia avait tant désirée voir terminée. Elle et Bobby avaient prévu de le parcourir en voiture jusqu'aux Emmons. un jour — Newburgh. Il y avait là un hôtel où elle s'était arrêtée une fois pour déjeuner alors qu'elle se rendait à Tuxedo en provenance d'un endroit ou d'un autre. Puis bientôt le pont de Poughkeepsie, puis la gare où elle était descendue lorsqu'elle avait passé le dimanche avec les Emmons , le jour où Evans avait été arrêté et avait avoué à cet homme... Il y avait le pilier même près duquel elle avait attendu pendant son arrestation. le chauffeur a regardé ses sacs. Maintenant, la rivière commençait à se rétrécir, il y avait des îles marécageuses et d'énormes glacières fragiles le long du bord. Tout cela se déroulait devant elle comme une image qu'elle ne reverrait plus jamais. Puis Albany, installée sur ses collines, et le train, tournant brusquement, traversa le pont en trombe et pénétra dans la gare noircie. Presque tout le monde dans la voiture est sorti ici, car le train s'est arrêté quelque temps ; mais elle et son garde restaient assis silencieusement côte à côte. Puis bientôt ils repartirent, à travers la belle et large vallée fertile du Mohawk... Ils s'approchaient, très près . Elle ne se sentait pas effrayée mais physiquement malade. Elle se demandait si ses cheveux seraient coupés courts. Bien sûr que ce serait le cas. Cela lui semblait être une indignité commise par O'Bannon lui-même.

Il faisait sombre quand ils atteignirent la gare, si sombre qu'elle ne pouvait avoir une idée précise de rien d'autre que du grand mur de la prison et du bruit du déverrouillage de la grande porte. Plus tard, elle connut la porte d'une beauté incongrue : la porte blanche avec son imposte et ses fenêtres latérales, et deux escaliers bas qui y montaient, et, au-dessus, le porche en ferronnerie, soutenu par des colonnes carrées en ferronnerie à motif de feuilles, suggestif. en quelque sorte d'une vieille vigne de glycine. Mais maintenant, elle ne savait plus rien entre le portail et l'ouverture de la porte d'entrée.

Elle entra dans ce qui aurait pu être le vaste hall d'une maison de campagne démodée et extraordinairement dépouillé. Un large escalier s'élevait droit devant elle et de larges portes à l'ancienne s'ouvraient formellement à gauche et à droite.

Elle fut conduite dans la pièce de droite, celle de la surveillante. Pendant que son nom, son âge et son crime étaient enregistrés , elle regardait droit devant elle, les étagères allant jusqu'au plafond. Elle pouvait reconnaître des reliures familières : les œuvres de Marion Crawford et de Mme Humphry Ward.

Des femmes calmes aux yeux bruns semblaient l'entourer, mais elle ne voulait même pas les regarder. Leur gentillesse impersonnelle semblait fondée sur la connaissance insultante de son impuissance totale. Ils discutèrent un peu avec le gardien qui l'avait amenée. Le train était-il en retard ? Enfin, pas aussi grave que la dernière fois.

Elle se demandait dans combien de temps ils lui couperaient les cheveux.

Après un petit moment, elle fut conduite à travers un long couloir directement jusqu'à une salle de bains spacieuse. Ses vêtements, enveloppés dans un drap, furent emportés. Lydia eut alors un petit rire. Cela lui plaisait, signe que la routine dans son cas était manifestement ridicule : emporter ses affaires comme si elles étaient infectées. On lui donna un bain, on lui tendit une chemise de nuit d'une texture des plus hostiles et elle fut bientôt enfermée dans sa cellule, toujours en possession de ses cheveux.

Elle se sentait comme un animal pris au piège – elle pouvait s'imaginer courant sur le sol, sentant les fissures, dans l'espoir de s'échapper, avec cet étrange mouvement de tête, de haut en bas, de haut en bas, d'un animal nouvellement en cage.

Plus encore que les serrures et les verrous, elle faisait attention à la grille ouverte de la porte, comme à un œil à travers lequel elle pouvait, à tout moment du jour et de la nuit, être épiée. À chaque pas, elle se préparait à rencontrer un regard de défi, celui d'un inspecteur. La cellule n'était guère une cellule, mais une pièce plus grande que la plupart des chambres du hall. Le lit avait une couverture blanche ; la table aussi ; et la fenêtre, bien que grillagée, était grande. Mais cela n'impressionna pas Lydia. Elle avait conscience d'être enfermée. Seuls sa fierté et son bon sens l'empêchaient de frapper à la porte à mains nues et de provoquer une de ces poussées de cris si familières aux responsables de la prison.

Elle qui n'avait jamais été contrainte devait désormais être contrainte dans chaque action, entourée partout de symboles de coercition. Elle qui avait été une individualiste si intense qu'elle avait écarté un modèle français si elle voyait d'autres femmes le porter, devait désormais porter une robe vichy rayée au motif universel. Celle dont les mains blanches et compétentes n'avaient jamais accompli un travail utile fut condamnée à au moins trois ans et à plus de sept ans de travaux forcés. Qu'est-ce que ce serait : un dur labeur ? La vision de ce nègre géant travaillant désespérément à son métier à tisser était devant elle toute la nuit.

Toute la nuit, elle erra de long en large dans sa cellule, posant de temps en temps la main sur la porte pour s'assurer du fait incroyable qu'elle était verrouillée. Seulement quelques minutes à l'aube, elle s'endormit, oubliant la catastrophe, le sort malin qui l'avait frappée, et se réveilla en s'imaginant chez elle.

Lorsque la porte de sa cellule fut déverrouillée , elle sortit dans le même couloir qu'elle avait emprunté la nuit précédente. Elle a trouvé que c'était un éclat de soleil. De grandes taches de soleil tombaient en forme de barreaux sur les planches du plancher, aussi blanches que le pont d'un navire de guerre. Se souvenant des sombres meurtrières granitiques de son imagination, ce soleil semblait d'une luminosité insolente.

La loi oblige tout détenu, sauf dérogation spéciale, à passer une heure par jour à l'école. L'examen de Lydia était suffisamment satisfaisant pour l'exempter, mais elle devait travailler dans la salle de classe, distribuant des livres, aidant avec les devoirs, effaçant les tableaux noirs, ramassant les craies et les gommes. De cette manière, toute la population de la prison, soit environ soixante-quinze femmes, passait devant elle dans les différents niveaux. Elle aurait peut-être trouvé de l'intérêt et des opportunités, mais elle n'était pas d'humeur à coopérer .

Elle était assise là, les méprisant tous, ressentant sa propre différence essentielle – de la jeune Italienne aux yeux brillants qui ne connaissait pas l'anglais dix-huit mois auparavant et qui était maintenant une élève si assidue, au grand professeur calme et incroyablement de bonne humeur. L'atmosphère de la salle n'était pas celle d'une école pénitentiaire mais celle d'un jardin d'enfants. C'était ce qui agaçait Lydia : que ces femmes semblaient aimer apprendre. Ils épelaient avec enthousiasme : ces femmes adultes. Ils parcoururent les pages, épelant « passager », « transfert » et « gare » – c'était évidemment une leçon sur un tramway. Était-elle censée, Lydia Thorne, se joindre avec joie à une telle discipline enfantine ? En calcul mental, la concurrence s'est intensifiée. Muriel, une jeune fille de couleur à la voix douce, faisait que huit et sept faisaient treize. La classe rit gaiement. Lydia se couvrit le visage de ses mains.

"Oh", pensa-t-elle, "il aurait peut-être mieux fait de me tuer que ça !"

Il lui semblait que cette terrible routine impersonnelle tournait contre elle comme une grande roue et l'écrasait en terre. Quelle incroyable perversité que personne – aucun prisonnier, aucun gardien, pas même la matrone aux yeux clairs – ne verrait le fait évident qu'elle n'était pas une criminelle comme ces autres.

Le pouvoir d'O'Bannon avait-il même atteint l'isolement de la prison et dicté qu'elle devait être traitée comme tout le monde – elle qui était si différente de ces êtres incultes, émotifs et instables qui l'entouraient ?

C'est son ancienne servante, Evans, qui a détruit cette illusion. Les différentes salles de la prison mangeaient séparément ; et comme Evans n'était pas dans sa salle, ils ne se rencontrèrent pas pendant la journée. Ils se retrouvèrent une heure après le thé, avant que les prisonniers ne soient enfermés dans leurs cellules pour la nuit ; une heure où, dans la grande salle, ils étaient autorisés à lire, à parler, à coudre et à faire de la frivolité – la frivolité était alors très populaire.

Lydia s'était enfoncée dans un rocking-chair. Elle ne pouvait pas se concentrer sur un livre, et elle ne savait ni coudre ni tatouer, et parler pour parler n'avait jamais été un de ses amusements. Elle pensait : « Un jour s'est écoulé sur peut-être sept ans. Dans sept ans, j'aurai trente-trois ans », lorsqu'elle sentit quelqu'un s'approcher d'elle, et levant les yeux, elle vit que c'était Evans.

Evans, en coton rayé, n'avait pas l'air si différent de la femme de chambre d'autrefois, sauf que, comme Lydia le remarqua avec une vague surprise, elle avait pris du poids. Elle arrivait d'un pas précipité qui faisait retourner ses jupes jusqu'à ses talons – le même pas avec lequel elle venait quand elle était en retard pour habiller Lydia pour le dîner. Elle s'attendait presque à entendre le familier : « Que porterez-vous, mademoiselle ? Une douzaine de souvenirs lui vinrent à l'esprit : Evans polissant ses bijoux au soleil, Evans enfermée dans la chambre en désordre refusant sa confiance à tout le monde, puis s'effondrant et se confessant à « cet homme ».

Elle détourna le regard de la silhouette qui approchait, espérant que la jeune fille comprendrait ; mais non, Evans dressait une chaise avec un peu la manière d'une hôtesse pour un nouvel arrivant.

"Oh, Evans !" » fut le salut de Lydia, tout à fait à son ancienne manière.

"Tu ferais mieux de m'appeler Louisa ici, je veux dire, ce sont les prénoms que nous utilisons", a déclaré Evans.

Le fait avait déjà été signalé à son ancien employeur par Muriel, qui n'avait fait que l'appeler Lydia dans un vain effort de politesse . Elle s'est préparée à l'entendre de la part d'Evans, qui a cependant réussi à l'éviter. Elle bavardait sur les nouvelles de la prison et essayait d'encourager et d'aider cette nouvelle venue avec la sagesse qu'elle avait acquise. Lydia ne bougea pas, ne répondit pas et ne releva pas les yeux.

"Comme le dit la matrone", poursuivit Evans, "le pire est passé quand vous arrivez ici. C'est le procès, la sentence et le voyage qui sont les pires. Au bout d'une semaine environ, vous commencerez à vous y habituer."

Les narines de Lydia tremblèrent.

"Je ne m'y habituerai jamais", dit-elle. "Je n'ai pas ma place ici. Ce que j'ai fait n'était pas un crime."

Il y eut une courte pause. Lydia attendait l'accord cordial d'Evans sur ce qui semblait une affirmation évidente. Aucun n'est venu. Au lieu de cela , elle dit doucement, comme elle aurait pu l'expliquer à un enfant : "Oh, mademoiselle, ils pensent tous ça !"

"Tu penses quoi ?"

" Que ce qu'ils ont fait n'était pas vraiment un mal, qu'ils ont été injustement condamnés. Il n'y a personne ici qui ne vous le dise. Plus ils sont pires, plus ils le pensent. "

Lydia avait levé les yeux de sa contemplation du tapis gris en chiffon. Aucun sermon n'aurait pu l'arrêter aussi brièvement : l'idée qu'elle était exactement comme toutes les autres détenues. Elle protesta, plus contre elle-même que contre Evans.

"Mais c'est différent ! Ce que j'ai fait était un accident, pas un crime délibéré."

Evans sourit de son vieux sourire rare et doux.

"Mais la loi dit que c'était un crime."

Horrible! Horrible mais vrai ! Lydia devait constater que chaque femme ressentait exactement la même chose qu'elle ; qu'elle était un cas spécial ; qu'elle n'avait rien fait de mal ; que sa condamnation avait été provoquée par un avocat incompétent, un procureur vindicatif, un jury soudoyé, un témoin parjure. La première chose que chacun d'eux voulait expliquer, c'était qu'elle, comme Lydia, était un cas particulier.

La petite fille à l'air innocent qui avait commis la bigamie. "N'est-ce pas pour rire ?" dit-elle. "Bon sang, quand on pense à ce que les hommes nous font ! Et je prends cinq ans pour ne pas savoir qu'il était mort ! Et quel mal lui ai-je fait de toute façon ?"

Et la sténographe âgée et décharnée qui dirigeait une entreprise illégale de vente par correspondance pour ses employeurs. L'une d'elles avait évidemment occupé tout son horizon, prenant la place de toute loi, morale et judiciaire.

"Il a dit que c'était tout à fait légal", répétait-elle, estimant visiblement que le juge et le jury avaient été pitoyablement mal informés.

Et il y avait la grosse femme d'âge moyen avec des cheveux blonds et des manières douces et compétentes – elle était compétente. Elle s'était fait une spécialité des fraudes immobilières.

"J'étais entièrement dans le respect de la loi", a-t-elle déclaré, comme si elle n'était guère intéressée à discuter de la question.

Et il y avait des jeunes filles mulâtres homosexuelles et des Italiens aux yeux brillants, qui disaient tous la même chose : « tout le monde le fait ; seule l'autre fille m'a crié dessus » – et il y avait les égoïstes, qui n'allaient plus jamais se retrouver dans ce pétrin. . Certaines filles devaient voler pour gagner leur vie ; ils avaient assez de cervelle pour aller tout droit. Même la femme qui avait tenté de tuer son mari estimait qu'elle avait tout à fait raison et, après avoir entendu son histoire, Lydia était encline à être d'accord avec elle.

Seul Evans semblait penser que sa phrase était juste.

"Non, ce n'était pas bien ce que j'ai fait", a-t-elle dit, et elle s'est démarquée comme une star, supérieure à son environnement. Elle apprenait et grandissait seulement dans la terrible routine. Lydia commença bientôt à penser que sa petite idiote de servante était une grande personne. Pourquoi?

Enfermée dans sa cellule, de l'obscurité à la lumière du jour, Lydia passait la majeure partie de son temps à réfléchir. Comme beaucoup de personnes dans ce monde, elle n'avait jamais réfléchi auparavant. Elle avait particulièrement arrangé sa vie pour qu'elle ne réfléchisse pas. La plupart des gens qui pensent qu'ils pensent rêvent vraiment. Lydia n'était pas une rêveuse. Il lui manquait l'imagination romantique qui rend les rêves magiques. Clairvoyante et pessimiste lorsqu'elle regardait la vie, la réalité lui avait semblé hideuse, et elle détournait le regard le plus vite possible, se tournait vers la beauté matérielle dont elle s'était entourée et les activités agréables toujours à sa portée. Maintenant, coupée du plaisir et de la beauté, il lui semblait pour la première fois que c'était une véritable aventure d'avoir le courage d'examiner tout le plan de la vie. Son motif ne pourrait guère être plus hideux que celui de chaque jour.

Qu'était-elle ? Quelle raison avait-elle de vivre ? A quoi pourrait bien servir la vie ? Quelle était la vérité ?

Un verset qu'elle ne parvenait pas à comprendre lui trottait dans la tête :

Quand j'ai connu la Vérité, J'ai cru que c'était une amie; Quand je l'ai comprendre et sentir, j'en étais déjà dégoûté .

Et pourtant elle HNE éternelle, Et ceux qui se sont passés d'elle Ici - bas ont tout ignoré .

Elle avait délibérément ignoré une grande partie de la vie – de tout.

Elle a traversé une période de désespoir, d'autant plus pire que, comme un visage dans un cauchemar, il était sans relief. C'était du désespoir, non pas à cause du fait qu'elle était en prison mais à cause de l'ensemble de l'univers, des hordes futiles d'êtres humains vivant et espérant, échouant et mourant.

Le désespoir paralysait ses activités corporelles. Son esprit, et même sa volonté géante, lui ont fait défaut. Elle ne pouvait ni dormir ni manger, et après une semaine, elle a été emmenée à l'hôpital. Le bruit courait dans la prison qu'elle devenait folle : c'était toujours comme ça que ça commençait. Elle est restée deux jours à l'hôpital, bougeant à peine. Son visage semblait avoir rétréci et ses yeux étaient devenus grands et flamboyants. Le médecin est venu et lui a parlé. Elle ne voulait pas lui répondre ; elle ne voulait pas croiser son regard ; elle ne ferait rien d'autre que de respirer longuement et contre nature comme des soupirs.

Dans la pièce à côté d'elle se trouvait une mère avec un bébé de six mois. Dans le meilleur des cas, Lydia ne s'était jamais beaucoup intéressée aux bébés, même si tous les jeunes animaux lui plaisaient dans une certaine mesure. Les bébés de ses amis, emmaillotés et gardés par des infirmières, n'avaient pas le charme spontané d'un chaton ou d'un chiot. Cependant, ce bébé – c'était Joseph, et on l'appelait toujours ainsi – était différent. Il passait beaucoup de temps seul, assis droit dans son berceau de fer blanc. Malgré les conditions de sa naissance, il était calme, les joues roses et en bonne santé.

Le premier jour où Lydia s'est levée, elle lui a jeté un coup d'œil en passant devant la porte. Il lui donnait en quelque sorte l'impression de mener une vie à part. Au début , elle le regardait seulement depuis la porte ; puis elle s'aventura, s'appuya sur le berceau, lui tendit un doigt auquel il se cramponnait, inventa un jeu de battements de mains, et fut récompensée par un sourire édenté et un long gargouillis de joie compliqué.

Le son était trop pour Lydia – l'idée que le bébé était heureux de se lancer dans l'aventure torturée de la vie. Elle rentra dans sa chambre en larmes, pleurant non pas à cause de son propre chagrin mais parce que tous les êtres humains étaient infiniment pathétiques.

Le lendemain, Anna, la mère, est entrée alors qu'elle était penchée sur le berceau. Lydia connaissait son histoire, l'histoire la plus commune – l'histoire d'une jeune fille respectable et protégée tombant soudainement, follement amoureuse d'un beau garçon, et découvrant, après quelques mois qu'il se lassait d'elle, qu'elle n'avait jamais été sa femme – qu'elle n'avait jamais été sa femme. il était déjà marié.

Lydia regarda la femme blonde et soignée à lunettes à côté d'elle. Il était difficile de l'imaginer assassiner qui que ce soit. Elle semblait douce, vague, peut-être un peu défectueuse. Plus tard, au cours de leur rencontre, elle raconta à Lydia comment elle avait procédé. Sa perfidie ne la dérangeait pas tellement, jusqu'à ce qu'il lui dise qu'elle savait depuis le début qu'ils n'étaient pas mariés – qu'elle l'avait fait les yeux ouverts – qu'elle était « sortie pour passer un bon moment ». Il était entre autres choses un cintre à papier, et une grande paire de cisailles reposait sur la table. La première chose qu'elle savait, c'était qu'ils étaient enterrés à ses côtés.

Lydia ne put s'empêcher de lui demander si elle regrettait ce qu'elle avait fait.

La jeune fille réfléchit. "Je pense que c'était bien qu'il meure", a-t-elle dit, mais elle était désolée pour Joseph. Dans peu de temps, le bébé lui serait retiré et placé dans une institution publique. Elle était maternelle – primitivement maternelle – et sa véritable punition n'était pas l'emprisonnement mais la séparation d'avec son enfant. Lydia l'a vu sans vraiment le comprendre.

La jeune fille lui avait dit : « Je suppose que tu ne peux pas imaginer tuer quelqu'un ?

Lydia lui assura qu'elle le pouvait… oh, très facilement. Elle retourna dans sa chambre pensant qu'elle était plus une meurtrière dans l'âme que cette fille, qui n'était plus qu'une mère.

À sa sortie de l' hôpital , elle n'a pas été réaffectée au travail scolaire mais envoyée à la cuisine. Il s'agissait d'une immense pièce carrelée qui donnait l'impression, à ceux qui y entraient pour la première fois, d'être entièrement vide. Puis le regard tomba sur une rangée de récipients en cuivre, trois d'entre eux aussi hauts qu'elle, un pour le thé, un pour le café, un pour l'eau chaude, et trois marmites plus petites, rondes comme des chaudrons de sorcière, pour la cuisson des céréales et des viandes. et des pommes de terre. La cuisson se faisait dans une alcôve adjacente. Là, Lydia fut mise au travail. Peu à peu, le processus a commencé à l'intéresser : le mélange de la pâte et la cuisson de dizaines de pains à la fois dans un grand four doté de grilles rotatives. Le four, comme tous les fours, avait ses caprices, en fonction de la quantité de chaleur utilisée par le reste de l'institution. Lydia s'est mise à maîtriser le sujet. Une certaine tension de compétence pratique en elle ne s'était jamais manifestée auparavant.

CHAPITRE XIV

Alors que Lydia commençait à sortir de sa dépression, elle s'accrochait à Evans, qui lui avait d'abord fait comprendre qu'elle ne pouvait penser à rien d'humain qui lui soit étranger. La petite Anglaise disciplinée, sincère et sans apitoiement sur elle-même, semblait être une pourvoyeuse de sagesse. Elle voyait clairement ses propres erreurs. William — William était le jeune valet de pied pâle dont ils parlaient beaucoup — l'avait longtemps exhortée à ramasser de temps en temps un billet de dix dollars ou un bijou oublié. Elle n'avait jamais ressenti la tentation de le faire jusqu'à ce que Lydia se montre si indifférente à la perte du bracelet. À quoi bon se soucier autant de la sécurité des bijoux si le propriétaire s'en souciait si peu ?

"Oh, ce bracelet !" » murmura Lydia, se rappelant comment elle l'avait vu pour la dernière fois dans la main d'O'Bannon au tribunal. Pendant un moment, elle ne suivit pas ce que disait Evans et revint au milieu d'une phrase.

"——et m'a fait comprendre que parce que tu avais tort, cela ne m'a pas donné raison. Puis je me suis préparé à avouer. Il m'a fait comprendre que le vrai mal était fait et terminé lorsque j'ai pris une chose qui n'était pas à moi, et que la seule façon de revenir était d'obéir à la loi et d'aller en prison et d'en finir aussi vite que possible. Je lui dois beaucoup, Lydia - non pas qu'il m'ait prêché, mais ses yeux m'ont regardé droit dans les yeux. ".

« De qui parlez-vous ? » demanda brusquement Lydia.

"De M. O'Bannon", répondit Evans, et un ton respectueux entra dans sa voix.

C'en était trop pour Lydia. Elle s'est éclatée, assurant à Evans qu'elle avait eu raison de prendre les bijoux. Elle, Lydia, savait désormais à quel point elle avait toujours été une employeur irréfléchie et inconsidérée. Mais quant à « cet homme », Evans doit comprendre qu'il ne l'avait amenée à avouer que pour s'épargner des ennuis. C'était une plume dans son chapeau : obtenir des aveux. Il n'avait pas pensé à sauver son âme. Lydia frappa du pied à l'ancienne mais sans faire aucune impression sur la jeune fille ensorcelée, qui insista pour être reconnaissante envers l'homme qui l'avait emprisonnée.

"Est-ce que c'est ce qu'il attend de moi ?" pensa Lydia.

Les longues et longues nuits d'hiver en prison sont d'excellentes périodes pour réfléchir à une vengeance. Elle comprit qu'il ne serait pas facile de se venger d'O'Bannon. Si c'était Albee, ce serait assez simple : elle le rendrait publiquement ridicule. Blesser cet égoïsme sensible serait tuer l'homme intérieur. Si c'était Bobby – le pauvre cher Bobby – elle détruirait sa confiance en lui et le laisserait mourir de faim à cause de sa propre conviction qu'il ne vaut rien. Mais que pouvait-elle faire à O'Bannon sinon le tuer – ou le faire aimer ? Peut-être menacer de le tuer. Elle essayait de penser à lui à genoux, implorant qu'on lui laisse la vie sauve. Mais non, elle ne pouvait pas donner réalité à cette vision. Il ne se mettrait pas à genoux ; il ne plaiderait pas ; il lui tiendrait tête avec défi et elle serait obligée de tirer pour prouver qu'elle pensait ce qu'elle avait dit.

Elle était en prison depuis environ trois mois lorsqu'un matin, la cuisine a appris qu'elle était recherchée dans la salle de réception. Cela signifiait un visiteur. Ce n'était pas le jour de Miss Bennett. Il doit s'agir d'un visiteur spécialement privilégié. Son invité était Albee.

Les prisonniers dont la conduite était suffisamment bonne pour les maintenir en première année étaient autorisés à recevoir des visiteurs une fois par semaine. Miss Bennett venait régulièrement et Eleanor était venue plus d'une fois. Lydia avait très hâte de voir ces deux-là, mais n'avait aucune envie de voir quelqu'un d'autre. Il y avait toujours un terrible moment de timidité avec les nouveaux arrivants, un moment embarrassant et laid. Elle ne souhaitait voir personne qui ne l'aimait pas d'une manière humaine simple qui balayait toute retenue.

Elle ne voulait pas voir Albee, et elle était également sûre qu'il ne voulait pas la voir, mais il avait été poussé par la peur du politicien de laisser derrière lui dans sa course en avant et vers le haut des feux de haine couvants qu'un peu de gentillesse facile pourrait éteindre. . En fait, elle ne détestait pas Albee – ni ne l'aimait. Elle le reconnaissait simplement comme une personne utile dont elle continuerait à se servir toute sa vie. Cette entrevue à venir doit servir à l'attacher à elle, de sorte que si à l'avenir elle avait besoin d'un homme politique puissant pour l'aider à détruire O'Bannon, elle en aurait un à portée de main. Elle savait exactement et instinctivement comment gérer Albee, sans se montrer attirante et amicale. Si elle était gentille avec lui, il repartirait avec le sentiment que ce chapitre de sa vie était clos de manière satisfaisante. Mais si elle se montrait hostile, si elle le mettait mal à l'aise, il s'efforcerait de regagner son amitié. Prisonnière comme elle l'était, elle serait son maître. Elle s'arrangea, expression et esprit, pour le rencontrer sévèrement.

Elle ne songeait pas à l'impression qu'elle pourrait faire à son visiteur, avec sa robe rayée et ses chaussures de prisonnier. Lydia n'avait jamais eu l'habitude de penser d'abord à l'impression qu'elle produisait.

Elle fut amenée dans la chambre de la matrone, puis traversant le couloir, elle entra dans la salle de réception nue, avec sa cheminée blanche et froide, la cheminée bloquée par une tôle, sa table centrale vide et ses chaises rigides à dossier droit. Elle entra sans aucune anticipation de ce qui l'attendait et vit une grande silhouette se détourner de la fenêtre. C'était O'Bannon. Elle n'avait qu'une vision floue de ses yeux gris et des creux de ses joues. Puis ses poignets et ses genoux semblèrent fondre, son cœur se retourna en elle ; tout devint jaune, vert et noir, et elle s'évanouit, tombant doucement de tout son long aux pieds du procureur.

Lorsqu'elle revint à elle, elle était dans sa propre cellule. Elle tourna lentement la tête à droite et à gauche.

« Où est cet homme ? dit-elle. On lui a dit qu'il était parti.

Bien sûr, il était parti – parti sans attendre son rétablissement, sans en parler à personne d'autre. Il y avait la preuve qu'il était vindicatif ; qu'il était venu pour l'humilier, pour se repaître de sa détresse. Il avait à peine osé espérer qu'elle s'évanouisse à ses pieds. C'était une véritable cruauté de votre part, pensa-t-elle : gâcher la vie d'une femme et ensuite venir profiter du spectacle. Quelle histoire pour lui de rentrer à la maison, de se souvenir et de sourire, de la raconter, peut-être, à sa mère ou à Eleanor !

"La pauvre fille !" » pourrait-il dire avec des tons de fausse pitié dans la voix. "A ma simple vue, elle s'est évanouie et s'est allongée à mes pieds dans sa tenue de prison, les mains durcies par le dur labeur..."

Cette dernière preuve de sa totale impuissance la rendait furieuse. Elle était justifiée dans sa vengeance, quelle qu'elle soit. Cette pensée traversait tous ses rêves comme une romance secrète.

Cela a commencé à prendre forme dans son esprit comme une ruine politique. Elle savait par Eleanor qu'il avait des ambitions. Il avait accédé au poste de procureur de district avec l'intention de lui permettre d'accéder à des fonctions politiques plus élevées. Elle avait envie de le vaincre dans une campagne, utilisant toute la tragédie de sa propre expérience pour susciter les émotions du public. Il serait plus facile de le détruire au sein de son propre parti avec l'aide d'Albee – plus facile, mais pas si spectaculaire. Il ne saurait peut-être pas qui avait fait cela à moins qu'elle aille le voir et lui explique. Au cours de cet entretien, son esprit s'attardait souvent.

À mesure que ses idées de vengeance prenaient forme , elle devenait plus heureuse dans sa vie quotidienne, comme si la pensée d'O'Bannon absorbait tout le poison de sa nature et rendait ses autres relations plus douces.

Si Lydia l'avait su, sa vengeance serait complète lorsqu'elle tomberait à ses pieds. Les mois qu'elle avait passés en prison avaient été un paradis comparés aux mois qu'il avait passés en liberté. A peine le verdict dans cette affaire avait-il été rendu qu'il commençait à être tourmenté par des doutes sur ses propres motivations. Cela ne l'aidait pas que sa raison lui offrait une défense parfaite. La jeune fille était une criminelle – imprudente, irresponsable et mensongère, méritant davantage d'être punie que la plupart des accusés qui se sont présentés au tribunal. S'il y avait une quelconque animosité personnelle dans ses poursuites, il y avait une excuse dans le fait qu'Albee était certainement venu vers lui avec l'intention d'exercer une pression déshonorante en sa faveur. Tous ceux qu'il voyait – sa mère, Eleanor, Foster, le juge Homan – croyaient tous qu'il avait suivi le chemin du devoir malgré de nombreuses tentations brillantes d'être faiblement pitoyable. Mais lui-même savait – et en vint peu à peu à l'admettre – qu'il avait fait ce qu'il désirait passionnément faire. Même lui ne pouvait pas regarder assez profondément dans son propre cœur pour comprendre ses motivations, mais il commençait à prendre conscience d'un secret croissant de remords qui empoisonnait sa vie intérieure.

L'idée de la voir en prison ne lui sortait jamais de l'esprit, et c'était une prison de cauchemar à laquelle il pensait. Dans les premiers jours chauds de septembre, il imaginait la chaleur plombée et sans air des cellules. Quand octobre devint soudain froid et venteux , il se souvint qu'elle avait l'habitude de jouer au golf sur des parcours venteux et qu'il l'avait vue un jour conduire depuis un tee près du bord de la route avec ses jupes enroulées autour d'elle par son élan vigoureux. Il a renoncé à jouer au bridge, les souvenirs étaient trop poignants. Et après qu'Eleanor eut mentionné une fois que Lydia aimait danser, il ne pouvait pas écouter une sorte de musique de danse. Noël était pour lui une période particulièrement éprouvante, avec toute son hypothèse de réjouissance : un Noël en prison !

Pendant les vacances, il séjournait quelques jours à New York. Sa théorie était que le manque d'exercice était la raison pour laquelle il ne dormait pas mieux. Il faisait de longues promenades l'après-midi et le soir pour se coucher fatigué.

Un après-midi, au crépuscule, il se promenait autour du réservoir du parc lorsqu'il reconnut quelque chose de familier dans une petite silhouette svelte qui s'approchait de lui, quelque chose qui changea les battements de son cœur. C'était Mlle Bennett. Il l'arrêta, incertain de son accueil.

"Est-ce M. O'Bannon ?" dit-elle en le regardant dans la pénombre.

La ville, au-delà des arbres dénudés, avait commencé à se transformer en une sorte de brume lilas universelle, ponctuée de points de lumière jaunes. Il faisait trop sombre pour que Miss Bennett puisse remarquer un quelconque changement dans l'apparence d'O'Bannon, quelque chose de ravagé et usé, quoi que ce soit suggérant une tension anormale. Miss Bennett, bien que gentille et douce, ne faisait pas preuve d'imagination face à des émotions turbulentes et irrégulières, telles qu'elle n'en éprouvait pas elle-même. Elle n'était pas à l'affût des signaux de danger.

Elle ne se sentait pas hostile à O'Bannon. Au contraire, elle l'admirait. Elle pouvait, comme elle le disait, voir sa version des choses. Elle était fière de voir les deux côtés de chaque question. Elle le salua cordialement dès qu'elle fut sûre que c'était lui. Il se tourna et marcha avec elle. Ils avaient le réservoir pour eux seuls.

Miss Bennett trouva plus délicat de ne pas parler de Lydia. Elle commença à parler de la beauté de la ville. Les gens de la campagne parlaient toujours comme si toute beauté naturelle était exclue des villes, mais pour elle...

O'Bannon l'interrompit soudainement.

« Avez-vous vu Miss Thorne récemment ? » dit-il d'un ton étrange, rapide et bas.

Quand Benny ressentait quelque chose, elle pouvait toujours l'exprimer. C'était une chance pour elle, car lorsqu'elle l' exprimait , elle soulageait l'acuité de son propre sentiment. Elle cherchait donc très naturellement la phrase juste, parfois même d'une intensité presque indécente, car plus elle faisait ressentir à l'autre de manière poignante, plus elle pouvait être sûre de son propre soulagement. Et puis, elle n'était pas désolée qu'O'Bannon comprenne exactement ce qu'il avait fait – son devoir, peut-être, mais il valait aussi bien en connaître les conséquences.

« Est-ce que je l'ai vue ? s'exclama-t-elle. "Oh, M. O'Bannon !" Il y eut une pause comme si c'était trop terrible pour continuer, mais bien sûr, elle continua. "Je la vois chaque semaine. Elle est comme un animal dans un piège. Peut-être que vous n'en avez jamais vu, dans un piège, je veux dire. Lydia a eu un chien-loup gris une fois, et dans les bois, il s'est égaré et s'est fait prendre dans un piège à vison. Elle était presque morte quand nous l'avons trouvée, mais si patiente et désespérée. Elle commence à être comme ça – chaque semaine un peu plus patiente que la semaine précédente – elle qui n'a jamais été patiente. Oh, M. O'Bannon, j'ai parfois l'impression comme si je ne pouvais pas le supporter, comme ils l'ont arraché en quelques mois ! Elle ressemble à une vieille femme dans un corps de jeune femme adorable. Ils n'ont pas gâché cela, du moins ils ne l'ont pas gâché. encore."

Elle s'essuya les yeux avec un mouchoir vaporeux et son pas devint plus vif. Elle se sentait mieux. Elle s'était un instant débarrassée du pathétique de la situation. O'Bannon, constata-t-elle, avait pris son fardeau en charge. Il marcha silencieusement à côté d'elle pendant quelques pas, puis ôta brusquement son chapeau, murmura quelque chose sur son retard à un rendez-vous et la quitta, disparaissant sur la pente raide du réservoir.

Il errait sans cesse de haut en bas comme un homme souffrant physiquement. Aucune réalité, décida-t-il finalement, ne pouvait être aussi terrible que les visions que, avec l'aide de Miss Bennett, son imagination ne cessait de lui évoquer. Cette nuit-là, il prit le train et, au milieu de la matinée suivante, arriva aux portes de la prison.

Il n'y avait aucune difficulté à voir le prisonnier. Son explication selon laquelle il passait par ici pour aller voir le directeur au sujet de l'un des prisonniers n'était pas nécessaire. La matrone accepta volontiers de faire venir Lydia. Cela lui parut long avant qu'elle vienne. Il regardait par la fenêtre, des phrases errantes lui venaient à l'esprit : « pas moins de trois ans ni plus de sept ans », « un animal dans un piège », « une vieille femme dans le corps d'une charmante jeune femme ». Il entendit des pas approcher et son pouls commença à battre lourdement et lourdement. Il se retourna et, ce faisant, elle tomba à ses pieds.

La matrone entra en courant au bruit de sa chute. O'Bannon la souleva, molle comme une poupée de chiffon, dans ses bras et la ramena dans sa cellule. Dans la plupart des circonstances, il aurait remarqué que la cellule était lumineuse et grande, mais maintenant il la comparait seulement, avec un pincement au cœur, à cette grande chambre luxueuse et déserte de Lydia dans laquelle il avait autrefois interviewé Evans.

La matrone l'a chassé avant que Lydia ne reprenne conscience. Il attendit dans la chambre extérieure, apprit qu'elle allait parfaitement bien, puis partit misérablement. Il est rentré à New York tard dans la nuit et le lendemain, il a démissionné de son poste de procureur.

Eleanor a d'abord lu sa démission dans le journal local et est venue voir sa mère pour une explication ; mais Mme O'Bannon était aussi surprise que quiconque. Sans le reconnaître, les deux femmes étaient effrayées à l'idée que O'Bannon tente, sans soutien, de créer un cabinet d'avocats à New York. Tous deux redoutaient les effets d'un échec sur lui. Tous deux lui auraient déconseillé de démissionner de son poste. C'est peut-être précisément pour cette raison qu'aucun des deux n'a été consulté.

Les deux femmes qui l'aimaient se séparèrent avec de spécieuses expressions de confiance. Sans aucun doute, Dan en ferait un grand succès, disaient-ils. Il était brillant et travaillait si dur.

CHAPITRE XV

Au printemps, Lydia fut transférée de la cuisine à la longue et lumineuse salle de travail. Ici, les prisonnières ourlaient les couvertures tissées dans la prison pour hommes. Ici, ils tissaient eux-mêmes les tapis de chiffon pour le sol, confectionnaient le linge de maison et leurs propres vêtements – ceux de Joseph aussi – non seulement leurs vêtements de prison, mais l'ensemble complet avec lequel chaque prisonnier était renvoyé.

Lydia était incroyablement maladroite avec l'aiguille. La grande et mince assistante responsable de l'atelier était surprise que quelqu'un qui avait eu ce qu'elle décrivait comme des avantages puisse être si grossièrement ignorant de l'art de la couture. Lydia savait à peine sur quel doigt mettre son dé à coudre et faisait un nœud à son fil comme un homme attache une corde. Mais c'est son incapacité même qui a éveillé son intérêt, sa volonté. Elle n'aimait pas être plus stupide que les autres. Soudain, un jour, sa petite mâchoire s'est serrée et elle a décidé d'apprendre à coudre. À partir de ce moment, elle a commencé à s'adapter à la vie en prison.

se demanda Lydia, sachant que les détenus de première année sont autorisés à recevoir la visite de leur famille une fois par semaine, et d'autres personnes, avec l'approbation du directeur, une fois par mois, en raison du petit nombre de visiteurs qui viennent à la prison. Toutes ces femmes ont-elles été rejetées par leurs familles ? Evans lui expliqua le problème et Lydia eut honte d'avoir eu besoin d'une explication.

"Il faut à un homme le salaire d'une semaine de salaire - pour un bon travail en plus - depuis New York ici et retour."

Lydia a fait ce qui était rare chez elle : elle a colorié. Pour la première fois de sa vie , elle eut honte, non pas tant des privilèges de l'argent que de la facilité avec laquelle elle les avait toujours acceptés. L'idée lui vint que c'était l'un des objets pour lesquels Mme Galton avait demandé un abonnement. Un souvenir lui revint de la manière dont elle éliminait autrefois son courrier du matin lorsqu'il arrivait sur son plateau fleuri du petit-déjeuner. Des publicités et des appels financiers provenant de sources inconnues étaient rassemblés par ses doigts vigoureux et jetés à la corbeille à papier. Celui de Mme Galton aurait très bien pu en faire partie.

Elle était horrifiée en repensant à son propre manque d'humanité. Elle aurait peut-être deviné, sans en faire l'expérience, que la vie en prison avait besoin d'un certain soulagement. Cela signifiait beaucoup pour elle de voir Benny chaque semaine. Benny remplaçait sa famille. Elle avait envie d'entendre parler du monde extérieur et de ses vieux amis. Mais elle n'exigeait pas ces visites avec autant de passion que les mères emprisonnées désiraient voir leurs enfants.

Pensée conduisant rapidement à l'action en Lydia, elle s'arrangea, par l'intermédiaire de Miss Bennett, ce qui pouvait être supposé être l'entreprise de Miss Bennett, pour financer les visites des familles à la prison. Tout le monde se réjouissait, comme s'il s'agissait d'un bénéfice commun, de la visite de la mère de Muriel et de la belle fille aux cheveux auburn de l'agent immobilier d'âge moyen. Lydia avait l'impression d'avoir été en dehors de la race humaine toute sa vie et d'y avoir été initiée. Elle a dit quelque chose comme ça à Evans.

"Oh, Louisa, les gens riches ne savent rien, n'est-ce pas ?"

Evans essaya de la consoler.

"S'ils le veulent, ils le peuvent toujours."

C'était vrai, pensa Lydia ; elle n'avait pas voulu savoir. Elle n'avait voulu rien d'autre que sa propre voie, indépendamment de celle des autres. C'était criminel de trop vouloir sa propre voie. C'était tout ce que voulaient ces gens autour d'elle, ces faussaires et ces fraudeurs, à leur manière, à leur manière. Même si elle restait convaincue que le meurtre de Drummond était un accident, elle voyait que sa corruption était une erreur – la même tendance en elle, la même détermination à suivre sa propre voie. Elle pensait à son père et à toutes leurs premières luttes, et comment, lorsqu'elle avait cru qu'elle triomphait le plus de lui, elle avait été au plus mal.

Son pauvre père ! C'était de lui qu'elle avait hérité de sa volonté, mais il avait appris dans la vie, comme elle l'apprenait maintenant en prison, que la volonté la plus forte est celle qui sait se plier.

Elle pensait beaucoup à son père. Il devait parfois se sentir terriblement seul. Elle ne lui avait jamais rien donné d'affection. Elle ne l'avait pas vraiment aimé, et pourtant elle l'aimait maintenant. Son cœur lui faisait mal avec un poids palpable de remords. Il avait été son seul parent, et elle n'avait rien fait d'autre que le combattre, s'opposer et le blesser. Quelle créature cruelle et stupide elle avait été toute sa vie ! Et maintenant, il était trop tard. Son père était parti, depuis si longtemps qu'elle l'avait presque oublié sous un certain aspect. Et là encore, il semblerait qu'il doive encore être quelque part, attendant de lui ordonner de monter à l'étage comme il le faisait lorsqu'elle était enfant.

Il ne restait plus que Benny, Benny qu'elle avait tant méprisé. Pourtant, Benny n'aurait pas besoin d'aller en prison pour apprendre à respecter les droits d'autrui. Benny était né en sachant exactement ce que tout le monde voulait : désireux de réaliser le désir de tous les hommes.

Lydia n'était pas religieuse de tempérament. Elle n'avait plus la joie d'une grande révélation. Mais elle a eu le courage, sans aucun sentiment de puissance supérieure, de se regarder telle qu'elle était. Elle voyait maintenant que son rapport à la vie avait toujours été laid, hostile, violent. Tous ceux qui l'avaient aimée avaient été capables d'aimer à travers quelque chose de beau dans leur propre nature, malgré tout le manque d'amour de la sienne. Elle ne pensait pas seulement aux relations qui lui avaient manqué, comme celle avec son père, mais aussi aux amitiés qu'elle avait perdues, qu'elle avait délibérément brisées dans la hideuse lutte quotidienne pour obtenir ce qu'elle voulait. Elle ne reprendrait jamais cette lutte. Elle était entrée en contact avec quelque chose de plus fort qu'elle-même, dont le pouvoir impersonnel de la loi n'était qu'un symbole visible. Elle ne savait pas si cela l'avait brisée ou refaite, mais cela lui avait donné la paix – un bonheur qu'elle n'avait jamais eu – une paix qu'elle croyait pouvoir préserver même lorsqu'elle quittait la routine protectrice de la prison. Le seul aspect de la vie qui la terrifiait et la révoltait était l'individualité persistante de Lydia Thorne. S'il n'y avait qu'un autre charme que la mort pour vous libérer de vous-même ! Parfois, elle se sentait comme une folle enchaînée à un miroir. Pourtant, elle savait que c'étaient de longs mois de contemplations forcées qui l'avaient sauvée.

Le vendredi soir, les détenus étaient autorisés à danser dans la salle de réunion, moitié théâtre, moitié chapelle. Dans ses efforts pour échapper à elle-même, Lydia alla une fois observer, et revint encore et encore avec un intérêt croissant. On commença bientôt à dire qu'elle était une bonne danseuse et qu'elle connaissait de nouveaux pas. Les danses sont devenues des cours de danse. Lydia, hormis son impatience naturelle, était une enseignante née, claire dans ses explications et prête à travailler pour la perfection.

Evans, qui avait emmené Lydia à tant de bals ces dernières années, sourit de la voir travailler sur les marches d'une grand-mère lourde ou d'une mulâtresse aux pieds légers – et peut-être aux doigts légers.

Une soirée lui revint soudain. C'était à New York. Elle était descendue vers onze heures avec la cape d'opéra et l'éventail de Miss Thorne. Il y avait eu du monde pour dîner, mais ils étaient tous partis sauf M. Dorset, et on lui apprenait une nouvelle complexité de la danse. Miss Bennett, qui appartenait à une génération qui savait jouer du piano, faisait de la musique pour eux. Evans, si elle fermait les yeux, pouvait voir Lydia telle qu'elle était alors, dans un court brocart bleu, essayant de pousser son partenaire dans le bon pas et le secouant littéralement lorsqu'il ne parvenait pas à suivre son rythme. Elle se montrait bien plus patiente avec Muriel, tenant ses mains pâles couleur café et répétant : "Un-deux, un-deux ; un-deux-trois-quatre. Voilà, Muriel, tu as compris !" Son visage s'éclaira de plaisir alors qu'elle se tournait vers Evans. "N'est-elle pas rapide, Louisa ?"

Le deuxième printemps de Lydia en prison était bien avancé lorsqu'elle fut appelée par la matrone. Une telle convocation était un événement. Lydia se creusait la tête pour réfléchir à ce qui allait arriver – pour le meilleur ou pour le pire. La première question de la matrone fut surprenante. Connaissait-elle quelque chose au baseball ?

A-t-elle? Oui, quelque chose. Son esprit se souvint d'une fête à la maison du 4 juillet à laquelle elle avait assisté, où un match de baseball parmi les invités était un événement annuel. Elle et l'infirmière en chef discutèrent de la possibilité d'avoir deux neuf parmi les détenus. Elle a laissé entendre qu'il existait des livres sur le sujet. Un livre serait fourni. Elle se sentait touchée et flattée de la responsabilité qui lui était confiée, humblement désireuse de réussir.

Toute la question commençait à l'absorber. Elle l'étudiait le soir et y réfléchissait le jour, considérant les possibilités de son matériel, le rapport entre caractère et compétence. Grace, une faussaire, était en fait une meilleure lanceuse, mais la femme qui avait tué son mari avait infiniment plus de résistance.

Tout au long de ce deuxième été, elle s'occupa jour et nuit de l'équipe, de plus en plus à mesure que septembre touchait à sa fin. Car elle savait qu'à l'approche de l'expiration de sa peine minimale, la commission des libérations conditionnelles envisagerait sa libération. La liberté était très probablement proche, et la liberté est une pensée désorganisatrice pour les prisonniers. La paix qu'elle avait acquise en prison commençait à s'évanouir à mesure que chaque jour se rapprochait de sa libération. Elle commença à rêver qu'elle était déjà libre et à se réveiller insatisfaite, avec une trace de la même irritation agitée des premières semaines. Se pourrait-il, pensa-t-elle, qu'elle n'ait finalement rien appris ? L'idée même de retourner à son ancienne vie pourrait-elle la transformer à nouveau en cette vieille chose détestable ?

Les autorités pénitentiaires ont appris que la dernière nuit en prison est plus éprouvante pour le moral d'un prisonnier que n'importe quelle autre, sauf peut-être la première. Lydia l'a constaté lors de sa dernière nuit là-bas. Elle savait qu'elle devait être libérée tôt le matin. Miss Bennett serait là et ils prendraient ensemble un train tôt pour New York. C'était une certitude, se répétait-elle, une certitude sur laquelle elle pouvait compter, et pourtant elle passa toute la nuit dans une agonie de peur et d'impatience. Elle eût été plus calme si elle avait attendu l'heure d'une évasion convenue. L'obscurité de la nuit dura si longtemps qu'il semblait qu'une éclipse inopinée avait effacé le lever du soleil, et quand enfin l'aube commença à colorer la fenêtre, l'heure qui s'écoulait entre elle et sa libération n'était plus qu'une anxiété fiévreuse.

Elle se rendait à peine compte que Miss Bennett l'attendait dans la chambre de la matrone – à peine se rendait-elle compte que la matrone elle-même, imperturbable comme toujours, lui faisait ses adieux. Seul le bruit du portail derrière elle la calma. Ce n'est que depuis l'extérieur des barreaux qu'elle avait envie de s'arrêter et de regarder la prison comme un vieil ami.

C'était un beau matin d'automne. Le vent chassait d'immenses nuages blancs à travers le ciel et dispersait les feuilles de l'interminable rangée d'arbres qui se dressaient comme des sentinelles le long du haut mur.

Miss Bennett voulait traverser immédiatement la rue jusqu'à la gare, même si leur train ne démarrerait pas avant un certain temps ; elle voulait s'éloigner de la menace de ce mur sombre, un morceau de maçonnerie très parfait. Mais Lydia l'avait vu depuis trop longtemps de l'intérieur pour ne pas avoir envie d'en savourer une vue de l'extérieur. Elle regarda lentement autour d'elle comme un touriste devant un spectacle d'une beauté époustouflante. Elle regarda l'allée entre les arbres et le mur jusqu'à l'endroit où, sur sa gauche, se trouvait le coin net et net de la maçonnerie. Elle regarda vers sa droite, où, à mesure que le mur s'élevait, elle pouvait voir la petite tour de guet du gardien de prison. Puis elle se retourna complètement et regarda à travers les barreaux vers la prison elle-même.

"Tu ne trouves pas que c'est une porte assez ancienne ?" dit-elle.

Miss Bennett reconnut sa beauté assez brièvement.

"Voulez-vous me dire pourquoi il y a "Asile d'État" sur le bloc à chevaux ?" dit-elle.

"C'est exactement ce que c'est", dit Lydia : "un asile, un véritable asile pour certains d'entre nous. C'était autrefois pour les fous, Benny. C'est pourquoi."

Au cours du voyage d'une journée jusqu'à New York, Miss Bennett avait espéré entendre l'histoire psychologique complète des deux dernières années. Lors de ses visites à la prison , elle avait découvert que Lydia voulait entendre parler du monde extérieur – pas parler d'elle-même ; mais maintenant qu'elle était libre, Miss Bennett espérait que cela pourrait changer. Elle avait pris un compartiment pour qu'ils puissent être seuls, mais dès que la porte se fut fermée, un drôle de changement se produisit chez Lydia. Elle devint distraite et tendue, et enfin elle se leva d'un bond et l'ouvrit.

"C'est plus agréable ouvert", dit-elle avec hauteur, puis elle éclata de rire. "Oh, Benny, pouvoir ouvrir une porte fermée !"

Miss Bennett se mit à pleurer doucement. Tous ces mois, elle avait essayé de se persuader que le changement de Lydia était dû aux vêtements de prison ; mais maintenant, en la voyant habillée comme avant, le changement était toujours là. Elle était plus mince, plus fine – façonnée, pour ainsi dire, par un moule plus pointu. Toutes ses réactions furent plus lentes. Il lui fallut plus de temps pour répondre, plus de temps pour sourire. Cela lui donnait – ce que

Lydia n'avait jamais eu auparavant – une touche de mystère, comme si sa vraie vie se déroulait ailleurs, sous la surface, loin de la compagnie.

Elle s'essuya les yeux, pensant qu'elle ne devait pas laisser Lydia deviner qu'elle pensait qu'elle avait changé. Leurs regards se croisèrent. Lydia découvrait un fait curieux, qu'elle jugeait préférable de cacher à son tour. C'était ceci : que les personnages de sa vie en prison avaient une profondeur et une réalité qui faisaient apparaître le reste du monde comme des ombres. Même lorsqu'elle interrogeait Miss Bennett sur ses amis, elle avait l'impression de poser des questions sur les personnages d'un livre qu'elle n'avait pas eu le temps de terminer. Bobby serait-il sûr d'être à la gare ? Eleanor venait-elle en ville ce soir-là pour la voir ? Où était Albee ?

Miss Bennett ne savait pas où se trouvait Albee et son ton indiquait qu'elle s'en fichait beaucoup. Elle n'avait pas l'intention d'exciter Lydia contre qui que ce soit, mais elle ne pouvait s'empêcher de souhaiter que Lydia punisse Albee. Il n'avait pas été vraiment loyal, et il était le seul de son entourage à ne pas l'être. Un homme avec du sang rouge dans les veines, pensait Miss Bennett, aurait épousé Lydia la veille de son incarcération ou aurait au moins attendu, chapeau à la main, le jour de sa sortie.

Bobby, toujours aussi gay et affectueux, les a rencontrés à la gare et les a accompagnés jusqu'à la maison de ville. Morson ouvrit la porte d'entrée et descendit les marches en courant avec un visage vide et une attitude vive, comme si elle revenait d'un week-end ; mais alors qu'elle descendait du moteur , il tenta de prononcer une phrase.

"Ravi de vous revoir, mademoiselle", dit-il, puis sa maîtrise de soi céda. Il se détourna, une main sur les yeux et l'autre fouillant sauvagement dans sa poche arrière à la recherche d'un mouchoir.

Lydia se mit à pleurer aussi. Elle posa sa main sur l'épaule de Morson et dit : « Je suis si heureuse de vous voir, Morson. Vous êtes presque le plus vieil ami que j'ai au monde », et elle ajouta, sans honte, à Miss Bennett : « N'est-ce pas ? N'est-ce pas horrible la façon dont je pleure pour quoi que ce soit aujourd'hui ? »

Elle entra dans la maison en se mouchant.

La maison était pleine de télégrammes et de fleurs. Lydia n'ouvrait pas les télégrammes, mais les fleurs semblaient lui faire plaisir. Elle allait et venait en respirant de longues bouffées et en touchant leurs pétales. Morson, parfaitement maître de lui-même, mais les yeux rouges comme le feu, vint lui demander à quelle heure elle dînerait.

Lydia avait beaucoup à faire avant le dîner. Elle sortit un papier sale de son portefeuille et commença à l'étudier.

« Y a-t-il quelque chose de spécial que vous aimeriez commander ? » » dit Miss Bennett.

Lydia n'a pas levé les yeux mais a répondu que Morson se souvenait de ce qu'elle aimait, ce qui l'a de nouveau fait sortir de la pièce. Il semblerait qu'elle téléphonait aux familles et aux amis de ses codétenus. Elle y était très consciencieuse et très patiente, même avec ceux qui, peu habitués au téléphone ou ne voulant pas perdre le contact avec une voix si récente venue de leurs proches, posaient sans cesse la même question.

Mais finalement , ce fut fini, et Lydia fut libre de se baigner, de s'habiller et enfin de s'asseoir dans sa propre salle à manger pour un merveilleux petit repas qui était le symbole de sa liberté. Pourtant, elle ne pensait qu'à l'odeur des petits pains fraîchement sortis du four qui ramenaient la grande cuisine basse et le four tournant – tournant à ce moment précis, peut-être – si loin.

"Oh, ma chérie," dit Miss Bennett, "j'ai trouvé pour vous la plus gentille petite bonne, une Suissesse qui sait coudre, qui fait vraiment vos affaires si vous le voulez, et..."

Lydia se sentait gênée. Elle tourna la tête d'un côté à l'autre tandis que Miss Bennett continuait à décrire la découverte. Elle ne pourrait tout simplement plus jamais avoir de femme de chambre. Comment allait-elle expliquer ? Elle-même ne le comprenait pas bien, mais elle savait qu'elle ne pourrait plus jamais exiger qu'une autre femme, aussi jeune peut-être et aussi amusée qu'elle, consacre toute sa vie à prendre soin de sa garde-robe. Un service personnalisé comme celui-là l'ennuierait et l'embarrasserait maintenant. La première chose à faire était de lui rendre la vie moins complexe en la matière. Elle posa sa main sur celle de Miss Bennett alors qu'elle reposait sur la table.

« Ne devrais-tu pas penser qu'elle souhaiterait que je retourne aux travaux forcés ? dit-elle à Bobby. "Elle se donne tellement de mal pour moi."

Miss Bennett, émotionnellement sensible aux éloges, s'essuya les yeux et s'en alla, laissant Bobby et Lydia seuls. Elle se demandait si ce serait peut-être la meilleure chose à faire pour Lydia : reconstruire sa vie sur le dévouement gay mais inébranlable de Bobby.

Lydia, les coudes appuyés sur la table et le menton sur les mains, écoutait Bobby bavarder autour des tasses de café vides. Lydia était-elle au courant de l'existence de ce charbonnier occidental que May Swayne allait épouser ? Bobby le plaça devant elle en un instant : « Lydia, un homme au visage rond, avec 30 millions de dollars et un tel vocabulaire ! Il ne réfléchit jamais ; il présume. Il n'entre pas dans une pièce ; il ose s'immiscer. beaucoup de modifications à lui faire."

Et les Piers... Lydia en avait-elle entendu parler ? Fanny était tombée amoureuse du prophète d'une nouvelle religion et avait pris toutes ses dispositions pour divorcer de Noël, mais avant de le quitter, comme preuve de ses nouveaux pouvoirs, elle pensait le guérir de la boisson. Eh bien, ma chère, elle l'a fait. Et le résultat fut qu'elle découvrit qu'elle aimait plus que jamais un Noel non alcoolique – et elle jeta le voyant. Peux-tu le battre?

Des ombres... elles ressemblaient effectivement à des ombres à Lydia. Regardant devant elle, elle tomba dans la méditation, se souvenant d'Evans, de Muriel, couleur café pâle, et de la matrone – la petite matrone aux sourcils placides qui ne connaissait pas la peur.

Soudain, elle revint et réalisa que Bobby lui demandait de l'épouser.

La plupart de leurs connaissances croyaient qu'il n'avait jamais fait autre chose ; mais en fait, c'était la première fois qu'il l'exprimait avec des mots. Il n'était pas sûr que ce soit une décision délicate à prendre maintenant. Elle pourrait penser – Bobby était toujours terriblement conscient de ce que les gens pouvaient penser – que le fait de lui suggérer un avenir aussi médiocre revenait à admettre qu'il la pensait battue. Alors que pour lui, elle était toujours aussi triomphante et désirable. D'un autre côté, cela pourrait être la bonne chose à faire. Avec des hommes comme Albee qui se couvrent et certaines personnes forcément haineuses, elle pourrait se dire : "Eh bien, je peux toujours épouser Bobby et aller vivre en Italie."

Il le lui a posé.

"Lydia, n'envisagerais-tu pas de m'épouser demain et de partir pour la Grèce, la Sicile ou la Grenade - c'est un endroit paradisiaque. Je serais si follement heureuse, ma chérie, que je pense que tu serais heureuse d'une manière douce. , aussi."

S'en aller? C'était la dernière chose qu'elle voulait faire.

"Non non!" dit-elle rapidement. « Je dois rester ici !

"Eh bien, épouse-moi et reste ici."

Elle secoua la tête, essayant de lui expliquer qu'elle ne se marierait jamais. Elle avait trouvé une nouvelle voie à suivre et voulait la suivre seule. Elle avait un intérêt, un intérêt intense et vital, à consacrer à la vie et aux affaires – oui, et même aux gens ; mais elle n'avait pas d'amour. Les relations humaines ne pouvaient plus faire ni gâcher sa vie. Elle voulait travailler, rien d'autre.

Elle fit une pause, et pendant ce temps la porte de la salle à manger s'ouvrit et Eleanor entra. Eleanor s'était levée à l'aube pour prendre un train des

Adirondacks à temps pour rencontrer Lydia à la gare, et bien sûr, le train était en retard. Lydia l'hébergerait-elle pour la nuit ?

Le cri de bienvenue de Lydia ne sonnait pas comme celui d'une personne à qui toutes les relations humaines seraient devenues indifférentes. En effet , Eleanor était la personne qu'elle souhaitait le plus voir. Eleanor n'était pas émotive, ou plutôt elle exprimait son émotion par une sensibilité intellectuelle exacerbée. Elle ne pleurerait pas, elle ne considérerait pas Lydia comme un agneau tondu comme le faisait Miss Bennett, et elle ne supposerait pas non plus qu'elle était totalement inchangée, comme le feraient tous ses amis. Les manières d'Eleanor étaient presque banales. Il serait peut-être plus juste de dire qu'elle a laissé l'introduction de tout élément dramatique au choix de Lydia.

Bobby s'en alla bientôt et laissa les deux femmes ensemble. Ils montèrent dans la chambre de Lydia et, en robes de chambre, les chaises tirées vers le feu, ils parlèrent. Ils parlèrent avec de longues pauses entre eux. Personne d'autre qu'Eleanor n'aurait permis à ces longs silences de se dérouler sans interruption, mais elle était assez sage pour savoir qu'ils étaient l'essence même de la camaraderie.

Bien qu'Eleanor ait posé plusieurs questions sur les détails de la vie en prison, elle était trop sage pour poser quoi que ce soit sur le changement fondamental qui, selon elle, s'était produit en Lydia. Elle n'a pas laissé entendre qu'elle sentait qu'il y avait un changement. Elle se demandait si Lydia le savait elle-même. C'était difficile à dire, car la jeune fille, toujours peu experte en expressions verbales, l'était devenue encore plus au cours de ces deux années de solitude et de contemplation. La spontanéité de son discours avait disparu. Elle était, pensait Eleanor, comme une personne utilisant une langue inconnue, consciente de la difficulté de mettre des mots sur une pensée.

Elle ne pouvait s'empêcher d'être touchée — et un peu amusée — du sérieux avec lequel Lydia parlait de ses défunts compagnons ; Lydia, qui avait toujours été si sélective à l'égard de ses propres amis et si méprisante à l'égard de ceux des autres. Elle parlait d'Evans, le petit voleur pâle, comme si la lumière émanait d'elle comme d'une incarnation du Bouddha. Voyant que Lydia avait perçu une réflexion sur cette pensée, Eleanor pensa qu'il valait mieux la mettre en mots.

"Maintenant, ne me dites pas, ma chère," dit-elle, "que vous aussi avez découvert que tous les criminels sont des âmes d'un blanc pur."

"Au contraire. Toutes les âmes d'un blanc pur sont des criminels - nous sommes tous des criminels dans l'âme. La seule façon de ne pas l'être est de reconnaître le fait que vous l'êtes. C'est une idée terrible au début - du moins pour moi. c'était comme traverser la mort et en ressortir vivant. » Lydia s'arrêta, regardant fixement devant elle, et n'importe qui au monde, sauf Eleanor, aurait pensé qu'elle avait fini ; mais la fine oreille d'Eleanor capta le battement d'une idée imminente. "Mais c'est un tel réconfort, Nell, d'appartenir à la tribu, un tel soulagement. Et je n'aurais jamais dû l'avoir si cela n'avait pas été le cas" - elle hésita, et le cœur d'Eleanor se contracta avec une soudaine crainte que le nom d'O' Bannon était sur le point d'entrer, « s'il n'y avait pas eu mon accident ».

Eleanor n'était pas sûre que Lydia ait délibérément évité ce nom. Que restait-elle, se demandait-elle, de cette haine injuste et amère ? Elle ne pouvait détecter aucune trace d'amertume dans la nature de Lydia ce soir. Mais ensuite, elle avait toujours eu ces moments de douceur.

Bientôt, Miss Bennett entra pour dire de son ancienne manière timide et suggestive qu'il était tard — elle détestait les interrompre, mais elle pensait vraiment que Lydia devrait aller se coucher. Lydia se leva aussitôt.

"Je suppose que je devrais le faire", dit-elle. "Ça a été une journée passionnante pour moi."

Eleanor a noté qu'une telle suggestion de Miss Bennett aurait signifié autrefois que Lydia aurait estimé qu'il était de son devoir de rester éveillée encore une heure.

"Je le dois, ma chère", aurait-elle dit, "sinon Benny essaierait de me contraindre dans les moindres détails de ma vie."

CHAPITRE XVI

Le lendemain matin, à l'heure habituelle de la prison, Lydia se réveilla en sursaut. Elle avait conscience depuis un certain temps d'un étrange rugissement inexplicable dans ses oreilles. Elle regarda autour d'elle, surprise de voir que la lumière de l'aube ne tombait pas par une haute ouverture grillagée à la tête de son lit, mais traversait une vaste pièce recouverte de moquette par deux fenêtres aux rideaux de chintz. Puis elle se souvint qu'elle était à la maison ; le rugissement était le bruit habituel d'une grande ville ; la chambre était la chambre qu'elle avait depuis qu'elle était enfant. Cela lui semblait moins familier, moins familier que sa cellule. Elle tendit la main vers le couvre-lit en satin et les draps, plus doux que le satin. La sensation physique du contact était délicieuse, et pourtant il y avait aussi quelque chose de triste. C'était la pensée de ses défunts compagnons qui la rendait triste, comme si elle les avait abandonnés en difficulté.

Il faudrait deux heures ou plus avant qu'Eleanor et Benny ne soient réveillés. Elle leva les bras au-dessus de sa tête et s'allongea, réfléchissant. Elle ne doit pas se laisser chérir comme si elle était une créature blessée et affligée. Elle était plus enviable aujourd'hui qu'au temps des combats, où toute sa vie intérieure n'était qu'une sorte de tumulte empoisonné. Personne ne l'avait alors plaint.

Son plan était de ne pas organiser trop hâtivement sa nouvelle vie, qui, elle le savait, devait inclure du travail – un travail en relation avec les prisonniers. Mais maintenant, elle comprit qu'elle ne devait pas perdre une minute. Il lui faut du travail tout de suite pour l'éloigner d'elle-même. Elle pouvait à peine faire face au jour à venir – tout le monde la considérant et son ego détestable, lui demandant ce qu'elle voulait faire. Elle doit avoir une routine immédiatement. Elle n'était pas encore assez forte pour vivre sans. Une seule chose doit primer sur tout le reste : le pardon d'Evans. Elle ne pouvait pas supporter de rester en liberté alors qu'Evans purgeait toujours sa peine. Une fois cela accompli, elle pourrait avancer en paix. En paix? En y réfléchissant, elle savait qu'il y avait un coin de son esprit où il n'y avait pas et où il n'y aurait jamais de paix. Hier soir encore, dans le premier bonheur d'être à la maison, la mention du nom d'O'Bannon avait menacé de la détruire.

Et maintenant, il était dans son esprit, le tenant sans rival. Le moment était venu où sa haine à son égard pouvait trouver une expression. Il n'est pas nécessaire que ce soit un rêve secret, comme un conte de fées pour enfants. Elle n'avait pas besoin de le réprimer : elle pouvait agir. Si elle n'avait pas été aussi lâche hier soir, elle l'aurait nommé et aurait continué hardiment à demander à Eleanor où il se trouvait, ce qu'il faisait, quel était le désir de son cœur. Peut-être que si elle avait posé ses questions franchement, Eleanor ne le lui aurait pas dit ; mais il ne serait pas difficile de tromper un de ses amis si dévoué. Eleanor pouvait facilement être persuadée que sa victime avait été tellement apprivoisée et écrasée en prison qu'elle en était venue à l'admirer, à regarder le monde différemment.

Soudain, Lydia se redressa dans son lit. Et n'avait-elle pas changé ? Autrefois, elle n'avait jamais ressenti une violence plus amère qu'aujourd'hui. L'excitation de sa vengeance avait anéanti tout autre intérêt. La flamme de sa haine avait détruit toute la structure de sa nouvelle philosophie. Elle s'assit dans son lit et se tordit les mains. Que pouvait-elle faire ? Que pouvait-elle faire ? La simple pensée de cet homme l'a transformée en la femme qu'elle détestait être. Elle préférait mourir plutôt que de vivre comme avant, mais comment pourrait-elle s'empêcher de penser à lui alors que l'idée de le blesser était plus vive, plus excitante que toute autre idée au monde ? Elle était sortie de prison résolue que sa première action serait d'obtenir le pardon d'Evans, et là elle oubliait ses obligations et ses remords, oubliant tout sauf le désir de blesser et de détruire. Il avait le pouvoir de faire d'elle ce qu'elle détestait être.

Sa chambre était à l'arrière de la maison, et le soleil, trouvant une interstice entre les maisons derrière la maison Thorne, se glissa sous les stores et commença à se déplacer lentement sur le tapis de velours uni et sombre. Il eut le temps de s'éloigner tandis qu'elle restait immobile, inconsciente de son environnement.

Petit à petit, elle se rendit compte qu'elle devait choisir entre les deux. Soit elle devait renoncer pour toujours à l'idée de se venger d'O'Bannon, soit elle devait renoncer à toute la paix et à la sagesse qu'elle avait si douloureusement apprises - elle l'avait déjà presque perdu, et il ne lui restait pas vingt-quatre heures de repos. prison.

Une heure plus tard, Eleanor fut réveillée par l'ouverture de sa porte. Lydia se tenait au pied de son lit, en saisissant le bord dans ses deux mains blanches. C'était la première fois qu'Eleanor la regardait à la lumière du jour. Elle fut surprise par la beauté de Lydia – une sorte de beauté qu'elle n'avait jamais eue auparavant. Personne n'aurait pu la comparer désormais à un tableau de Cabanel de l'Étoile du Harem. Tout ce qui était élégant, dur et lisse avait disparu. Elle ressemblait davantage à l'image d'une sainte espagnole pâle et ravagée, encore si jeune que la lutte intérieure s'était modelée sans lui faire de rides sur le visage. Elle regardait Eleanor, ses cheveux noirs détachés autour de son visage et sa robe de chambre pâle définissant la belle ligne de ses épaules, alors qu'elle les soulevait, appuyant ses mains sur le pied du lit.

"Eh bien, ma chérie, bonjour", fut le salut d'Eleanor, même si elle n'ignorait pas qu'il y avait quelque chose d'émotionnel dans l'air.

"Eleanor", commença l'autre, ses énormes yeux tragiques fixés maintenant, non pas sur ceux de son amie, mais sur un endroit de l'oreiller à environ cinq pouces de là, "il y a quelque chose que je veux te dire." Le meilleur accord était le silence, et Lydia poursuivit : "Je veux que tu ne me parles jamais de cet homme, de ton ami, je veux dire d'O'Bannon."

"Parlez de lui!" s'exclama Eleanor, sa première pensée étant : "Est-ce que je parle toujours de lui ?"

"Je ne veux pas entendre parler de lui, ni penser à lui, ni parler de lui."

Cette fois, l'hésitation d'Eleanor n'était pas entièrement acquiesçante.

« Je peux comprendre, dit-elle, que tu n'aies pas envie de le voir, mais de parler de lui… J'ai pensé, Lydia, que c'est un des sujets dont toi et moi devrions parler… parler sur."

"Non non!" répondit vivement Lydia, et Eleanor vit avec surprise que ce n'était qu'en s'appuyant sur ses mains qu'elle les empêchait de trembler. "Je ne peux pas vous l'expliquer - je ne veux pas entrer dans les détails - mais je ne veux pas me rappeler qu'il existe. Si vous pouviez simplement l'accepter comme un fait et le dire à d'autres personnes - Benny et Bobby . Si tu pouvais faire ça pour moi, Eleanor…"

" Bien sûr que je le ferai", répondit Eleanor. Il n'y avait vraiment rien d'autre à dire. L'instant d'après, Lydia était partie.

Eleanor resta immobile, essayant de comprendre le sens de la scène. Elle était souvent accusée par ses amis de froideur, de manque d'imagination humaine, de tentative de substituer les processus mentaux aux processus émotionnels. Consciente d'une certaine part de justice dans ces accusations, elle tenta de se racheter en mettant sa faculté de raisonnement à l'œuvre avec la plus grande patience et la plus grande douceur sur les problèmes de ceux qu'elle aimait. Sa nature n'était pas capable de vraiment comprendre la turgescence, mais elle faisait mieux que la plupart des gens dans la mesure où elle évitait de porter de mauvais jugements à ce sujet. Elle éprouvait désormais pour Lydia ce qu'elle avait ressenti autrefois lorsque O'Bannon lui avait décrit sa lutte contre l'alcool : il était étonnant qu'une personne tellement plus courageuse et plus forte qu'elle, Eleanor, puisse se contenter d'éviter la tentation au lieu de la combattre.

Au petit déjeuner que les trois femmes prirent ensemble, Eleanor vit que Lydia avait retrouvé son calme de la veille. Alors qu'ils étaient encore à table, Wiley fut introduit. Il éprouvait visiblement une certaine contrainte, un embarras de savoir quoi dire, qu'il dissimulait sous une manière formelle et professionnelle. Lydia y mit tout simplement fin en se levant et en passant ses bras autour de son cou.

"J'ai tellement pensé à tout ce que tu fais pour moi depuis que je suis enfant", dit-elle.

Il était associé dans son esprit à son père. Wiley sentit ses paupières lui piquer.

"Eh bien, mon cher enfant, mon cher enfant !" il a dit. Et il la retint pour la regarder comme s'il n'était pas sûr qu'il s'agisse de la même fille. "Eh bien, je dois dire que la prison ne semble pas t'avoir fait beaucoup de mal."

"Ça m'a fait du bien, j'espère", dit Lydia.

Elle l'a fait asseoir et boire une tasse de café supplémentaire. Il y avait quelque chose comme une fête dans la camaraderie qui se développait entre eux quatre. Elle commença à interroger son visiteur sur la méthode à suivre pour obtenir la grâce d'Evans. Il lui a conseillé d'aller voir Mme Galton. À ce nom, elle et Benny se regardèrent et sourirent. Ils pensaient tous les deux au jour où Lydia avait tant ressenti la présence de la vieille dame dans sa maison.

Elle s'est rendue au bureau de Mme Galton le matin même. Il occupait le deuxième étage d'un immeuble ancien donnant sur Union Square. Lydia n'avait pas pensé à prendre rendez-vous, et lorsqu'elle arriva au bureau extérieur , on lui dit que Mme Galton était fiancée – qu'elle le serait pour un certain temps – qu'un membre de la commission des libérations conditionnelles était en conférence. Miss Thorne attendrait-elle ?

Oui, Lydia attendrait. Elle s'assit sur un banc dur et regarda le travail de la société se dérouler sous ses yeux. Elle avait quelques connaissances en affaires et en finance, et elle sut très vite qu'elle se trouvait en présence d'une organisation efficace ; mais ce n'était pas seulement l'efficacité qui la charmait ; c'était en partie la simple routine professionnelle qui lui donnait envie de rentrer à la maison après avoir été en mer. Le but clairement impersonnel de tout cela promettait l'oubli de soi. Au bout d'une demi-heure d'attente, elle fut envahie par l'envie de participer à cette œuvre. Voici la solution à son problème. Lorsqu'elle fut enfin conduite dans le petit bureau sombre de Mme Galton – qui ne faisait pas la moitié de la taille de la cellule de Lydia – ses premiers mots ne furent pas ceux d'Evans, après tout.

"Mme Galton," dit-elle, "pouvez-vous m'utiliser dans cette organisation ?"

Sans vouloir manquer de respect à Mme Galton, il faut admettre que cette question revenait à demander à un lion s'il pouvait utiliser un agneau. L'organisation, comme toutes les autres de ce type, avait besoin de dévouement, avait besoin de travailleurs, avait besoin d'argent et n'était pas opposée à un peu de publicité discrète. Lydia a offert tout cela. Mme Galton sourit.

"Oui," dit-elle. Le monosyllabe était expressif.

La femme plus âgée, avec quarante ans de travail de direction derrière elle, divisait grossièrement tous les ouvriers en deux classes : les aimables idéalistes qui ne créaient aucun antagonisme et n'accomplissaient rien, et les ouvriers efficaces qui accomplissaient des merveilles et attisaient des querelles sans fin. Elle – sauf dans ses moments les plus faibles – préférait ces dernières, même si elles perturbaient son personnel de bureau et lui causaient une indigestion nerveuse. Elle reconnut Lydia comme appartenant à cette classe.

Et bientôt, étant une femme sage et expérimentée, elle reconnut un autre fait : qu'elle était probablement en présence de son successeur. Un pincement au cœur la traversa. Elle avait soixante-dix ans et plus que jamais passionnée par le travail auquel elle s'était consacrée toute sa vie. Si elle laissait cette fille à l'écart , elle occuperait son poste plus longtemps que si elle la laissait entrer. Si elle la laissait entrer, cela vivifierait toute l'organisation. Elle pourrait devenir la leader idéale ; au moins, elle pourrait l'être : la jeunesse, la beauté, l'argent, l'expérience des conditions de détention et le romantisme de son histoire pour captiver l'imagination du public.

Lydia, avec le sentiment aigu de sa propre indignité, était vaguement consciente d'une certaine hésitation et supposait qu'elle était pesée dans la balance. Elle ne se doutait pas qu'un combat, un peu comme le sien, se déroulait dans le sein honnête et philanthropique qui était devant elle. Quelques minutes plus tard, Mme Galton lui offrit le poste de trésorière . Lydia fut submergée par cet honneur.

"Mais je pensais que tu avais déjà un trésorier," murmura-t-elle. "Si je pouvais être son assistant———"

"Oh, sans aucun doute, elle sera heureuse de démissionner", a déclaré le président avec un calme qui suggérait qu'elle serait heureuse ou non de démissionner.

Les deux femmes sont sorties déjeuner ensemble. De plus en plus, à mesure qu'ils parlaient, Lydia réalisait que c'était exactement ce qu'elle voulait. Ce serait son salut. Une fois de retour au bureau, elle parla d'Evans. Que pouvait-elle faire ? Que faut-il faire ?

"Laissez-moi voir", dit Mme Galton. "Vous étiez le témoin plaignant contre elle, je suppose. Eh bien, vous devez voir le juge et le procureur qui ont jugé l'affaire."

Lydia émit un drôle de petit son, mi-exclamation, mi-gémissement.

"O'Bannon !" dit-elle.

Non, Mme Galton pensait que ce n'était pas le nom du procureur du comté de Princess. Elle sonna et dit à sa secrétaire de vérifier, tout en continuant à discuter calmement des détails de la procédure. Bientôt, la secrétaire revint avec un livre. John J. Hillyer était procureur de district.

"Es-tu sûr?" » demanda Lydia. "Je pensais que M. O'Bannon l'était."

La secrétaire dit, en consultant son livre, qu'il avait démissionné presque deux ans auparavant.

"Mais il faudrait que nous ayons sa signature, n'est-ce pas ?" dit Mme Galton.

Elle et la secrétaire en parlèrent sans cesse, sans savoir qu'elles imposaient une condition impossible à Lydia. Elle ne pouvait pas demander à O'Bannon. Tout son intérêt pour la perspective de cette nouvelle œuvre s'était flétri à ce nom. Elle éprouvait un profond découragement. C'était terrible de constater qu'elle préférait laisser Evans en prison plutôt que de demander à O'Bannon de l'aider à en sortir ; terrible de trouver cet homme comme une barrière sur chaque chemin qu'elle essayait de suivre pour lui échapper. Elle les remercia de la peine qu'ils s'étaient donnée et se leva pour partir. Il fut convenu qu'elle viendrait commencer son travail le lundi suivant.

C'était presque l'heure du thé lorsqu'elle rentra chez elle. Bobby était là, ainsi que les Piers, et bientôt May Swayne arriva avec son baron du charbon. La première émotion de Lydia en les voyant fut une joie chaleureuse et accueillante, mais elle s'aperçut bientôt, à sa grande surprise, qu'elle avait très peu de choses à leur dire.

La vérité était qu'elle avait perdu l'art de rencontrer ses semblables dans une relation purement sociale, et l'effort conscient pour s'adapter, ses paroles, son attention à eux l'épuisaient. Elle se souvenait avec émerveillement du bon vieux temps, où elle ne faisait rien d'autre de la journée.

Miss Bennett commença bientôt à remarquer qu'elle ressemblait à un petit morceau d'ivoire sculpté, avec des yeux du jais le plus noir. Quand enfin tous ses visiteurs furent partis, elle se coucha directement.

Le lendemain, elle se fit conduire à Wide Plains pour voir le juge Homans. Le tribunal était encore en séance lorsqu'elle est arrivée, et on lui a montré la petite salle du juge bordée de livres et on l'a laissée attendre. Elle s'était attendue à ce que sa première vision de la large rue principale, de la boutique de M. Wooley, du palais de justice à colonnes lui soit extrêmement douloureuse, mais ce n'était pas le cas. Le grand employé qui l'a fait entrer l'a saluée chaleureusement. Elle se souvenait clairement de lui s'appuyant contre les doubles portes de la salle d'audience pour empêcher quiconque de sortir pendant la charge du juge.

Bientôt, le juge entra, comme il était venu chaque jour à son procès, les mains jointes, ses robes flottant autour de lui. Lydie se leva. Son nom ne lui avait apparemment pas été donné, car il la regardait avec surprise. Puis son visage s'éclaira.

"Ma chère Miss Thorne," dit-il, "quand êtes-vous sortie ?"

C'était la première référence parfaitement naturelle et spontanée à son emprisonnement qu'elle entendait depuis sa sortie de prison. Il supprime toute contrainte et toute gêne, ce qui va de soi. Les criminels n'étaient pas une nouveauté dans la vie du juge. Il s'assit, lui fit signe de s'asseoir sur une chaise en face, posa ses coudes sur les accoudoirs de sa balancelle et serra les jointures.

"Je suis très heureux de vous voir, très heureux en effet", dit-il.

Mais il n'était pas du tout surpris qu'elle soit venue. Il n'était évidemment pas inhabituel que la première visite d'un condamné libéré soit rendue au juge. Il commença à l'interroger un peu comme si elle était une enfant à la maison pour les vacances.

"Et qu'as-tu appris ? La pâtisserie ? C'est intéressant, n'est-ce pas ? Et la couture ? Eh bien, eh bien !"

Il la traitait si simplement que Lydia se retrouva à lui parler avec plus de liberté de toute l'expérience de la prison qu'elle n'avait pu en parler à quiconque. La raison en était, pensa-t-elle, qu'elle n'avait pas besoin de lui expliquer qu'elle n'était pas une exception tragique, un cas particulier. Pour lui, elle n'était qu'un parmi une longue série de contrevenants.

Ils ont parlé pendant une heure. Elle a noté que le juge aimait toujours parler, insistait toujours pour compléter ses peines ; mais elle ne ressentait plus aucune impatience. Ses souvenirs l'intéressaient. Peu de temps après, elle se retrouva à le consulter sur un sujet qui la préoccupait depuis longtemps : Alma Wooley. Elle voulait faire quelque chose pour Alma Wooley, mais elle supposait que la jeune fille rejetterait totalement tout ce qui viendrait de la femme qui avait...

Le juge lui posa la main sur le bras.

"Maintenant, ne t'inquiète pas du tout pour Alma," dit-il. « Alma a épousé un gentil jeune homme du bureau du procureur – nommé Foster – et maintenant ils ont un bébé, un joli petit bébé. Je disais à son père hier encore que Foster est un homme bien meilleur pour elle… »

Alors que le juge était lancé dans son discours à M. Wooley, l'esprit de Lydia revint à Foster : Foster attendait et surveillait O'Bannon comme un chiot pour son souper. Eh bien, elle pouvait lui pardonner même son admiration pour cet homme puisqu'il avait rendu Alma Wooley heureuse. Un poids a été enlevé de sa conscience.

Finalement, avec un certain embarras, elle informa le juge de l'objet de sa visite : une grâce pour Evans. Elle était prête à ce qu'il lui rappelle, comme O'Bannon l'avait fait un jour, que c'était une affaire qui était entre ses mains, dans la mesure où dans cette même pièce où elle était maintenant assise, elle avait pratiquement refusé d'aider Evans. Mais le juge Homans, s'il s'en souvenait, n'a fait aucune référence au passé.

"Oui, oui", dit-il. "Maintenant, laissez-moi voir. C'est sûrement O'Bannon qui a jugé cette affaire, n'est-ce pas ?" Lydia hocha la tête et il poursuivit : "Pauvre O'Bannon ! Il me manque beaucoup. Il a démissionné, vous savez, à peu près au moment où Mme O'Bannon est décédée."

"Il était marié?" » demanda Lydia, et même à ses propres oreilles, sa voix paraissait anormalement forte.

Non, dit le juge, c'était la vieille dame, sa mère ; » Et il continua en racontant à Lydia quel brave garçon avait été l'ancien procureur – un homme bon et un bon avocat.

"Les deux ne sont pas toujours combinés", dit le juge en riant, sentant quelque chose de froid dans l'attention de son auditeur.

Lydia se leva. Elle était désolée, dit-elle, de devoir vraiment rentrer chez elle. Le juge a trouvé son doux chapeau noir et l'a accompagnée jusqu'à sa voiture.

"Ne conduis pas toi-même?" Il a demandé.

Elle secoua la tête. Elle ne conduirait plus jamais de voiture. Le juge lui tapota la main, lui dit de revenir le voir, et lui fit savoir comment elle allait. Elle a promis. Elle a vu que d'une manière ou d'une autre, un lien humain indestructible avait été établi entre eux par le fait qu'elle avait commis un crime et qu'il l'avait condamnée à la prison d'État pour cela.

Elle est rentrée chez elle encouragée. Non seulement elle avait réussi à le convaincre d'accepter de solliciter l'aide d'O'Bannon dans l'affaire du pardon d'Evans, mais elle avait elle-même soutenu la mention du nom d'O'Bannon avec quelque chose de presque calme.

CHAPITRE XVII

Il était visible – même si personne ne l'avait remarqué – qu'un mois après que Lydia soit entrée travailler dans l'organisation de Mme Galton, tout le monde dans son entourage immédiat faisait quelque chose pour les condamnés libérés. Bobby, Miss Bennett, Eleanor, Wiley se mirent tous soudain à penser que le problème des criminels était le problème le plus important, le plus vital, le plus intéressant au monde. L'explication était simple : une volonté comme celle de Lydia, exploitée dans un but constructif, était bien plus irrésistible qu'autrefois où elle était égoïste, spasmodique et indisciplinée.

On lui donna un petit bureau, comme celui de Miss Galton, et elle y était tous les matins à neuf heures. Miss Bennett, qui s'était inquiète toute sa vie parce que Lydia menait une existence irrégulière, sans but et oisive, s'inquiétait maintenant encore plus parce que ses heures de travail étaient longues.

"Sûrement", protestait-elle presque tous les matins, "Mme Galton ne s'en souciera pas si vous n'y arrivez pas avant neuf heures et demie ou même dix heures. Par ces jours froids, ce n'est pas bon pour vous———"

Lydia expliqua qu'elle ne se rendait pas tôt au bureau pour faire plaisir à Mme Galton, qui, en fait, n'y arrivait que tard dans la matinée. L'organisation avait désespérément besoin d'argent, il y avait beaucoup à faire. Mais la vérité était qu'elle aimait la routine, le dur travail impersonnel. Cela l'a sauvée d'elle-même. Elle était presque heureuse.

Eleanor avait manifestement fait ce qu'on lui avait demandé de faire, car O'Bannon semblait avoir quitté le monde. Son nom n'était jamais prononcé, et au fil des semaines, il semblait à Lydia qu'elle-même l'oubliait. Peut-être qu'un moment viendrait où elle pourrait même le voir sans détruire sa tranquillité d'âme. Son seul chagrin était le retard dans la grâce d'Evans. Ce n'est pas venu. Lydia ne pouvait pas jouir de sa liberté avec Evans en prison. Les formulaires avaient tous été remplis, mais le gouverneur n'a pas agi. Finalement Mme Galton lui suggéra d'aller à Albany ; ou peut-être connaissait-elle quelqu'un qui aurait de l'influence auprès du gouverneur. Oui, Lydia connaissait quelqu'un : Albee.

Albee était désormais sénateur de son propre État, et une session chargée à Washington l'avait retenu là-bas. Il avait été parmi les premiers à télégraphier à Lydia. Elle a trouvé son message et ses fleurs dans la maison dès son retour. Le message sonnait comme s'il venait d'un ami ; mais Lydia savait que ce n'était pas le cas ; qu'Albee avait échappé à elle et à son influence, ou pensait l'avoir fait. Elle le savait déjà à l'époque de son procès, et en repensant aux faits et à elle-même, elle se demandait si elle ne lui en avait pas ressenti du ressentiment. C'était une époque où elle infligeait facilement des punitions, et Albee s'était vraiment mal comporté avec elle. Ils étaient sur le point d'être fiancés et pourtant, à l'instant où elle était en difficulté, il l'avait abandonnée. Il avait fait tous les gestes pour l'aider, mais en esprit, elle savait qu'Albee, le jour où elle avait tué Drummond, avait commencé à se démêler. Elle n'éprouvait pas le moindre ressentiment contre lui ; seulement, elle reconnaissait que son éloignement d'elle rendait plus difficile l'utilisation de lui pour Evans, à moins que – l'idée lui vint soudain – cela ne rende les choses plus faciles. Il éviterait de la voir s'il le pouvait ; mais si elle parvenait à lui , il serait peut-être impatient de se racheter, de se redresser en lui rendant un service précis.

Le soir du jour où elle a clairement vu cela , elle a pris un train pour Washington. Le lendemain matin, elle attendait dans son bureau extérieur avant qu'il n'y arrive lui-même. Une nouvelle secrétaire – l'ancienne avait été promue à un poste politique important dans son pays – ne la connaissait pas et n'avait pas été mise en garde nommément contre elle. Elle était donc assise là quand Albee entra avec son vieux regard léonin joyeux, dominateur. Juste pendant une fraction de seconde, son visage s'est effondré en la voyant, puis il s'est précipité à ses côtés, comme si, de tout le monde, elle était la personne qu'il avait le plus envie de voir.

Il ne faut pas croire que Lydia soit devenue si sainte qu'elle ait oublié sa connaissance des hommes. Elle savait maintenant que si elle était cordiale avec Albee, elle ne pouvait pas compter sur lui pour faire ce qu'elle voulait. Si, d'un autre côté, elle refusait son amitié, elle était sûre qu'il ferait une offre élevée pour l'obtenir. Elle ignora toutes ses protestations agitées. Elle lui sourit, un sourire un peu triste, un peu froid et infiniment lointain.

"J'ai vraiment envie de te parler, Stephen," dit-elle, et son ton lui dit que tout ce dont elle voulait parler n'avait rien à voir avec eux.

Il la conduisit dans le bureau intérieur. Une chose curieuse lui arrivait. Il n'avait jamais été amoureux de Lydia. Il s'était délibérément laissé éblouir par sa beauté et sa richesse ; il avait admiré son courage, sa sécurité d'elle-même, en les contrastant avec sa propre terreur d'offenser qui que ce soit ; mais parfois il l'avait presque détestée. Si elle lui avait inspiré un atome de tendresse , il ne l'aurait pas abandonnée. Elle ne l'a jamais fait. Il s'était séparé d'elle sans regret. Mais maintenant qu'elle était assise là, plus fine et plus pâle et de plus – bien plus – de deux ans de plus, elle inspirait une tendresse, une tendresse des plus vives et des plus inquiétantes. Il ne pouvait détourner son regard de son visage. Il interrompit soudain ce qu'elle disait à propos d'Evans.

"Lydia, ma chérie, es-tu heureuse ? Oui, oui, bien sûr, je peux obtenir du gouverneur tout ce que tu me demandes, mais parle-moi de toi."

Il se pencha et lui prit les mains dans les siennes. Elle se leva, les retirant lentement.

"Pas maintenant," répondit-elle en se dirigeant vers la porte.

"Tu ne dois pas y aller comme ça", protesta-t-il. " Pensez-y, ma chère, je ne vous ai pas vu depuis deux ans — les deux années les plus difficiles que j'ai jamais passées ! Vous ne pouvez pas aller et venir comme ça. Je dois vous voir, vous parler. "

"Quand tu m'auras obtenu le pardon d'Evans, Stephen, si tu l'obtiens." Elle parlait toujours doucement, mais il y avait beaucoup d'intention derrière Lydia, dans sa plus grande douceur.

Il saisit le « si » – presque une insulte après son affirmation confiante, mais il ne pensa pas à l'insulte. Il n'avait conscience de rien d'autre que du désir qu'elle lui sourie à nouveau avec gaieté et admiration comme avant, lui faisant se sentir Jovien.

"Je pars à New York jeudi", a-t-il déclaré. " Vendredi soir, vous aurez la grâce. Serez-vous à l'Opéra vendredi soir ? "

Elle hésita. Elle n'était pas encore allée à l'opéra. Elle ne supportait pas la publicité de ce cercle flamboyant, mais elle avait gardé sa boîte. Après tout, pensa-t-elle, elle pouvait s'asseoir à l'arrière et la musique était l'un de ses plus grands plaisirs.

« Veux-tu me rejoindre là-bas ? dit-elle.

"Ce sera comme au bon vieux temps."

"Pas tout à fait," répondit-elle.

Toujours la main sur la poignée de la porte, comme s'il allait lui ouvrir, il la retenait, essayant de la faire parler, l'interrogeant sur ses amis, son travail, sa santé ; essayant de trouver le passe-partout de son esprit, et finalement, car il était un homme de longue expérience, il le trouva.

"Et ce foutu escroc qui a poursuivi votre affaire", dit-il. "Est-ce que tu le vois déjà?"

Elle secoua la tête.

"Je préfère ne même pas penser à lui", répondit-elle, et cette fois elle lui fit signe d'ouvrir la porte. Au lieu de cela, il se plaça devant. Il l'avait réveillée; il avait enfin son attention.

"Naturellement, naturellement", dit-il, "mais j'aimerais que vous pensiez à lui une minute. Je suis plutôt dans le pétrin à propos de cet homme."

Elle avait envie de savoir quelle était la solution, mais elle n'osait pas l'entendre . Elle dit doucement : « S'il te plaît, ne me fais pas penser à lui, Stephen. Je préférerais vraiment ne pas le faire.

"Mais tu dois écouter, Lydia. Aide-moi. Je ne sais pas ce que je dois faire. J'ai en mon pouvoir de ruiner cet homme. D'accord ?"

Il y eut une pause. Albee entendit ses longues respirations trembler alors qu'elle les respirait. Il se dit que sa connaissance d'elle ne s'était pas égarée. Elle avait détesté cet homme, et peu importe ce qui avait changé en elle, cela n'avait pas changé. Elle a soudainement pris vie et a essayé d'ouvrir la porte pour elle-même.

"Je dois y aller", dit-elle. Il n'a pas bougé.

« Vous savez, » dit-il d'une voix rapide, « qu'après votre procès, il s'est effondré, a démissionné de son poste, s'est remis à boire, a essayé de se frayer un chemin à New York. Il y a été presque au bord du gouffre pendant un certain temps. "

Il la regardait. Un sourire, un sourire terrible, commença à courber les coins de sa bouche. Il continua:

"Je ne peux pas vraiment regretter sa malchance. En fait, pour être honnête, je lui ai donné un coup de pied ou deux quand j'en ai eu l'occasion. Mais maintenant, il s'en est sorti. Il a travaillé comme un chien, et j'entends ça " Quelques amis à moi, du cabinet Simpson, Aspinwall & McCarter, vont lui proposer un partenariat. C'est un grand cabinet, notamment dans le monde politique. " Il y eut un court silence. "Dois-je le lui laisser, Lydia ?"

Elle haussa les épaules avec mépris.

« Pourriez-vous l'empêcher de l'obtenir, Stephen ?

"En doutez-vous?"

Elle s'est retournée contre lui. Sa mâchoire était serrée et levée comme autrefois.

" Bien sûr que oui ! Si vous aviez pu, vous l'auriez certainement fait sans me consulter. Il y a un homme dont vous savez qu'il manque de toute intégrité et d'honneur, et qui, en outre, continue de dire que vous avez essayé de le soudoyer et que vous avez échoué. Oh. , il insiste beaucoup sur ce point : vous avez échoué ! Laisseriez-vous un homme comme celui-là entrer dans une entreprise de vos amis si vous pouviez l'empêcher ? Non, non ! Pas à moins que vous ne soyez devenu beaucoup plus doux que je ne me souviens de vous, Stéphane."

Albee fit un geste large, aussi expressif que le pouce baissé d'un empereur romain.

« Il ne l'aura pas », et il ajouta avec un sourire aussi cruel que celui de Lydia : « Il s'en croit absolument sûr.

Elle lui sourit droit dans les yeux.

"Amenez-moi vendredi soir", dit-elle. "C'est plus important que la grâce."

Il lui ouvrit la porte et elle sortit.

C'était mercredi. Elle avait hâte que vendredi arrive. C'était la bonne voie : détruire l'homme d'abord, puis l'oublier. Elle avait été stupide, sentimentale et faible de s'imaginer qu'elle pourrait avoir une vraie paix d'une autre manière, d'imaginer qu'elle pourrait vivre sa vie en se cachant, dans la peur. Elle était furieuse contre elle-même lorsqu'elle se rappela qu'elle avait demandé à Eleanor d'éviter de prononcer son nom. Elle pourrait désormais prononcer elle-même son nom et le voir aussi. Elle aimerait le voir. Elle n'avait presque pas conscience du temps qui passait pendant son voyage de retour à New York. Elle vivait d'une rencontre entre O'Bannon et elle-même après la rupture du partenariat. Il doit être conscient que c'est elle qui l'a fait.

Elle rentra chez elle juste avant le dîner et découvrit que Miss Bennett dînait au restaurant. Bien! Lydia n'avait aucune objection à être seule. Mais Benny en avait décidé autrement. Elle avait téléphoné à Eleanor et elle venait dîner. Lydia sourit. C'était agréable aussi.

Eleanor était une femme intelligente mais pas une liseuse d'esprit. Elle a vu qu'un changement s'était produit chez Lydia, a remarqué qu'elle n'avait pas dîné et est arrivée à la conclusion que quelque chose n'allait pas dans le pardon d'Evans ; qu'Albee avait été, comme d'habitude, un ami faible. Lorsqu'ils furent seuls après le dîner, elle se prépara à entendre l'histoire. Au lieu de cela, Lydia dit : « Je vais à l'opéra vendredi, Nell, Samson et Delilah. Veux-tu venir avec moi ?

Il y a eu une petite pause, une légère contrainte. Alors Eleanor a répondu qu'elle ne pouvait pas ; qu'elle avait sa propre boîte que quelqu'un lui avait envoyée. Lydia se leva avec un rire soudain, court et sauvage.

"Cet homme vient avec toi !" dit-elle.

"M. O'Bannon ? Oui, il l'est." Eleanor réfléchit une seconde. "Je vais le repousser, Lydia. Je lui dirai de ne pas venir."

"Tu ne feras rien de tel. C'est parfait. Je ne sais pas ce qui m'a pris l'autre jour, Eleanor. Tu as dû me mépriser pour une lâcheté si pitoyable."

"Non, ma chérie", dit Eleanor lentement, mais visiblement soulagée que la question soit revenue. "Mais j'avais le sentiment que tu n'allais pas travailler de la meilleure façon pour éliminer le poison de tout cela de ton âme."

Lydia rit à nouveau de la même manière.

"Oh, ne t'inquiète pas pour ça ! Je vais me débarrasser du poison."

"Comment?"

"Je le ferai souffrir. Je me vengerai, puis j'oublierai qu'il existe. Tu peux le lui dire si tu veux."

Eleanor regardait devant elle, vide et sérieuse. Puis elle a dit : « Je n'ai plus beaucoup d'opportunités. Je le vois rarement.

Les yeux de Lydia s'éclairèrent.

"Ah, tu l'as découvert !"

"Au contraire, plus je le connais, plus j'ai une grande estime pour lui. Je ne le vois pas parce qu'il est occupé. Il a traversé une période difficile – dans les affaires. Il a décidé de quitter la politique et de se lancer directement dans la vie politique. New York est comme un monstre féroce pour un homme qui débute une profession. Dan, mais cela n'a pas d'importance. Ses ennuis sont terminés maintenant.

"Le sont-ils vraiment ?" dit Lydie.

"Oui, il a reçu une merveilleuse offre de partenariat de la part d'un homme plus âgé qui… Oh, Lydia, tu devrais essayer de voir que ton point de vue à son sujet est préjugé – naturel, mais quand même…"

"Est-ce une offre définitive, Eleanor ?"

"Oui, absolument, même si les papiers ne doivent pas être signés avant un jour ou deux."

Lydia inspira pensivement « Un jour ou deux », et Eleanor continua.

"Ce n'est pas que je me soucie de ce que vous pensez de lui ou de lui de vous. J'ai dépassé cela avec mes amis et, comme je l'ai dit, je ne le vois plus autant qu'avant ; mais… —"

" Bien sûr que non", répondit Lydia. « Il a honte… ou plutôt, il ne supporte pas de se voir en contraste avec votre parfaite intégrité, Eleanor. Saviez-vous qu'il est venu en prison pour me voir, pour se réjouir de moi ? viens le voir avec mes vêtements de prison———"

Le souffle de Lydia s'accéléra alors qu'elle parlait de l'indignation.

"Il n'est pas venu pour se réjouir de toi."

"Pourquoi est-il venu alors ?"

À sa propre surprise, Eleanor entendit sa propre voix dire, comme si elle exploitait d'elle-même une source de connaissance qui ne lui était jamais ouverte auparavant : « Parce que tu sais très bien, Lydia, cet homme est amoureux de toi.

Lydia bondit en avant comme un chat.

"Ne dis plus jamais une chose pareille !" dit-elle. "Tu ne comprends pas, mais ça me dégrade, ça me pollue ! Aime-moi ! Cet homme ! Je le tuerais si je pensais qu'il osait !"

Rien ne rendait Eleanor plus calme que l'excitation chez les autres.

« Eh bien, » dit-elle, « peut-être que je me trompe », et elle parut laisser tomber l'affaire ; mais l'autre ne l'aurait pas.

" Bien sûr que tu te trompes ! Mais tu dois avoir une raison pour dire une chose pareille. Tu n'es pas le genre de personne, Eleanor, à avoir des soupçons aussi dégoûtants sans raison. "

"Veux-tu vraiment que je te donne une raison ou attends-tu seulement de me mettre en pièces, quoi que je dise ?"
Lydia s'assit et prit ses mains entre ses genoux, déterminée à être bonne.
"Je veux ta raison", dit-elle.
Les raisons n'étaient pas si faciles, constata Eleanor. Elle parlait lentement.
"J'ai vu tout au long de votre procès que Dan n'était pas comme lui, qu'il luttait contre quelque chose de plus fort que lui. C'est un homme qui a toujours eu de terribles faiblesses, des tentations——"
"Il boit", dit Lydia, et il y avait une note de triomphe presque vantard dans son ton.
"Non" - Eleanor était très ferme à ce sujet - "ces dernières années, une seule fois."
"Plus d'une fois, Eleanor."

"Une seule fois, dans une période de tension émotionnelle. Quelle était cette émotion ? Tu venais d'être condamné. Il m'est venu soudain à l'esprit que s'il était amoureux de toi, cela expliquerait tout."

"S'il me détestait, cela expliquerait aussi."

"Les deux émotions sont assez proches, Lydia."

"Fermer?" Lydia s'exclama violemment. "Cela montre que tu n'as jamais ressenti non plus."

"Avez-vous?"

"Oui, j'ai ressenti de la haine. Cela m'a empoisonné et flétri pendant plus de deux ans maintenant, et je n'ai plus l'intention de la supporter. Je veux m'en débarrasser de cette façon, faire suffisamment de mal à cet homme pour me satisfaire. ".

Eleanor se releva lentement et les deux femmes se tenèrent un peu à l'écart et se regardèrent. Puis Eleanor a dit : "Tu ne t'en débarrasseras jamais de cette façon. Ne le fais pas, Lydia, quoi que tu veuilles faire."

"Tu plaides pour cet homme, Nell. Ne le fais pas ! C'est ignominieux."

"Je plaide pour toi, ma chérie."

"Ne fais pas ça ! C'est impertinent."

Pire encore, Eleanor savait que c'était inutile. Son moteur l'attendait et elle s'en alla. Pour la première fois, elle comprit quelque chose que Dorset lui avait dit un jour : que Lydia, dans ses mauvaises humeurs, était la figure la plus pathétique du monde.

CHAPITRE XVIII

Avant que les lumières ne s'allument au premier entr'acte, Lydia se retira dans la petite boîte bordée de rouge d'une antichambre et se laissa tomber sur le canapé de soie rouge. Elle et Miss Bennett étaient venues seules à l'opéra ; mais Dorset et Albee, qui s'étaient d'abord engagés à une sorte de dîner politique, devaient les rejoindre bientôt.

Même si la maison était encore dans l'obscurité, Lydia avait reconnu le contour de la tête d'O'Bannon dans une boîte à l'autre bout de la maison. Elle l'avait vu avant de voir Eleanor. Miss Bennett était restée devant la loge. Lydia était heureuse de l'avoir fait. Elle voulait être seule en attendant. Elle la voyait entre les rideaux, balayant la maison avec ses jumelles.

La porte de la boîte s'ouvrit et Albee entra. Elle ne parla pas, mais le regardant, chaque muscle de son corps se tendit d'intérêt. Il lui sourit et commença à raccrocher son chapeau et à enlever son manteau. Elle ne supportait pas le suspense.

"Bien?" » demanda-t-elle sévèrement.

"Tout va bien. Le gouverneur le signera. Ce n'est que la pression des affaires———"

Elle l'interrompit.

"Et l'autre chose ? Avez-vous échoué là-bas ?" D'une manière ou d'une autre, elle n'avait jamais pensé à son échec. Que devrait-elle faire s'il l'avait fait ?

Il a fait une passe rapide avec sa main droite, indiquant qu'O'Bannon avait été anéanti.

"Notre ami ne sera jamais associé dans cette entreprise", a-t-il déclaré.

Il la regarda avec impatience et reçut sa récompense. Elle lui sourit, secouant lentement la tête en même temps, comme s'il était trop merveilleux pour les mots.

"Stephen, tu es superbe", dit-elle, et elle le sentit visiblement. "Est-ce qu'il le sait déjà?"

"Non, il ne le saura que lorsqu'il ouvrira son courrier demain matin."

Lydia se pencha en avant et scruta la maison entre les rideaux. Puis elle se retourna et sourit à nouveau, mais cette fois avec amusement.

"Il est là-bas maintenant avec Eleanor, content de lui-même et pensant que le monde est son huître."

Albee était debout. Alors que les lumières commençaient à baisser pour l'ouverture du deuxième acte , il poussa une exclamation d'agacement.

"J'ai quelque chose à vous montrer", dit-il. Il s'assit à côté d'elle sur le petit canapé étroit et, baissant la voix pour s'adapter aux lumières baissées, il murmura : « Que donneriez-vous pour une copie de la lettre de Simpson retirant son offre de partenariat ?

" Tu l'as?" Sa voix trahissait qu'elle donnerait n'importe quoi.

"Que me donnerais-tu en échange ?" murmura-t-il, et dans l' obscurité il l'entoura de ses bras et essaya de l'attirer à lui.

"Je ne te donnerai rien !" Sa voix était comme de l'acier, tout comme son corps.

Le cœur d'Albee lui fit défaut. C'était comme si ses bras étaient paralysés. Il n'osait pas faire ce qu'il s'était imaginé faire : l'écraser contre lui, qu'elle y consente ou non. Il pensa soudain qu'elle était capable de crier.

"La créature inhumaine et non féminine !" pensa-t-il, même s'il la tenait toujours dans ses bras.

Il la sentit tendre la main et lui prendre doucement la lettre. Non, c'était un peu trop ! Il lui attrapa le poignet et le tint fermement. Puis la porte s'est ouverte, quelqu'un est entré, la voix de Bobby a dit : "Es-tu là, Lydia ?"

"Oui," dit Lydia de son ton le plus doux et le plus naturel. "Allumez la lumière, Bobby, ou vous tomberez sur quelque chose. C'est juste là, à votre droite."

Il fallut un moment à Bobby pour trouver l'interrupteur. Lorsqu'il alluma la lumière , il vit Lydia et Albee assis côte à côte sur le canapé. Lydia tenait à la main un papier plié.

"A quoi ça sert de rester assis ici quand le spectacle est en cours ?" dit Bobby. "Entrons et voyons-la vampiriser l'homme fort."

Lydia se leva d'un bond et, regardant Albee, rangea délibérément le papier devant sa robe basse.

"Éteignez encore la lumière, Bobby", dit-elle. "Ça brille entre les rideaux et ça me dérange."

Tous trois retournèrent à la loge, où Miss Bennett était assise seule. Cela faisait longtemps que Lydia n'avait pas entendu de musique, et la musique du deuxième acte de Samson et Dalila, les longs accords amples de la harpe, commençaient à la troubler, comme l'orage à venir semblait troubler Dalila.

Sa longue abstraction de toute impression artistique la rendait aussi susceptible qu'une enfant. Le clair de lune l'inondait d'un glamour primitif, ses nerfs se glissaient au rythme de la musique du duo incroyablement doux ; et quand enfin Samson suivit Dalila dans sa maison, Lydia eut l'impression que le triomphe de la soprano lui appartenait.

Alors que la tempête éclatait, Albee se leva. Il se pencha sur Miss Bennett puis sur Lydia.

"Bonne nuit, Delilah," murmura-t-il.

Elle ne répondit pas, mais pensa : « Pas à votre Samson, Stephen Albee. »

Il était parti et elle avait toujours la lettre. L'acte terminé, elle retourna dans l'antichambre pour le lire. Oui, c'était bien là sur le papier à lettres lourd et simple de Simpson, Aspinwall & McCarter, clair et sans équivoque. M. Simpson a tellement regretté que des conditions soient apparues qui rendaient impératif...

Lydia jeta un coup d'œil à travers la maison et surprit O'Bannon en train de rire de quelque chose qu'Eleanor lui disait. Elle a souri. Quelle que soit la blague, elle pensait en connaître une meilleure.

"Comme tu es ravissante, Lydia", dit Bobby en voyant le sourire. "Presque comme une madone dans cette étoffe blanche, comme une madone peinte par un Indien Apache."

"Avez-vous quelque chose que je pourrais écrire sur Bobby : un bout de papier ?"

Bobby a arraché une page de son précieux carnet d'adresses et la lui a donnée avec un crayon doré de sa chaîne de montre. Elle se tenait sous la lumière, pressant le haut du crayon contre ses lèvres. Puis elle écrivit rapidement :

> "J'ai quelque chose d'important à vous dire. Voudriez-vous
> me retrouver dans le hall du côté de la 39ème rue à la fin de
> la représentation et me laisser vous reconduire chez vous ?
>
> " LYDIA THORNE. "

Elle le plia et le tendit.

"Voulez-vous apporter cela à O'Bannon et obtenir une réponse de sa part ?"

"À O'Bannon ?" dit Bobby. « Est-ce qu'il s'est passé quelque chose ?

"Ne me dérange pas maintenant, Bobby, il y a un chéri. Prends-le." Elle le poussa à moitié hors de la boîte. "Et sois aussi rapide que possible", lui appela-t-elle.

Il était vraiment rapide. En quelques secondes, elle vit le rideau de la loge opposée écarté et Bobby entrer. Il a parlé un moment à Eleanor, puis alors que personne d'autre ne la regardait, elle l'a vu parler à O'Bannon et lui donner son mot. Les deux hommes se levèrent et allèrent ensemble au fond de la loge, hors de sa vue. Qu'est-ce qui s'est passé? O'Bannon était-il maintenant en route vers elle ? Il y a eu un long retard. La voix de Miss Bennett appela : « Est-ce que quelqu'un frappe ? Le bruit était celui des pieds agités de Lydia tapant sur le sol. Juste au moment où les lumières commençaient à s'éteindre, Bobby revint, seul. Il lui tendit un mot.

> "Chère Miss Thorne, je ne peux pas rentrer chez vous avec vous, mais je m'arrêterai chez vous quelques minutes vers onze heures et demie ou midi moins le quart, si ce n'est pas trop tard.
>
> "D. O'B."

Lydia sourit à nouveau. C'était encore mieux. Elle aurait tout le temps, dans son propre salon, de révéler les faits comme bon lui semble. Elle n'entendait guère la musique du thème suivant, n'appréciait guère le spectacle de la dégradation de Samson, tant elle était absorbée par l'attente de l'entretien à venir.

Pendant le ballet de la dernière scène , elle a vu Eleanor se lever et O'Bannon la suivre. Elle se leva aussitôt, malgré les légères protestations de Miss Bennett.

"Oh, tu ne vas pas attendre de le voir démolir la tempe ? C'est tellement amusant." Miss Bennett aimait voir la force masculine conquérir. Lydia secoua la tête, mais ne proposa aucune explication.

Il était presque onze heures et demie lorsqu'ils entrèrent dans la maison. Miss Bennett, qui bâillait sur le chemin du retour, se dirigea directement vers l'escalier. Morson avait délégué ses tâches pour la soirée à la femme de chambre du salon, une jeune Suédoise, et elle commença assidûment à tirer les verrous de la porte d'entrée et à se préparer à éteindre les lumières. Lydia l'a arrêtée.

« Donne-moi un verre d'eau, veux-tu, Frieda ? dit-elle.

"Il y en aura un dans ta chambre, ma chérie", rappela Miss Bennett, chaque centimètre carré de gouvernante. Elle ne s'arrêta cependant pas, mais continua à monter et disparut au tournant de l'escalier.

Quand la jeune fille revint, Lydia dit : « Frieda, j'attends un gentleman dans quelques minutes. Après l'avoir laissé entrer, tu n'as pas besoin d'attendre. Le feu est-il allumé dans le salon ? Alors allume-le, s'il te plaît. ".

Elle resta debout un moment, sirotant le long verre frais et écoutant les pas de Miss Bennett s'éloigner de plus en plus ; écoutant aussi un pas dans la rue.

Dans le salon, la lueur du feu montait déjà, dépassant celle des lampes à abat-jour. Restée seule, Lydia ôta très doucement sa cape d'opéra, comme si elle ne voulait pas faire le moindre bruit qui gênerait son écoute. La maison était calme et même le bruit de la ville commençait à s'atténuer. Le rugissement constant de la circulation revenant du théâtre était presque terminé. De temps en temps, elle entendait un bus de la Cinquième Avenue rouler sur ses gros pneus en caoutchouc ; de temps en temps, le claquement d'une portière automobile alors que certains de ses voisins revenaient d'une soirée de divertissement.

Elle se pencha sur le feu pour essayer de se réchauffer les mains. Ils étaient comme de la glace, et cela devait être dû au froid et non à l'excitation, pensa-t-elle, car son esprit était aussi calme qu'un puits. Elle tourna la petite horloge – toute en émail lilas et strass – pour pouvoir observer son petit cadran. Il était midi moins le quart. Elle serra les mains. Avait-il l'intention de la faire attendre ?

Elle sursauta, car la porte s'était doucement ouverte. Miss Bennett entra dans l'une de ses magnifiques robes de chambre en satin cramoisi et ornée d'oiseaux bleu vif.

« Chère enfant, dit-elle, tu devrais être au lit.

« J'attends quelqu'un qui vienne me voir, Benny ; et comme il peut être là d'un moment à l'autre, et je suppose que vous ne voulez pas être surpris dans votre costume actuel... »

Miss Bennett leva les épaules.

"Oh, à mon âge !" dit-elle. "Après tout, à quoi sert d'avoir de jolies robes de chambre si personne ne les voit jamais ?"

"C'est Dan O'Bannon qui arrive", dit Lydia, "et je veux le voir seul."

"O'Bannon vient ici ! Mais, Lydia, tu ne peux pas le voir seule... à cette heure. Eh bien, il est minuit !"

Les yeux de Miss Bennett s'accrochaient à elle.

"Il reste onze minutes", dit Lydia, les yeux rivés sur l'horloge. "J'aimerais que tu y ailles, Benny."

Miss Bennett hésita.

"Je ne pense pas que tu devrais le voir seul. Je ne pense pas que ce soit plutôt... plutôt agréable."

"Oh, ça va être très sympa !"

"Non, je veux dire, je ne pense pas que ce soit sûr. Supposons que quelque chose arrive."

« Cela devrait arriver ? » dit Lydia, et pendant un instant elle ressembla à la vieille Lydia hautaine. "Qu'est-ce qui pourrait arriver?"

Miss Bennett leva ses deux bras et les laissa tomber avec un geste tout à fait français, exprimant qu'elles savaient toutes les deux ce qu'étaient les hommes.

"Il pourrait essayer de te faire l'amour", dit-elle.

À la minute où elle avait parlé, elle aurait souhaité ne pas l'avoir fait, car le beau sourcil sombre de Lydia se contracta.

"Quelles idées dégoûtantes tu as Benny ! Cet homme !" Elle s'est arrêtée. "J'aimerais presque qu'il le fasse. S'il le faisait , je pense que je devrais le tuer."

Pour Miss Bennett, cela semblait n'être qu'une expression ; mais pour Lydia, les yeux fixés sur une énorme paire de ciseaux en acier et argent posée sur la table à écrire, c'était bien plus qu'une phrase.

Miss Bennett a décidé de se retirer.

"Arrêtez-vous dans ma chambre quand vous montez", dit-elle. "Je ne fermerai pas les yeux avant que tu le fasses." Puis, rassemblant ses draperies brillantes autour d'elle, elle quitta la pièce.

Même après le départ de Miss Bennett, sa suggestion resta avec Lydia. Cet homme aurait-il une telle idée ? Penserait-il que le fait qu'elle l'envoie chercher à une telle heure avait une signification flatteuse ? Ou verrait-il que c'était la preuve de son mépris total à son égard — de sa conviction qu'elle était sa supérieure, l'esprit principal des deux, quelle que soit leur situation ? Quant à faire l'amour, laissez-le essayer ! Son coup serait d'autant plus efficace s'il pouvait être porté alors qu'il était à genoux.

D'un coup absurde, précipité et picotant, la petite horloge sonna minuit. Étrange, pensa-t-elle, que l'attente de quelque chose de certain mette les nerfs plus à rude épreuve que l'incertitude. Elle savait qu'O'Bannon viendrait, n'est-ce pas ? Oserait-il faire ça ? La laisser assise à l'attendre et ne jamais venir du tout ? Sans aucun doute, il avait ramené Eleanor à son hôtel. Est-ce qu'ils riaient ensemble à cause de son message ?

À cet instant, elle entendit le bourdonnement lointain de la sonnette de la porte d'entrée. Chaque nerf de son corps vibrait au son. Puis la porte du salon s'ouvrit et se referma derrière O'Bannon.

La mouche était entrée dans le salon, se dit-elle — une très grosse mouche impeccablement vêtue. En le voyant là devant elle, toute sa nervosité disparut, et elle ne ressentit que de la joie, une joie aussi inspirante que si elle était fondée sur quelque chose de plus saint que la haine ; joie que son moment soit enfin venu.

Elle attendit une seconde ses excuses, puis elle lui dit, tout à fait à la manière d'une grande dame qui, sans se plaindre, a conscience de ce qui lui est dû : « Vous êtes en retard.

"Je me suis approché", a-t-il déclaré. "C'est une belle nuit."

"Vous vous demandez pourquoi je vous ai envoyé chercher ?"

"Bien sûr."

Elle se laissa tomber paresseusement sur une chaise près du feu.

« Asseyez-vous », dit-elle gracieusement, comme si elle accordait ce privilège à une vieille servante qui hésiterait autrement.

Il secoua la tête.

"Non", répondit-il; "Je ne peux rester qu'une minute. Il est midi passé."

Il appuya son coude sur la cheminée et prit le chien de jade qui se tenait là, examinant ses surfaces polies. Lydia était très satisfaite de cet arrangement. Cela la mettait plus à l'aise. Elle laissa tomber un silence et, dans ce silence , il leva les yeux du chien et la regarda comme s'il hésitait à le faire.

Il a dit : « Je suis heureux de vous voir ici, de retour dans votre environnement habituel.

Dieu merci, elle n'avait plus besoin de ressembler à une colombe.

"Oh, c'est vrai ?" dit-elle avec dérision. "N'as-tu pas apprécié ta petite visite en prison ?"

Il secoua lentement la tête.

"Alors puis-je te demander pourquoi tu es venu ?"

"Je ne pense pas que je vais vous dire ça."

"Tu penses que je ne sais pas ?" » demanda-t-elle avec une soudaine férocité.

"Je n'ai vraiment pas pensé si tu le savais ou non."

"Vous êtes venu pour obtenir exactement ce que vous avez obtenu : toute la saveur de l'humiliation de ma position."

"Mon Dieu," répondit-il froidement, "et on dit que les femmes ont de l'intuition !"

Son ton, autant que ses paroles, l'irritaient, et elle ne voulait pas être irritée. Elle leva le menton.

"La raison pour laquelle vous êtes venu n'a pas vraiment d'importance, du moins pas pour moi. Laisse-moi te dire pourquoi je t'ai envoyé chercher ce soir."

Mais il poursuivait sa propre pensée et ne semblait pas l'entendre.

« Êtes-vous capable de revenir à la vie ? Êtes-vous... — il hésita —, êtes-vous heureux ?

"Non. Mais je n'ai jamais été très heureux. Je peux vous dire ceci : je n'échangerais mon expérience en prison contre rien de toute ma vie. Vous m'avez donné quelque chose, M. O'Bannon, quand vous m'avez envoyé en prison, que personne d'autre n'a jamais pu me donner, pas même mon père, bien qu'il ait essayé. Je veux dire le sentiment des conséquences de mon propre caractère. C'est le seul aspect de la punition qui soit utile aux gens.

Ses yeux s'illuminèrent.

"Tu ne veux pas dire que tu m'es reconnaissant!" il a dit.

"Non, pas reconnaissante", répondit-elle, et un petit sourire commença à dessiner les coins de sa bouche. "Je ne vous suis pas reconnaissant, car, voyez-vous, je vais vous rendre l'obligation de vous faire la même bonne action."

"Pour moi ? Je ne crois pas comprendre."

"Je ne le crois pas. Mais soyez patient. Vous le ferez. Au cours de mon procès, j'imagine - en fait, vos amis me l'ont dit - que vous aviez adopté la position selon laquelle vous me traitiez comme vous traitiez n'importe quel criminel dont vous aviez affaire. poursuivi."

"Quelle autre position pourrais-je adopter ?"

"Oh, officiellement aucun. Mais dans votre esprit , vous deviez savoir que vous aviez un autre motif. Certaines personnes pensent que c'était la soif naturelle d'un jeune homme pour les gros titres, mais je sais - et je veux que vous sachiez que je le sais - que c'était votre vengeance personnelle envers moi.

"Ne dis pas ça!" l'interrompit-il brusquement.

" Je vais le dire, " continua Lydia, " et à toi, parce que tu es la seule personne à qui je peux le dire. Oh, tu savais très bien comment ce serait ! Je dois rester silencieuse pendant qu'Eleanor me dit à quel point c'est noble. vos motivations étaient de me poursuivre. Vous savez – oh, vous êtes si sûr de le savoir – que je ne dirai à personne que votre haine envers moi remonte à cette soirée où je ne me suis pas montré sensible à vos fascinations lorsque vous avez essayé de m'embrasser. moi et moi--"

"Je t'ai embrassé", a déclaré O'Bannon.

"Je crois que tu l'as fait, mais———"

"Tu sais que je l'ai fait."

Elle sursauta.

"Et est-ce quelque chose dont vous êtes fier, quelque chose dont vous vous souvenez avec satisfaction ?"

"Le plus enthousiaste."

Elle tapa du pied.

"Que tu as embrassé une femme contre sa volonté ? L'as tenue dans tes bras parce que tu étais physiquement plus fort ? Tu aimes te souvenir———"

"Ce n'était pas contre votre volonté", a-t-il déclaré.

"C'était!"

"Ce n'était pas!" Il a répété. "Penses-tu que je n'ai pas revécu ce moment assez souvent pour être sûr de ce qui s'est passé ? Tu n'étais pas en colère ! Tu étais content de t'avoir pris dans mes bras ! Tu aurais été content si je l'avais fait plus tôt !"

"Menteur!" dit Lydie. "Menteur et imbécile... dire une chose pareille !" Elle frissonnait si violemment que ses dents claquaient comme une personne en colère . " Si vous saviez... si vous pouviez deviner la répugnance, l'horreur d'une femme embrassée par un homme qu'elle déteste et méprise ! Sa chair rampe ! Il n'y a pas de mots pour cela ! Et puis... puis se faire dire par la folle vanité de cet homme qu'elle a aimé ça, qu'elle le voulait, qu'elle l'a provoqué elle-même———"

"Attendez un instant", dit-il. "Je crois que tu me détestes maintenant, d'accord, quoi que tu ressentes alors."

"Oui, je te déteste," répondit-elle, "et j'ai le pouvoir de le prouver. Je peux te faire du mal."

"Tu auras toujours le pouvoir de me blesser."

"Assurez-vous que je vais l'utiliser."

"J'ose dire que tu le feras."

"Oui. Je n'ai pas perdu de temps du tout."

"De quoi s'agit-il ? Qu'as-tu fait ?" » demanda-t-il sans grand intérêt.

Elle sortit la lettre du devant de sa robe et la lui tendit d'une main qui tremblait tellement que le papier plié tremblait. Il le prit, le déplia, le lut. En le regardant, elle ne vit aucun changement sur son visage jusqu'à ce qu'il lève les yeux et sourit.

"Est-ce ceci?" Il a demandé. " Cela m'importe beaucoup – de ne pas entrer dans la société Simpson ! Vous ne comprenez pas votre pouvoir. Les choses qui m'auraient fait souffrir – eh bien, si vous aviez laissé la prison vous briser, si vous aviez donné votre amour à ce politicien véreux qui est venu me soudoyer en votre nom… Eh bien, quand vous êtes tombé à mes pieds dans la salle de réception d' Auburn , j'ai souffert plus que dans toute ma vie avant ou depuis, parce que je vous aime.

"Arrêt!" dit Lydie. "N'ose pas me dire ça !"

"Je t'aime", dit-il. "Tu n'as pas besoin de chercher des choses comme ça," et il jeta la lettre dans le feu avec mépris. "Tu me fais souffrir rien qu'en existant."

"Je ne t'écouterai pas !" » dit Lydia, et elle s'éloigna.

" Bien sûr que tu m'écouteras, " répondit-il en se plaçant entre elle et la porte. "Il n'y a pas une seule chose que tu as faite depuis que je t'ai vu pour la première fois qui m'ait procuré le moindre plaisir, la paix ou le bonheur - rien que de l'inquiétude et de la douleur. Quand tu es dur et amer, je souffre, et quand tu es doux. et gentil--"

Elle eut une sorte de rire.

"Quand m'as-tu déjà vu doux et gentil ?" elle a demandé.

"Oh, je sais à quel point tu pourrais merveilleusement te donner à un homme si tu l'aimais."

"Ne dis pas de telles choses !" » dit-elle en frissonnant. "Ça me rend malade ! N'y pense même pas !"

"Réfléchissez ! Bon Dieu, les choses que je pense !"

"Ne me considère même pas du tout, sauf comme ton ennemi implacable. Si ce que tu viens de dire maintenant était vrai, que tu m'aimes———"

"C'est vrai."

"J'espère que c'est le cas. Cela me donne plus de pouvoir pour te faire du mal. Cela doit être encore pire pour toi de savoir à quel point je te déteste, à quel point je te méprise, tout ce qui te concerne ; tu utilises ton apparence et ta belle silhouette pour hypnotiser des gens simples comme Eleanor et Miss Bennett et le pauvre Evans ; la vanité qui vous fait me haïr parce que je suis libre de vos charmes ; et toutes les choses mesquines et sournoises que vous avez faites au cours du procès ; toutes vos bêtises sentimentales avec la pauvre petite fille Wooley ; et votre torsion du la loi – la loi que vous êtes censé faire respecter – pour que ce bracelet soit présenté au jury, vos belles paroles et vos artifices bon marché avec le jury, et surtout votre venue à Auburn pour régaler vos yeux de mon humiliation. Oh, si Je pourrais pardonner tout le reste, je ne pourrais jamais te pardonner ça!"

"Je ne suis pas particulièrement désireux que vous me pardonniez", dit-il.

Avec horreur, elle constata que la suppression des barrières qui l'avaient empêchée pendant tous ces mois de faire part de ses griefs à qui que ce soit, détruisait sa maîtrise de soi. Elle savait qu'elle allait pleurer.

"Tu peux y aller maintenant", dit-elle. Elle fit un grand geste vers la porte. Déjà les muscles de sa gorge commençaient à se contracter. Il regardait le feu comme s'il ne l'avait pas entendue. Elle tapa du pied. "Tu ne me comprends pas ?" dit-elle. "Je veux que tu partes."

"J'y vais, mais il y a quelque chose que je veux te dire." Il essayait visiblement de réfléchir à quelque chose avec des mots.

"Je n'aurai plus jamais rien à te dire", répondit-elle.

Elle se laissa tomber sur le canapé et pencha la tête en arrière parmi les coussins. Elle ferma les yeux pour retenir ses larmes et resta rigide face à la lutte. Si elle ne parlait plus – et elle ne le ferait pas – elle pourrait se débarrasser de lui avant que la tempête n'éclate. Il prit une cigarette et l'alluma. Même New York resta silencieux pendant une minute, et la petite horloge sur la table réussit à rendre audible son tic-tac faible et rapide. Lydia se rendit compte que les larmes se faufilaient lentement sous ses paupières, qu'elle avalait de manière audible. Elle posa ses mains sur sa bouche pour tenter de retenir un sanglot. Et O'Bannon commença à parler, sans la regarder.

"Je ne sais pas si je peux vous faire comprendre", dit-il. "Je ne sais pas si cela importe que vous compreniez ou non, mais dans toute votre affaire, j'ai fait exactement ce qu'un procureur devrait faire, seulement il est vrai que derrière ce que je fais——"

Il fut arrêté par un sanglot.

"Oui oui!" dit-elle avec férocité, tout son visage déformé par l'émotion, "c'est vrai que je pleure, mais si tu t'approches de moi , je te tue."

"Je ne le ferai pas", répondit-il. "Pleure en paix."

Elle le prit au mot. Elle a pleuré, pas paisiblement mais sauvagement. Elle se jeta la face contre terre sur le canapé et sanglota, la tête enfouie dans les coussins, tandis que tout son corps tremblait. Elle n'avait pas pleuré ainsi depuis qu'elle était petite. C'était un abandon sauvage et luxueux de toute maîtrise de soi. Une fois, elle entendit O'Bannon bouger.

Elle s'est jetée face vers le bas sur le canapé et a sangloté.

"Ne me touche pas!" répéta-t-elle sans relever la tête.

"Je ne le ferai pas", répondit-il.

Il commença à marcher de long en large dans la pièce – elle pouvait l'entendre marcher de long en large dans la pièce. Une fois qu'il s'est approché de la cheminée, et s'appuyant les coudes sur l'étagère, il a mis ses mains sur ses oreilles. Et puis, sans prévenir, il vint s'asseoir à côté d'elle sur le canapé et la prit dans ses bras comme un enfant.

"Non non!" dit-elle avec le peu qui restait de sa voix.

"Oh, quelle différence ça fait ?" il a répondu.

Elle ne répondit rien. Elle semblait à peine consciente qu'il avait tiré sa tête et ses épaules sur son corps droit, de sorte que son visage était caché dans le creux de son bras. Il posa sa main sur son épaule lourde, baissant les yeux sur le nœud désordonné de ses cheveux noirs. Quelques minutes auparavant, il aurait dit qu'il n'aurait pas pu lui toucher la main sans mettre le feu à son fort désir pour elle. Et elle était là, doucement dans ses bras, et sa seule émotion était une tendresse si vaste que tous les désirs au-delà de cet instant y étaient engloutis.

Il sourit presque en se souvenant de la futilité de l'explication qu'il avait tentée. C'était la véritable explication entre eux. Comme les mots ne font pas grande différence, pensa-t-il, et pourtant comme nous nous y accrochons tous ! Il retira sa main libre de son épaule et, comme une infirmière prudente, il fit glisser une épingle à cheveux, sur le point de tomber de la masse croustillante de ses cheveux.

Peu à peu, ses sanglots cessèrent, elle inspira longuement et profondément, et bientôt il vit qu'elle s'était endormie.

Il n'y a jamais eu une heure dans la vie d'O'Bannon qu'il ait mise à côté de cette heure. Il était assis comme un homme en transe, et pourtant parfaitement conscient de tout ce qui l'entourait ; des bûches dans le feu qui, brûlant, s'effondraient comme un pont-levis enflammé au-dessus des chenets ; d'un pas occasionnel dans la rue ; et enfin de l'approche inévitable du chariot à lait crépitant, de son arrêt à la porte, des plateaux en fil métallique, du relèvement de la fenêtre du sous-sol de Thorne et du lent bruit sourd de la livraison du nombre de bouteilles alloué.

Après un long moment, un petit visage effrayé le regarda autour de la porte. Tournant lentement la tête, il vit Miss Bennett, ses cheveux gris rejetés en arrière de son visage et ses yeux grands et fixes.

"Est-elle morte ?" elle a chuchoté.

O'Bannon secoua la tête et, à peine émitant un son, ses lèvres formèrent les mots « Va-t'en ».

Miss Bennett ne pouvait vraiment pas faire ça.

"Il est presque cinq heures", dit-elle avec reproche.

Il acquiesca.

"Va-t'en", dit-il.

Dans sa robe de chambre en satin brillant , elle s'assit, mais il pouvait voir qu'elle était nerveuse et incertaine. Il fit appel à tous les pouvoirs de volonté qu'il possédait ; il fixa ses yeux sur elle, l'obligeant à le regarder ; et quand il sentit qu'il l'avait rassemblée, il leva la main droite et montra doucement mais résolument la porte. Elle s'est levée et est sortie.

Le feu était maintenant complètement éteint et le froid des heures précédant l'aube commençait à pénétrer dans la pièce. O'Bannon commença à comprendre que cette nuit devait finir un jour, que Lydia devait bientôt se réveiller. Il redoutait le moment où il y aurait plus de colère, plus de répudiation du lien évident qui les unissait, plus de torture et de séparation. Il frissonna et, se penchant en avant, il tira doucement son manteau d'une chaise voisine et le posa sur elle, le rentrant autour de ses épaules. Il avait peur que le mouvement ne la réveille, mais elle semblait dormir.

De nouveau, les minutes commencèrent à s'écouler avec enchantement, et puis, au loin dans la maison, dans un étage supérieur éloigné, il entendit un pas. Les femmes de ménage. Intérieurement, soyez appelé sur eux par la malédiction du ciel. Il baissa les yeux sur Lydia et comprit soudain — comment il le savait, il ne pouvait pas le dire — qu'elle l'avait entendu aussi ; qu'elle était éveillée depuis longtemps, depuis qu'il lui avait mis le manteau, peut-être depuis que Miss Bennett avait quitté la pièce.

Réveillez-vous et content ! Son cœur se mit à battre fort, violemment.

« Lydia », dit-il.

Elle ne bougea pas et ne répondit pas, seulement il sentit que sa tête s'enfonçait plus étroitement dans le creux de son bras.

LA FIN